高等职业教育"十四五"规划教材

汽车维修企业管理

第2版

谭　敬　窦肖菲　主编

中国农业大学出版社
·北京·

内 容 简 介

本教材基于“项目引领、任务驱动”和“讲练结合、理实一体”的教育理念，以职业活动为导向，以职业技能为核心，按照职业资格标准和“岗课证赛”融通标准所需的知识、能力、素质要求组织内容。教材重点介绍了汽车维修企业服务流程管理、车间5S管理、汽车配件进销存管理、经营战略管理、人力资源管理、客户关系管理、企业文化建设等知识。教材内容深入浅出、通俗易懂，具有很强的针对性和实用性，是现代高等职业教育的专用教材，也可作为各类汽车维修企业的培训教材，还可供相关专业人员作为参考用书使用。

图书在版编目(CIP)数据

汽车维修企业管理/谭敬，窦肖菲主编. --2版. --北京：中国农业大学出版社，2022.12

ISBN 978-7-5655-2941-2

Ⅰ.①汽… Ⅱ.①谭…②窦… Ⅲ.①汽车-修理厂-工业企业管理 Ⅳ.①F407.471.6

中国国家版本馆CIP数据核字(2023)第007928号

书　　名 汽车维修企业管理　第2版

作　　者 谭　敬　窦肖菲　主编

策划编辑 张　玉　　**责任编辑** 张　玉

封面设计 郑　川

出版发行 中国农业大学出版社

社　　址 北京市海淀区圆明园西路2号　　**邮政编码** 100193

电　　话 发行部 010-62733489，1190　　读者服务部 010-62732336

编辑部 010-62732617，2618　　出　版　部 010-62733440

网　　址 http://www.caupress.cn　　**E-mail** cbsszs@cau.edu.cn

经　　销 新华书店

印　　刷 运河(唐山)印务有限公司

版　　次 2023年2月第2版　　2023年2月第1次印刷

规　　格 185 mm×260 mm　　16开本　　17.25印张　　430千字

定　　价 55.00元

编 审 人 员

主　编　谭　敬　潍坊职业学院

　　　　窦肖菲　潍坊职业学院

副主编　吕方军　潍坊职业学院

　　　　王　恒　南阳农业职业学院

　　　　刘　钢　潍坊职业学院

　　　　刘　娜　潍坊职业学院

参　编　王兰红　潍坊职业学院

　　　　朱九芳　潍坊职业学院

　　　　邢瑞宁　濮阳县职教中心

前　　言

《汽车维修企业管理》第1版自2017年8月出版以来，深受广大师生和读者的喜爱。近年来，国家相继颁布《国家职业教育改革实施方案》《中华人民共和国职业教育法》等相关法律、法规和文件，本着与时俱进、创新发展的原则，我们对第1版教材进行了修订。修订内容主要针对教学中的案例和知识拓展部分，以民族汽车品牌的发展历程和科技创新为主魂，通过案例分析、知识拓展栏目将社会主义核心价值观、社会主义荣辱观和开拓创新、追求卓越、精益求精的工匠精神渗入融通。

汽车维修业是一个涉及面广、管理复杂的行业。在今天激烈的市场竞争中，只有科学的管理、高效的管理才能保证企业在售后市场中占有一席之地。企业都认识到在创造利润最大化时，首要任务是管理人才的储备和团队建设。

本教材基于"项目引领、任务驱动"和"讲练结合、理实一体"的教育理念，以职业活动为导向，以职业技能为核心，按照职业资格标准和"岗课证赛"融通标准所需的知识、能力、素质要求组织内容。教材重点介绍了汽车维修企业服务流程管理、车间5S管理、汽车配件进销存管理、经营战略管理、人力资源管理、客户关系管理、企业文化建设等知识。教材内容深入浅出、通俗易懂，具有很强的针对性和实用性，各个项目安排了数字化教学内容，是现代高等职业教育的专用教材，也可作为各类汽车维修企业的培训教材，还可供相关专业人员作为参考用书使用。

本教材分为十个项目，编写分工如下：项目一由刘娜编写，项目二、五由谭敬编写，项目三、十由吕方军和王兰红编写，项目四由吕方军编写，项目六由刘钢编写，项目七、九由窦肖菲编写，项目八由王恒编写，同时朱九芳、邢瑞宁老师参加了部分项目的编写任务。主编谭敬对全书进行统稿。

本书在编写过程中得到了潍坊乾悦宝汽车销售服务有限公司、潍坊广宇汽车销售服务有限公司等汽车企业的大力支持，同时也吸收了国内外专家、学者的研究成果和先进理念，参考了大量的相关论著和政策、法规，在此一并表示感谢！

由于编者水平有限，加之时间仓促，教材中不免有疏漏之处，衷心希望广大读者指正，以便修订和完善。

编　者

2023年1月5日

目　　录

项目一　汽车维修企业管理概论

【项目学习目标】

通过学习汽车维修企业管理、汽车维修企业资质及开业条件和汽车维修企业管理模式3个项目，学生掌握汽车维修企业的定义及分类方式，了解汽车维修企业的发展情况，理解企业管理的性质，掌握汽车维修企业资质级开业条件和管理模式等，初步具有解决一般汽车维修企业管理问题的能力。

学习资料

【项目任务】

任务1　汽车维修企业管理

【任务分析】

为完成汽车维修企业内部良好的运行管理作业，必须熟悉汽车维修企业的定义，发现目前运营中的技术问题和发展方向等问题，掌握汽车维修企业的任务与职能，明确汽车维修企业中各个职位的作用，使学生正确理解汽车维修企业管理方面的知识，查找解决一般汽车维修企业管理问题的能力方法，开展相关的理论与实践活动。

【相关知识】

一、汽车维修企业定义

汽车维修企业(enterprise of vehicle maintenance and repair)是指从事汽车维护和修理生产的经济实体。一般包括汽车维护企业、汽车修理企业、汽车专项修理业户、汽车技术状况诊断检测站等。汽车修理厂是专门修理汽车和总成的单位，一般设置在汽车站内部，也有的是单独企业。汽车修理的基本方法可分为：就车修理和总成互换修理。就车修理是在修理时对车上拆下的总成、组合件及零件，凡能修复的，经修复后全部装回原车。总成互换修理是除车架和本身外，其余总成、组合件、零件都可利用备品库中的备用品进行换装。

二、汽车车维修企业管理定义

(一)企业管理概述

1.企业管理的性质

自然属性要求企业管理必须根据现代社会化大生产的客观规律,合理组织生产力,使企业资源得到最佳利用,从而取得最大的经济效益。

社会属性要求企业管理必须体现生产关系、社会制度的本质特征,实质就是体现“为谁管理”的问题。

2.企业管理的职能

企业管理的职能贯穿于企业生产经营活动的各个方面和环节中。

(1)计划职能。计划职能是管理的首要职能。它包括的主要内容是:按照经济发展规律的要求,通过充分的市场调查研究和对未来需求的科学预测,确定企业经营战略、经营方针和目标,制定各种经营方案并对其进行比较、选择,作出决策,从而制订出能体现企业发展目标要求的各项计划。具此将企业的各项计划分解到各部门、单位、个人,以保证企业经营计划的实现。

(2)组织职能。设计和维持一套职位系统,并通过一定的规则把企业生产经营活动的各个方面、各个环节、各个要素合理地组织起来,既有分工又有合作,形成一个有机整体,使企业的人、财、物、信息、时间等得到最合理的利用。这是企业管理组织职能的本质作用。

(3)领导职能。为了保证企业的生产经营活动按计划、有组织地运转,企业的一切活动都必须服从统一的领导指挥,管理人员通过下达指示、命令和任务,使下属明确干什么、怎么干,这是现代社会化大生产的客观要求。领导的内容主要包括指导下属顺利地完成本职工作、与下属顺利地沟通信息、发挥下属的潜力、提高下属的素质和能力等。

(4)控制职能。管理的控制职能,是指根据经营目标、计划、标准以及经济原则,对企业的生产经营活动及其成果进行监督、检查,使之符合计划,以及为消除实际和计划之间的差异所进行的管理活动。控制的目的和要求,在于把生产经营活动及其实际成果与计划、标准做比较。发现差异,找出问题并查明原因,及时采取纠正措施加以消除,防止问题再度发生。控制职能是一项规范性和政策性很强的职能。

(5)创新职能。管理者在管理活动中进行创新。创新职能的基本内容主要包括:目标创新、技术创新、制度创新、组织机构和结构的创新、环境创新。

3.企业管理的定义

企业管理是由计划、组织、指挥、协调及控制等职能为要素组成的活动过程。

(二)现代汽车维修企业管理概述

1.汽车维修与汽车维护

汽车维修是汽车维护与修理的泛称,其中包括汽车大修、总成修理、汽车维护、汽车小修。汽车维护和汽车修理是两种性质不同的技术措施。

汽车维护的类型是指按汽车运行间隔期限、维护作业内容或运行条件等划分的不同类别或级别的汽车维护。其中，运行间隔期限是指汽车运行的里程间隔或时间间隔。

由专业维修工在维修车间或专业维修厂内进行的汽车维护作业是一级和二级维护。一级维护是由专业维修企业负责执行，作业中心内容除日常维护作业外，以清洁、润滑、紧固为主，并检查有关制动、操纵等安全部件。二级维护是由专业维修企业负责执行，作业中心内容除一级维护作业外，以检查、调整为主，并拆检轮胎，进行轮胎换位。二级维护前应进行检测诊断和技术评定，根据结果，确定附加作业或小修项目，结合二级维护一并进行。各级维护的周期，依汽车类型和运行条件而定。汽车大修费用定额是指车辆大修所耗工时和物料总费用的限额。汽车维修企业类别的划分是按其完成维修作业的最高类别来确定的。一类汽车维修企业由省级道路运输管理机构审批。

2.汽车维修企业的特点：高科技特征

(1)维修对象和服务对象的高科技特征。

(2)维修手段的高科技特征。

(3)维修人才的高科技特征。

(4)维修技术的高科技特征。

(5)维修管理的新特征。

对于职工人数少于100人的中、小型汽车维修企业，一般可采用泰勒的职能结构方式；而对于职工人数多于100人的大型汽修企业一般应采用直线——职能的结构方式，实行厂部、车间、班组三级管理，此时应由车间主任代表厂长/经理对车间及班组进行管理。

三、汽车维修企业管理的任务

为了实现企业的目标，企业管理应该完成如下几项工作任务：

(1)合理地组织生产经营活动。生产经营活动是企业活动的中心，管理是为生产经营服务的。为保证生产经营活动的顺利进行，企业必须建立高效的组织机构，制定科学的管理制度，使上下级之间、各部门之间、各环节之间职责分明、责权一致、信息畅通、协调配合。

(2)有效地利用人力、物力、财力等各种资源。人、财、物是企业构成的基本要素也是企业管理的基本对象，只有有效地利用这些资源，才能降低成本，节约费用，提高企业的经济效益。经济效益提高了，才能为社会提供价廉物美的产品和服务，才能更好地满足社会需求。

(3)促进技术进步，不断提高企业竞争实力。“科学技术是第一生产力”，企业管理应不断地促进企业技术进步，尽快把科学技术发展的新成果转换成企业的直接生产力，开发新产品，发展新市场，不断提高企业的竞争实力。

(4)加强职工教育，开发人力资源。企业管理的核心是对人的管理。人的力量是无穷的，人力资源是企业财富的源泉。加强职工教育，不断地提高职工的科技知识和业务技术水平，不仅是开发企业人力资源的有效途径，而且是企业发展的根本战略。

(5)协调内外关系，增强企业的环境适应性。企业是社会经济系统的一个子系统，政治、经济、社会、科学技术等外部环境因素都会对企业的生存和发展产生极大的影响。而且，企业是一个开放的动态系统，它与外部环境之间进行着广泛的物质、能量和信息的交换。在这些影响和交换的过程中，必然会产生各种各样的矛盾，这就需要通过企业的管理活动进行内外关系的协调，即不断调整内部结构，使企业适应外部环境的变化。

对汽车维修企业而言，为实现良好的经济效益，必须不断扩大企业产品，也就是服务的市场占有率。所谓市场占有率，可用相对市场占有率和绝对市场占有率来表示，它是反映企业市场地位的一个指标。对汽车服务企业来说，这可能表现为企业汽车维修台次或维修收入占同期市场总维修台次或总维修收入的比例；也可能表现为企业承揽的汽车保险费收入与同期市场的汽车总保险费收入之比；还有可能表现为汽车俱乐部拥有的会员数量，占同期该区域汽车驾驶员数量的百分比等。

在产品同质化趋势日益明显的市场中，市场占有率的提高很大程度上取决于顾客的满意度。所以，几乎所有服务企业都把提高顾客满意度作为企业最重要的任务之一。汽车服务企业的管理必须与提高顾客满意度相适应。

四、汽车维修企业分类

鉴于汽车维修技术复杂，各企业能力、条件悬殊，如企业间分工不明、业务范围不清，势必造成汽车维修市场混乱，维修质量难以保证。为此，中国对汽车维修企业实行分类管理，依据企业必须具备的人员、设施、设备、经营管理、质量管理、安全生产、环境保护、流动资金和特殊技术认证等开业条件，确定企业类别和允许从事的业务范围。

(一)按照行业管理划分

根据 2021 年 8 月 11 日《交通运输部关于修改〈机动车维修管理规定〉的决定》第四次修正）和 GB/T 16391.1—2014 的规格，机动车维修经营业务根据维修对象分为汽车维修经营业务、危险货物运输车辆维修经营业务、摩托车维修经营业务和其他机动车维修经营业务四类。其中，汽车维修企业又分为一类维修经营业务、二类维修经营业务和三类维修经营业务。

一类、二类汽车维修经营业务或者其他机动车维修经营业务，可以从事相应车型的整车修理、总成修理、整车维护、小修、维修救援、专项修理和维修竣工检验工作；三类汽车维修经营业务（含汽车综合小修）、三类其他机动车维修经营业务，可以分别从事汽车综合小修或者发动机维修、车身维修、电气系统维修、自动变速器维修、轮胎动平衡及修补、四轮定位检测调整、汽车润滑与养护、喷油泵和喷油器维修、曲轴修磨、气缸镗磨、散热器维修、空调维修、汽车美容装潢、汽车玻璃安装及修复等汽车专项维修工作。具体有关经营项目按照《汽车维修业开业条件》(GB/T 16739)相关条款的规定执行。

(二)按照经营形式划分

汽车维修企业按经营形式可分为 3S 或 4S 特约维修站、连锁（加盟）经营店和传统汽车维修厂。

3S 是指：整车销售（sale）、售后服务（service）、配件供应（spare parts）。

4S 是指：整车销售（sale）、售后服务（service）、配件供应（spare parts）、信息反馈（survey）。

所谓 4S“四位一体”的销售模式，就是把整车销售、配件供应、售后服务、信息反馈一体化。由于特许经销商对汽车生产厂商的种种权利和义务，使得 4S 具有促进销售、利于提高特约店专业服务水平、树立良好的企业形象、增强顾客对产品的信心等种种优势。

简单来说，4S店就相当于专卖店，是由厂家统一设计、根据厂家的模式经营管理的。现在国内合资汽车厂家在全国各地都设有4S店。这些厂家直接向4S店供应整车和零配件，4S店负责销售及代表厂家进行售后服务，但4S店是不能销售别家厂商品牌的汽车的。由于4S店的投资比较大，设立及管理都比较严格，服务比较完善，所以它的维修保养价格也是比较贵的。

（三）按经营项目划分

按经营项目对汽车维修企业进行划分，可分为：

(1)专业维修：发动机部分、电气部分、底盘部分、钣金喷漆、汽车玻璃。

(2)汽车养护。

(3)汽车美容、护理：车表护理、内饰护理。

(4)汽车装饰：新车装饰、高级装饰。

(5)汽车改装。

(6)轮胎服务。

(7)汽车俱乐部。

(8)二手车经营。

（四）按业务程度划分

按照国家标准《汽车维修业开业条件》，按业务程度将汽车维修企业分为三类：一类汽车维修企业、二类汽车维修企业和三类汽车维修企业。

(1)一类——可以从事相应车型的整车修理、总成修理、整车维护、小修、维修救援、专项修理和维修竣工检验工作。

(2)二类——可以从事相应车型的整车修理、总成修理、整车维护、小修、维修救援和专项修理工作。

(3)三类——汽车专项修理。如车身修理，涂漆、篷垫及内饰修理，汽车电器仪表修理，蓄电池充电及修理，散热器燃油箱修理，轮胎修补，汽车门窗玻璃安装，汽车空调修理，喷油泵和喷油器调校，化油器修理，发动机镗磨缸及曲轴修磨，车身维护及美容等专项修理。

【任务实施】(任务实施条件、安全要求、工作思路、过程记录)

1. 实施条件

(1)汽车检修理实一体化教室。

(2)一台性能良好或有故障的汽车。

(3)维修车间工作人员和顾客。

(4)电话、文件夹、纸笔、工作牌、耳麦等。

2. 安全要求

电脑正常使用与开关，注意用电安全。

3. 工作思路

(1)学生根据前面学习的知识点分小组进行，通过支持、分工、协作完成工作任务。

任务工单：

2016 年 3 月 3 日，小李开车回家，半路上车抛锚了，二话没说，他首先想到相关的汽车维修企业，谈谈你对汽车维修企业的认识。

(2)教师展示作业过程需要查阅的资料，并粗略分析此项任务的质量评定要点。

4. 任务实施方案工作记录

工作记录见表 1-1。

表 1-1 任务实施方案工作记录表

<table>
<tr><td>姓名</td><td></td><td>班级</td><td></td><td>学号</td><td></td><td>日期</td><td></td></tr>
<tr><td colspan="8">工作组</td></tr>
<tr><td>序号</td><td>姓名</td><td>学号</td><td colspan="3">工作任务</td><td colspan="2">备注</td></tr>
<tr><td></td><td></td><td></td><td colspan="3"></td><td colspan="2"></td></tr>
<tr><td></td><td></td><td></td><td colspan="3"></td><td colspan="2"></td></tr>
<tr><td></td><td></td><td></td><td colspan="3"></td><td colspan="2"></td></tr>
<tr><td></td><td></td><td></td><td colspan="3"></td><td colspan="2"></td></tr>
<tr><td colspan="8">任务方案：(环境保护、可行性、工作效率、经济性分析等)</td></tr>
<tr><td colspan="8">任务实施记录</td></tr>
<tr><td>步骤序号</td><td colspan="3">操作过程描述</td><td colspan="3">结果记录</td><td>结论</td></tr>
<tr><td></td><td colspan="3"></td><td colspan="3"></td><td></td></tr>
<tr><td></td><td colspan="3"></td><td colspan="3"></td><td></td></tr>
<tr><td></td><td colspan="3"></td><td colspan="3"></td><td></td></tr>
<tr><td></td><td colspan="3"></td><td colspan="3"></td><td></td></tr>
<tr><td></td><td colspan="3"></td><td colspan="3"></td><td></td></tr>
<tr><td></td><td colspan="3"></td><td colspan="3"></td><td></td></tr>
<tr><td></td><td colspan="3"></td><td colspan="3"></td><td></td></tr>
<tr><td></td><td colspan="3"></td><td colspan="3"></td><td></td></tr>
<tr><td></td><td colspan="3"></td><td colspan="3"></td><td></td></tr>
<tr><td></td><td colspan="3"></td><td colspan="3"></td><td></td></tr>
<tr><td></td><td colspan="3"></td><td colspan="3"></td><td></td></tr>
</table>

【任务评价】

1. 作业过程质量评价：

小组制作 PPT，PPT 中包括各小组成员对汽车维修企业的理解，详细阐述小组成员之间的异议点。

2. 以学习小组为单位，按照项目任务的评价内容与评价标准进行评价(任务评价表详见附录)。

(1)评价项目：知识掌握占 40%，任务完成情况占 40%，职业素养占 20%。

(2)评价方式：组内自评占 30%，组间互评占 30%，教师评价占 40%。

【任务拓展】

一、不断完善汽车维修行业主管部门的管理机制

(1)相关部门要加强横向联合，形成汽车维修行业管理的合力。

(2)形成汽车维修市场的动态长效管理机制。

二、发挥汽车维修协会的作用

(1)促进企业内的横向联合，走专业化生产道路。

(2)积极开展行业优质服务活动。

(3)促进汽车维修企业间的自律。

三、汽车快修连锁是汽车维修发展的方向

政府从维护市场秩序、整顿市容及环境保护等方面考虑，一直希望从根本上整治汽车修理的脏、乱、差现象，汽车快修服务连锁经营正好迎合了政府治理整顿的调控需求，因此政府已经或者正在出台一系列的相关配套政策。例如，交通部在《关于道路运输业结构调整的若干意见》和《道路运输业发展规划纲要(2001—2010 年)》中，提出“引导具有一定规格和实力的汽车维修企业在统一汽车维修服务质量标准的前提下，采取异地设点或联营等形式，实行连锁经营”的思路。从政策上来看，形势正在朝着有利于汽车快修连锁的方向发展。

四、汽车维护和汽车修理

汽车维护是指定期对汽车相关部分进行检查、清洁、补给、润滑、调整或更换某些零件的预防性工作，又称汽车保养。现代的汽车保养主要包含了对发动机系统(引擎)、变速箱系统、空调系统、冷却系统、燃油系统、动力转向系统等的保养范围。汽车保养的目的是保持车容整洁，技术状况正常，消除隐患，预防故障发生，减缓劣化过程，延长使用周期。

汽车维修(vehicle maintenance and repair)，是汽车维护和修理的泛称。就是对出现故障的汽车通过技术手段排查，找出故障原因，并采取一定措施排除故障并使其恢复达到一定的性能和安全标准。汽车维修包括汽车大修和汽车小修，汽车大修是指用修理或更换汽车任何零部件(包括基础件)的方法，恢复汽车的完好技术状况和完全(或接近完全)恢复汽车寿命的恢复性修理。汽车小修是指用更换或修理个别零件的方法，保证或恢复汽车工作能力的运行性修理。

五、现汽车维修企业的现状

首先，政府扶持的力度还不强，资金投入不足等，都在阻碍着信息资源和学习技术在我国汽车维修界的应用，从事汽车维修专业互联网站的公司大多依靠自有资金、人才、技术进行发

展,缺乏政府的政策扶持。

计划经济时代,中国的汽车维修企业条块分割,部门管理,经济形式单一,缺乏竞争机制,导致技术落后,社会服务能力不足。改革开放后,汽车维修市场逐渐开放,各种经济成分进入,企业成为独立经营的实体,促进了汽车维修企业数量的大幅度增长,初步形成了分布广泛、门类齐全的汽车维修网络。

随着汽车技术的进步,将对汽车维修企业的装备和技术水平提出更高要求,面对市场竞争,优胜劣汰、结构重组是必然趋势。技术力量强,设备齐全,管理水平高的一体化维修服务、连锁维修服务、特约维修服务企业将成为主流。

【思考题】

1. 汽车维修企业管理者的职能有哪些?
2. 汽车维护和汽车修理有哪些区别?

【项目任务】

任务2 汽车维修企业资质及开业条件认知

【任务分析】

完成汽车维修企业开业筹建任务,须认知汽车维修企业开业的条件概念,了解开业审核和管理的依据,熟悉企业立项、审批程序,按照规定正常开业。

【相关知识】

一、汽车维修企业开业条件

(一)概述

企业登记管理是工商行政管理机关根据国家授权,以国家有关法规、政策为依据对企业进行审核登记,从而实行登记和监督的一种行政管理制度。根据我国现行维修行业现状,从汽车维修的类别和主要作业内容来看,各维修类别的作业内容和复杂程度有很大的区别,维修作业所要求的技术条件也相差很大,因此国家工商行政管理机关对汽车维修企业进行分类,在维修企业进行登记时也有所区别。

汽车维修企业开业条件是指为保证汽车维修的正常生产和维修质量,各类汽车维修企业所必须具备的设备、设施、人员素质等条件,它是根据各类汽车维修企业的经营范围确定的。汽车维修企业开业条件应根据 GB/T 16391.1—2014《汽车维修业开业条件》中的人员条件、组织管理条件、安全生产条件、环境保护条件、设施条件、设备条件等相关标准执行。

随着我国汽车保有量的增加，汽车维修作业量也迅速增加，汽车维修市场迅速发展壮大。一方面从根本上方便了汽车用户，促进了汽车维修业的发展；另一方面也出现了一些问题，例如路边小店的无证经营，一些维修企业的超范围经营，参差不齐的企业进行无序竞争等，使维修市场出现了混乱现象，从而导致了维修质量得不到保证、严重损害车主利益等问题的出现。随着越来越多的汽车新技术，如电子技术等在汽车上的广泛应用，对汽车维修企业提出了更高的要求，无论是从维修企业的管理水平、经营理念，还是从维修企业从业人员的素质、检测诊断维修设备的水平等方面都有更高的要求。交通运输部于 2014 年颁布了新修订的国家标准 GB/T 16391.1—2014《汽车维修业开业条件》，以提高我国汽车维修业的整体水平，保证维修质量，适应我国加入 WTO 后汽车维修业的发展趋势。

新的国家标准 GB/T16391.1－2014 中《汽车维修业开业条件》分为两部分：第一部分为汽车整车维修企业，按规模大小分为一类汽车整车维修企业和二类汽车整车维修企业；第二部分为汽车整合小修及专项维护。新标准既符合汽车维修行业的现状，又适应行业管理部门对汽车维修行业调整与改革的发展要求，并且与原标准的技术内容有较好的衔接，保证了新标准出台后的顺利实施。

在标准的编制过程中始终本着以下原则：

(1)着力于解决在原标准实施过程中出现的超范围经营、设备要求不符合现有维修作业的需要等问题。

(2)新标准与旧标准衔接，采取逐步过渡的方式，使其更完善、更合理、更科学、更先进，更具可操作性。

(3)严格区分行业管理要求和企业经营行为。

(4)紧紧围绕汽车维修业的基本要求。

根据《中华人民共和国标准化法》第七条中规定，保障人体健康，人身、财产安全的标准和法律、行政法规规定强制执行的标准是强制性标准，其他标准是推荐性标准。顾名思义，强制性标准即为无条件强制执行的标准，推荐性标准可自愿采用。但当推荐性标准被法规所引用时，并将遵循该项标准作为执行法规的必要条件时，这项推荐性标准就具有强制性，成为强制性标准。

因此，本标准虽原属性为推荐性的，但通过上述文件的引用，本标准已成为执行上述文件的必要条件，被赋予了强制性，成为汽车维修企业开业的强制性标准。所有在我国境内从事民用汽车维修的业户和各级行业管理部门，都应严格执行本标准的各项规定。

本标准适用于汽车维修企业(一类、二类、三类)，是交通行政主管部门对汽车维修企业开业审核和管理的依据。

标准规定了汽车维修企业必须具备的人员、组织管理、设施、设备等条件。根据我国汽车维修企业的现状，分为第一部分“汽车整车维修企业(一类、二类)”和第二部分“汽车综合小修与专项维修业户(三类)”。GB/T 5624—1985《汽车维修术语》适用于本标准。

原 GB/T 16739.1—3《汽车维修业开业条件》将汽车维修企业分为三类：一类汽车维修企业从事汽车大修和总成修理，也可从事汽车维护、汽车小修和汽车专项修理；二类汽车维修企业从事汽车一级、二级维护和汽车小修；三类专门从事汽车专项修理或维护，主要项目为：车身修理，涂漆，篷布、座垫及内装饰修理，电器、仪表修理，蓄电池修理，散热器、油箱修理，轮胎修补，安装汽车门窗玻璃，空调器、暖风机修理，喷油泵、喷油器、化油器修理，曲轴修磨，气缸镗磨，车身清洁维护等。这样的分类，导致二类超范围修理不可避免，目前大量超范围经营的正是二类企业。

为了本标准执行的延续性，保留了原标准的 3 种分类模式，但 3 种类型企业的内涵相对原定义有所改变。

(二)修订后的标准与原标准的主要区别

1.关于人员条件

(1)删除了对从业人员资格条件的具体要求，修改为引用 GB/T 21338 的规定。

(2)增加了相关从业人员的数量要求和燃气汽车维修企业人员的附加要求。

2.关于组织管理条件

(1)增加了“基本要求”。

(2)增加了明示经营许可证、标志牌、配件价格、工时定额、价格标准等要求。

(3)增加了建立并执行价格备案及公示、汽车维修合同、汽车维修费用结算清单、汽车维修记录、统计信息报送、安全生产管理等制度的要求。

(4)增加了建立并执行配件管理、文件资料有效控制等制度的要求。

(5)增加了配件管理制度的相关内容要求。

3.关于安全生产条件

(1)增加了“安全防护设施应有明显的警示、禁令标志”。

(2)增加了“安全、消防设施的设置地点应明示管理要求和操作规程”。

(3)增加了安全生产事故应急预案的要求。

4.关于环境保护条件

增加了对含石棉废料、废水的处理要求和采光设施要求。

5.关于设施条件

(1)一类企业的接待室面积修改为“不小于 80 米^2”。

(2)增加了“并保证车辆行驶通畅”的要求。

(3)增加了“租赁期限不得少于 1 年”的要求。

(4)增加了对总成维修间和预检工位的要求。

(5)增加了对燃气汽车维修企业专用厂房和专用场地的要求。

6.关于设备条件

(1)增加了对从事营运车辆二级维护企业应配置检测设备的要求。

(2)增加了对汽车举升机、喷烤漆房及设备等产品认证的要求。

(3)其他条款的表述进行了调整。

(4)要求配备的设备分类表调整为仪表工具、专用设备、检测设备、通用设备。

(5)增加了真空表、轮胎气压表、气体压力及流量检测仪等设备。

(6)取消了正时仪、连杆校正器等;增加了冷媒鉴别仪等;其他设备要求有所调整。

(7)取消了声级计、车速表检验台和底盘测功机;其他设备要求有所调整。

(8)取消了气焊设备;增加了计算机、抢修服务车等;其他设备要求有所调整。

(三)人员

人员素质是维修质量的关键,新标准所有关键岗位人员都必须经过行业主管部门培训,并取得从业资格证书,持证上岗。一类、二类维修企业对企业管理负责人,技术负责人,检验、维修、价格核算人员提出了更高的要求。三类维修业户对专项维修人员的资质提出了更高的要求。只有提高各级管理人员,检验、维修人员的业务素质,并加强管理,才能从根本上解决维修质量低下的问题。

1.人员构成

各类汽车维修企业人员结构见表 1-2。

表 1-2　汽车维修企业人员构成

序号	汽车整车维修企业(一类、二类)	汽车专项维修业户(三类)
1	企业管理负责人	企业管理负责人
2	技术负责人	技术负责人
3	检验	检验
4	业务	—
5	价格核算	—
6	维修:机修、电器、钣金、油漆	各专项主修等相关维修人

2.人员素质要求

各类汽车维修企业人员素质要求见表 1-3。

表 1-3　汽车维修企业人员素质要求

人员	素质要求
企业管理负责人	(1)应经过有关培训,取得行业主管部门颁发的从业资格证书,持证上岗。 (2)应熟悉汽车维修业务,具备企业经营、管理能力,并了解汽车维修及相关行业的法规及标准。
技术负责人	(1)应经过有关培训,取得行业主管部门颁发的从业资格证书,持证上岗。 (2)应具有汽车维修或相关专业的大专以上文化程度,或具有汽车维修或相关专业的中级以上专业技术职称。应熟悉汽车维修业务,掌握汽车维修及相关行业的法规及标准。
检验	应经过有关培训,取得行业主管部门颁发的从业资格证书,持证上岗。
业务	(1)应经过有关培训,取得行业主管部门颁发的从业资格证书,持证上岗。 (2)应熟悉各类汽车维修检测作业,从事汽车维修工作三年以上,具备丰富的汽车技术状况诊断经验,熟练掌握汽车维修服务收费标准及相关政策法规。

续表 1-3

人员	素质要求
价格核算	应经过有关培训,取得行业主管部门颁发的从业资格证书,持证上岗。
机修(发动机、车身、自动变速器主修) 钣金	(1)维修(机修、电器、钣金、油漆)等关键岗位,应经过有关培训,取得行业主管部门颁发的从业资格证书,持证上岗。 (2)维修人员的专业知识和业务技能,应达到行业主管部门规定的要求。
车身清洁	经过专业培训
轮胎维修	经过专业培训
高压油泵维修	经过专业培训
曲轴修磨	经过专业培训
气缸镗磨	经过专业培训
散热器(水箱)维修	经过专业培训

3.各类汽车维修企业人员数量要求

汽车维修企业人员数量要求见表 1-4。

表 1-4 汽车维修企业人员数量要求

人员	整车维修(一类、二类)	专项维修(三类)															
		发动机	车身	电气系统	自动变速器	车身清洁维护	涂漆	轮胎动平衡	四轮定位调整	供油系统维修	喷油泵喷油器	曲轴修磨	气缸镗磨	散热器维修	空调	汽车装潢	汽车玻璃安装
企业管理负责人	1	1	1	1	1	—	—	—	—	—	—	—	—	—	—	—	—
技术负责人	1	1	1	1	1	—	—	—	—	—	—	—	—	—	—	—	—
检验	总检:1 进厂检:1	2	1	1	1	—	—	—	—	—	—	—	—	—	—	—	—
业务	1	—	—	—	—	—	—	—	—	—	—	—	—	—	—	—	—
价格核算	1	—	—	—	—	—	—	—	—	—	—	—	—	—	—	—	—
发动机主修	适应	2	—	—	—	—	—	—	—	—	—	—	—	—	—	—	—
车身主修	适应	—	2	—	—	—	—	—	—	—	—	—	—	—	—	—	—
AT 主修	适应	—	—	—	2	—	—	—	—	—	—	—	—	—	—	—	—
电气主修	适应	—	—	2	—	—	—	—	—	—	—	—	—	—	—	—	—
钣金	适应	—	—	—	—	—	—	—	—	—	—	—	—	—	—	—	—
油漆	适应	—	2	—	—	—	2	—	—	—	—	—	—	—	—	—	—
车身清洁	适应	—	—	—	—	2	—	—	—	—	—	—	—	—	—	—	—
轮胎维修	适应	—	—	—	—	—	—	1	—	—	—	—	—	—	—	—	—
高压油泵维修	适应	—	—	—	—	—	—	—	—	—	—	—	—	—	—	—	—
曲轴修磨	适应	—	—	—	—	—	—	—	—	—	—	1	—	—	—	—	—
气缸镗磨	适应	—	—	—	—	—	—	—	—	—	—	—	1	—	—	—	—

续表 1-4

人员	整车维修（一类、二类）	专项维修（三类）															
		发动机	车身	电气系统	自动变速器	车身清洁维护	涂漆	轮胎动平衡	四轮定位调整	供油系统维修	喷油泵喷油器	曲轴修磨	气缸镗磨	散热器维修	空调	汽车装潢	汽车玻璃安装
散热器维修	适应	—	—	—	—	—	—	—	—	—	—	—	—	1	—	—	—
空调维修	适应	—	—	—	—	—	—	—	—	—	—	—	—	—	1	—	—
装饰装潢	适应	—	—	—	—	—	—	—	—	—	—	—	—	—	—	1	—
玻璃安装	适应	—	—	—	—	—	—	—	—	—	—	—	—	—	—	—	1
其他	适应	—	—	—	—	—	—	—	1	1	—	—	—	—	—	—	—

(四)组织管理条件

1. 经营管理

应具有与汽车维修有关的法规等文件资料。汽车维修作为一种经济活动,其一切行为应遵守我国的法律和规章,才能保障我国汽车维修行业的健康发展。目前我国颁布的与汽车维修有关的法规等文件主要有:《中华人民共和国安全生产法》《中华人民共和国消防法》《中华人民共和国环境保护法》《中华人民共和国消费者权益保护法》《中华人民共和国标准化法》《中华人民共和国产品质量法》《中华人民共和国合同法》《中华人民共和国计量法》《中华人民共和国道路运输条例》《道路运输车辆维护管理规定》《汽车运输车辆技术管理规定》《机动车维修质量管理规定》等,汽车维修企业应收集并学习了解。

应具有规范的业务工作流程。明示业务受理程序、服务承诺、用户投诉受理制度等规范的业务工作流程,有利于汽车维修企业工作的规范化、标准化,有利于提高企业员工的素质,改善企业在社会中的形象。维修企业明示业务受理程序、服务承诺、用户投诉受理制度等,可以方便客户、提醒自身,并时刻接受来自客户的监督。

应具有健全的经营管理体系,设置技术负责、业务受理、质量检验、文件资料管理、材料管理、仪器设备管理、价格结算等岗位,并落实责任人。规范的业务工作流程需要有健全的经营管理体系来保障,这些工作实际上是企业质量管理体系的一部分。我国大部分企业的质量管理一直处于较低的水平。为了提高我国企业的管理水平,国家利用各种方式进行 ISO 9000 标准的推广应用工作。ISO 9000 标准对设置技术负责、业务受理、质量检验、文件资料管理、材料管理、仪器设备管理、价格结算等岗位并落实责任人等提出的要求,以及其他要求,是促进维修企业加强管理的最基本的要求,也是行业管理的要求。

这里提到的各种管理,其内涵比原先有了较大的延伸。比如文件资料管理,应包括外部文件资料和内部文件资料、管理文件和技术文件、受控和非受控、各种记录等。材料管理应包括供方评价、采购、验收、仓库管理等。

实行计算机管理。全面使用计算机管理将是汽车维修业发展的方向。在计算机管理软件开发方面,许多软件公司已开发了多种版本的汽车维修企业管理软件,受到汽车维修企业的青睐和使用,促进了整个汽车维修行业的信息化的发展。因此,为了促进汽车维修企业的管理水平,并为汽车维修行业信息化打下基础,本标准对汽车整车维修企业(一类、二类)提出了实行计算机管理的要求。

2.质量管理

维修标准基本上可归纳为维修基础性标准，维修管理性标准，修理工艺、规范性标准，维护工艺、规范性标准，检测方法规范性标准，维修设备产品性标准，以及检测设备产品性标准七类，基本涵盖了汽车维修的各个分支领域，初步形成了汽车维修标准的体系框架。标准为规范我国的汽车维修发挥了重要作用。维修企业应该收集掌握：GB/T 16739.1—2《汽车维修业开业条件(第1部分、第2部分)》、JT/T 425《汽车修理业质量检验人员技术水平要求》、GB 5624《汽车维修术语》、GB 7258《机动车运行安全技术条件》、GB/T 18344《汽车维护、检测、诊断工艺规范》、GB/T 1546.1《汽车修理质量检查评定标准——整车大修》、GB/T 1546.2《汽车修理质量检查评定标准——发动机大修》、GB/T 3798《汽车大修竣工出厂技术条件》、GB/T 3799《汽车发动机大修竣工技术条件》、GB/T 5336《大客车车身修理技术条件》等。

应具有所维修车型的维修技术资料及工艺文件，确保完整有效并及时更新。为了促进维修企业向专业化方向发展，本标准对整车维修企业按维修小型车、大中型客车、大型货车进行了细分。因此，要求维修企业只需要具有所维修车型的维修技术资料及工艺文件。目前我国汽车工业发展较快，车型日新月异，维修企业应确保及时更新其修理资料，并保持其完整。

应具有汽车维修质量承诺、进出厂登记、检验、竣工出厂合格证管理、技术档案管理、标准和计量管理、设备管理及维护、人员技术培训等制度；应建立汽车维修档案和进出厂登记台账。汽车维修档案应包括维修合同，进厂、过程、竣工检验记录，出厂合格证副页，结算凭证和工时、材料清单等，这些均是行业管理的具体要求。

(五)安全生产

1.安全管理制度

企业应具有与其维修作业内容相适应的安全管理制度，建立并实施安全生产责任制。安全管理制度应包括安全生产和消防两个方面。在具体制度建立中要包含停车场、维修车间、库房、重要工位等，并应注重发生事故处理预案的制定。

2.安全防护措施

(1)企业应具有与其维修作业内容相适应的安全保护措施。安全保护设施、消防设施等应符合有关规定。安全保护措施是执行安全管理制度的有效保障，只有措施到位，各种管理制度才能得到有效落实。因此，标准要求维修企业应根据其具体情况，在安全生产和消防两大方面采取必要的安全保护措施，其安全保护设施、消防设施等应符合国家有关规定。

(2)使用、存储有毒、易燃、易爆物品，腐蚀剂，压力容器等均应有相应的安全防护措施和设施。上述所列均存在较大的危险性，一旦发生不测，将造成巨大的危害，因此维修企业应重点对其关注。

(3)生产厂房和停车场应符合安全、环保和消防等各项要求，这是企业安全生产最基本的要求。

3.安全操作规程

(1)企业应有各工种、各类机电设备的安全操作规程。操作规程是依据各工种、各类机电设备特点制定的正确的操作方法。用操作规程来约束操作者的行为，使其操作规范化，减少操作者的随意性，避免发生各种安全事故。

(2)安全操作规程明示在相应的工位或设备处,是宣传贯彻安全操作规程的有效方法,不但能指导操作者的行为,而且还能时刻提醒操作者增强安全意识。

(六)环境保护

1.环境保护管理制度

环境保护是我国的国策。为了实现我国的可持续发展战略,社会各界对环境保护都应积极参与。废油、废液、废气、废蓄电池、废轮胎及垃圾等有害物质是维修企业生产的产物,会对环境造成较大的污染,企业应具有对这些有害物质集中收集、有效处理和保持环境整洁的环境保护管理制度。

2.环境保护措施

对于汽车维修企业,在环境保护方面要对有害物质存储区域界定清楚,必要时应有隔离、控制措施;作业环境以及按生产工艺配置的处理“三废”(废油、废液、废气)、通风、吸尘、净化、消声等设施,要符合有关规定;涂漆车间应设有专用的废水排放及处理设施,采用干打磨工艺的,应有粉尘收集装置和除尘设备,应设有通风设备;调试车间或调试工位应设置汽车尾气收集净化装置。

(七)设施条件

1.接待室

为了更好地适应目前汽车业的发展,改善行业形象,提高服务质量,本标准要求一、二类维修企业及部分三类维修业户增设业务接待室。接待室应整洁明亮,明示各类证、照、主修车型、作业项目、工时定额及单价等,并应有客户休息的设施。

2.停车场

企业应有与承修车型、经营规模相适应的合法停车场地。停车场地面平整坚实,区域界定标志明显。企业租的停车场地,应具有合法的书面合同书。

3.生产厂房

生产厂房地面应平整坚实,面积应能满足维修设备的工位布置、生产工艺和正常作业(表1-5)。租赁的生产厂房应具有合法的书面合同书。

表1-5　汽车维修企业的最低设施要求　米^2

设施要求	企业类别	接待室面积	停车场面积	生产厂房面积
整车维修	一、二、三类	≥40 ≥20	≥200 ≥120	≥800 ≥200
专项维修				
发动机		≥20	≥30	≥200
车身		≥20	≥30	≥120
电气系统		≥20	≥30	≥120
自动变速器		≥20	≥30	≥200

续表 1-5

设施要求	企业类别	接待室面积	停车场面积	生产厂房面积
车身清洁维护	一、二、三类		≥30	≥40
涂漆			≥40	≥120
轮胎动平衡及修补			≥30	≥30
四轮定位检测调整			≥30	≥40
供油系统维护及油品更换			≥30	≥40
喷油泵、喷油器			≥30	≥30
曲轴修磨			≥30	≥60
气缸镗磨			≥30	≥60
散热器维修			≥30	≥30
空调			≥30	≥40
汽车装潢			≥30	≥30
汽车玻璃安装			≥30	≥30

(八)设施设备

1.设备的配备及要求

设备条件变动很大,现标准将原来对设备要求的"大"而"全",改变为根据企业承修车型(小型车、大中型客车、大型货车)的要求而规定设备条件;将设备要求的重点,由原来的以大型货车维修为主,转向以小型车维修为主;只对主要的通用设备、专用设备、检测设备提出要求。取消了一些随着汽车技术进步而不再适用的汽车维修设备。增加了针对汽车新装置的故障诊断、检测和维修设备。对于使用率极低但却有一定市场需要的机加工等设备,允许外协,引导和鼓励汽车维修的专业化、规模化。这样的设备要求,减轻了企业负担,也更适应市场经济的发展要求。

2.整车维修企业的设备配备及要求

专项维修业户配备的设备见标准(表 1-6 至表 1-8)。

表 1-6 整车维修企业配备的通用设备

序号	设备名称
1	钻床
2	电焊及气体保护焊设备
3	气焊设备
4	压力机
5	空气压缩机

表 1-7　整车维修企业配备的专用设备

<table>
<tr><th>序号</th><th>设备名称</th><th>大中型客车</th><th>大型货车</th><th>小型车</th><th>其他要求</th></tr>
<tr><td>1</td><td>换油设备</td><td colspan="3">√</td><td></td></tr>
<tr><td>2</td><td>轮胎轮辋拆装设备</td><td colspan="3">√</td><td></td></tr>
<tr><td>3</td><td>轮胎螺母拆装机</td><td>√</td><td>√</td><td>—</td><td></td></tr>
<tr><td>4</td><td>车轮动平衡机</td><td colspan="3">√</td><td></td></tr>
<tr><td>5</td><td>四轮定位仪</td><td>—</td><td>—</td><td>√</td><td></td></tr>
<tr><td>6</td><td>转向轮定位仪</td><td>√</td><td>√</td><td>—</td><td></td></tr>
<tr><td>7</td><td>制动鼓和制动盘维修设备</td><td>√</td><td>√</td><td>—</td><td></td></tr>
<tr><td>8</td><td>汽车空调冷媒加注回收设备</td><td>√</td><td>—</td><td>√</td><td></td></tr>
<tr><td>9</td><td>总成吊装设备</td><td colspan="3">√</td><td></td></tr>
<tr><td>10</td><td>汽车举升机</td><td>—</td><td>—</td><td>√</td><td>一类应不少于 5 台</td></tr>
<tr><td>11</td><td>地沟设施</td><td>√</td><td>√</td><td>—</td><td>一类应不少于 2 个</td></tr>
<tr><td>12</td><td>发动机检测诊断设备</td><td colspan="3">√</td><td>应具备示波器、转速表、发动机检测专用真空表</td></tr>
<tr><td>13</td><td>数字式万用表</td><td colspan="3">√</td><td></td></tr>
<tr><td>14</td><td>故障诊断设备</td><td>—</td><td>—</td><td>√</td><td></td></tr>
<tr><td>15</td><td>气缸压力表</td><td colspan="3">√</td><td></td></tr>
<tr><td>16</td><td>汽油喷油器清洗及流量测量仪</td><td>—</td><td>—</td><td>√</td><td></td></tr>
<tr><td>17</td><td>正时检测设备</td><td colspan="3">√</td><td></td></tr>
<tr><td>18</td><td>燃油压力表</td><td>—</td><td>—</td><td>√</td><td></td></tr>
<tr><td>19</td><td>液压油压力表</td><td colspan="3">√</td><td></td></tr>
<tr><td>20</td><td>连杆校正器</td><td colspan="3">√</td><td>允许外协</td></tr>
<tr><td>21</td><td>无损探伤设备</td><td colspan="3">√</td><td>修理大中型客车必备。其他允许外协</td></tr>
<tr><td>22</td><td>车身清洗设备</td><td>—</td><td>—</td><td>√</td><td></td></tr>
<tr><td>23</td><td>打磨抛光设备</td><td>√</td><td>—</td><td>√</td><td></td></tr>
<tr><td>24</td><td>除尘除垢设备</td><td>√</td><td>—</td><td>√</td><td></td></tr>
<tr><td>25</td><td>型材切割机</td><td colspan="3">√</td><td></td></tr>
<tr><td>26</td><td>车身整形设备</td><td colspan="3">√</td><td></td></tr>
<tr><td>27</td><td>车身校正设备</td><td>—</td><td>—</td><td>√</td><td>二类允许外协</td></tr>
<tr><td>28</td><td>车架校正设备</td><td>√</td><td>√</td><td></td><td>二类允许外协</td></tr>
<tr><td>29</td><td>悬架试验台</td><td>—</td><td>—</td><td>√</td><td>二类允许外协</td></tr>
</table>

续表 1-7

<table>
<tr><th>序号</th><th>设备名称</th><th>大中型客车</th><th>大型货车</th><th>小型车</th><th>其他要求</th></tr>
<tr><td>30</td><td>喷烤漆房及设备</td><td>√</td><td>—</td><td>√</td><td></td></tr>
<tr><td>31</td><td>调漆设备</td><td>√</td><td>—</td><td>√</td><td rowspan="11">允许外协</td></tr>
<tr><td>32</td><td>喷油器试验设备</td><td colspan="3"></td></tr>
<tr><td>33</td><td>喷油泵试验设备</td><td colspan="3"></td></tr>
<tr><td>34</td><td>自动变速器维修设备</td><td>—</td><td>—</td><td>√</td></tr>
<tr><td>35</td><td>立式精镗床</td><td colspan="3">√</td></tr>
<tr><td>36</td><td>立式珩磨机</td><td colspan="3">√</td></tr>
<tr><td>37</td><td>曲轴磨床</td><td colspan="3">√</td></tr>
<tr><td>38</td><td>曲轴校正设备</td><td colspan="3">√</td></tr>
<tr><td>39</td><td>凸轮轴磨床</td><td colspan="3">√</td></tr>
<tr><td>40</td><td>激光淬火设备</td><td colspan="3">√</td></tr>
<tr><td>41</td><td>曲轴、飞轮与离合器总成平衡设备</td><td colspan="3">√</td></tr>
</table>

注：√要求具备；—不要求具备。

表 1-8 整车维修企业配备的主要检测设备

序号	设备名称	其他要求
1	声级计	
2	排气分析仪或烟度计	
3	汽车前照灯检测设备	二类允许外协
4	侧滑试验台	二类允许外协
5	制动试验台	修理大型货车及二类允许外协
6	车速表检验台	二类允许外协
7	底盘测功机	允许外协

(九)量具及检测设备的定期检定

《中华人民共和国计量法》第九条规定："县级以上人民政府计量行政部门对社会公用计量标准器具，部门和企业、事业单位使用的最高计量标准器具，以及用于贸易结算、安全防护、医疗卫生、环境监测方面的列入强制检定目录的工作计量器具，实行强制检定。未按照规定申请检定或者检定不合格的，不得使用。实行强制检定的工作计量器具的目录和管理办法，由国务院制定。对前款规定以外的其他计量标准器具和工作计量器具，使用单位应当自行定期检定或者送其他计量检定机构检定。"

二、营业许可证办理

(一)汽车维修企业筹建立项程序

(1)县级以上道路运输管理机构受理筹建汽车维修企业的筹建立项申请。

(2)道路运输管理机构在受理筹建立项申请时,申请人应提交以下文件。

①经营项目、营业场所、法人代表或经营业主、职工人数、经营规模等书面资料。

②合法有效的资信证明或资金担保书。

③申请具有法人资格的企业应有可行性报告及其主管部门的立项批准书,无主管部门的企业或经营业户提交城市街道或乡镇以上人民政府的证明。

④法律、法规和规章规定应提交的其他资料。

(3)道路运输管理机构自受理之日起,在30日内按审批权限做出审批决定。筹建立项实行定期集体审批制度。批准筹建的,向申请人发出立项批准书,规定其筹建时限,不予批准的应以书面形式答复申请人。

(4)审批筹建立项申请的原则是该项申请是否符合本县或本地区汽车维修行业发展规划,是否符合社会需要和开业条件等。

(二)汽车维修企业开业审批程序

汽车维修企业开业审批程序如下:

(1)筹建汽车维修企业的法人代表或经营业户,筹建就绪后,即可在规定时限内填写《开业申请表》,提出开业申请,同时向道路运输管理机构提交法人身份证、质检员证、价格结算员证等有关证件的复印件,质量管理机构、制度及有关资料、厂点位置分布图、厂区平面图、车间工艺布局图等有关资料,经营特约维修的业户还应提供正式的签约合同,开业申请由批准立项的道路运输管理机构受理。

(2)受理开业申请的道路运输机构在接到开业申请后,应当派出专门评审组织,对申请人的筹建工作按国标《汽车维修业开业条件》批准的立项申请的要求进行审验,并在30日内做出审批决定。审批决定应由集体研究决定。一类汽车维修企业由省级道路运输管理机构审批;二类汽车维修企业由市级道路运输管理机构审批;三类汽车维修业户由县级道路运输管理机构审批。

(3)经批准开业的,由审批机构核发《汽车维修业技术合格证》(或经营许可证)及铜制汽车维修企业经营标志牌,并告知申请人凭经营许可证到工商行政管理部门和税务部门分别办理法人营业执照或工商执照和税务登记手续。

(4)领取有关单证。申请人持《汽车维修技术合格证》到当地道路运输管理机构领取《汽车维修合同》《汽车维修技术检验单》《汽车维修工时、材料费用明细表》《汽车维修竣工出厂合格证》等有关单证。

(三)中外合资、合作汽车维修企业立项、审批程序

道路运输管理机构受交通行政主管部门委托,审批中外合资、合作汽车维修企业,并按以

下程序办理申请立项手续。

(1)立项申请的手续,由中方代表办理,道路运输管理机构不直接接受外方人员的申请。

(2)受理中外合资、合作汽车维修企业立项时,申请人应提交的文件:

①项目建议书;

②可行性研究报告;

③合资、合作双方法人代表签订的意向书;

④外商的固定国籍和合法身份证明;

⑤外商公司的注册证书和有效商业登记证;

⑥外商所在国或地区的资信证明(包括合法手段取得的银行贷款),其证明资产必须大于该项目的投资金额,同时与多家企业合营时,其证明资产必须大于各项目的投资总额。

(3)道路运输管理机构在受理中外合资、合作汽车维修申请后,应在30日内做出审核决定。经审核后,符合规定的,签注审核意见并逐级上报省级道路运输管理机构;不符合规定条件的,答复申请人,并退回所有申请材料。

(4)省级道路运输管理机构在收到下级道路运输管理机构上报的中外合资、合作汽车维修企业的申报材料后,应代表省级交通主管部门进行审核,在30日内做出审核决定。经审核同意的,提出审核意见并以省级交通主管部门的名义拟文上报交通部审批,不同意的退回下级呈报机构返回申请人。

(5)中外合资、合作汽车维修企业的《汽车维修技术合格证》(经营许可证)由省级道路运输管理机构核发,接受企业所在地道路运输管理机构的行政管理。核发《汽车维修技术合格证》时,应审核该企业提供的交通部批准立项的文件、外经贸部或授权机关的批准设立的文件、工商行政管理部门颁发的工商法人执照和税务机关的税务登记证。

(6)道路运输管理机构按照国内的法律、法规、规章对中外合资、合作汽车维修企业实施行政管理。

【任务实施】(任务实施条件、安全要求、工作思路、过程记录)

1.实施条件

(1)汽车检修理实一体化教室。

(2)一台性能良好或有故障的汽车。

(3)维修车间工作人员和顾客。

(4)电话、文件夹、纸笔、耳麦、工作牌等。

2.安全要求

电脑正常使用与开关,注意用电安全。

3.工作思路

(1)学生根据前面学习的知识点分小组进行,通过支持、分工、协作完成工作任务。

任务工单:

小王大学学的是汽车检测与维修专业,想和几个朋友开一家汽车维修企业,应具备哪些条件才能开业呢?

(2)教师展示作业过程需要查阅的资料,并粗略分析此项任务的质量评定要点。

4.任务实施方案工作记录

任务实施方案工作记录见表 1-9。

表 1-9　任务实施方案工作记录表

<table>
<tr><td>姓名</td><td></td><td>班级</td><td></td><td>学号</td><td></td><td>日期</td><td></td></tr>
<tr><td colspan="8">工作组</td></tr>
<tr><td>序号</td><td>姓名</td><td>学号</td><td colspan="3">工作任务</td><td colspan="2">备注</td></tr>
<tr><td></td><td></td><td></td><td colspan="3"></td><td colspan="2"></td></tr>
<tr><td></td><td></td><td></td><td colspan="3"></td><td colspan="2"></td></tr>
<tr><td></td><td></td><td></td><td colspan="3"></td><td colspan="2"></td></tr>
<tr><td></td><td></td><td></td><td colspan="3"></td><td colspan="2"></td></tr>
<tr><td colspan="8">任务方案:(环境保护、可行性、工作效率、经济性分析等)</td></tr>
<tr><td colspan="8">任务实施记录</td></tr>
<tr><td>步骤序号</td><td colspan="3">操作过程描述</td><td colspan="3">结果记录</td><td>结论</td></tr>
<tr><td></td><td colspan="3"></td><td colspan="3"></td><td></td></tr>
<tr><td></td><td colspan="3"></td><td colspan="3"></td><td></td></tr>
<tr><td></td><td colspan="3"></td><td colspan="3"></td><td></td></tr>
<tr><td></td><td colspan="3"></td><td colspan="3"></td><td></td></tr>
<tr><td></td><td colspan="3"></td><td colspan="3"></td><td></td></tr>
<tr><td></td><td colspan="3"></td><td colspan="3"></td><td></td></tr>
<tr><td></td><td colspan="3"></td><td colspan="3"></td><td></td></tr>
<tr><td></td><td colspan="3"></td><td colspan="3"></td><td></td></tr>
<tr><td></td><td colspan="3"></td><td colspan="3"></td><td></td></tr>
<tr><td></td><td colspan="3"></td><td colspan="3"></td><td></td></tr>
<tr><td></td><td colspan="3"></td><td colspan="3"></td><td></td></tr>
<tr><td></td><td colspan="3"></td><td colspan="3"></td><td></td></tr>
<tr><td></td><td colspan="3"></td><td colspan="3"></td><td></td></tr>
<tr><td></td><td colspan="3"></td><td colspan="3"></td><td></td></tr>
</table>

【任务评价】

1. 作业过程质量评价

各组成员制作PPT,PPT中应包括完整的汽车维修企业筹建流程;执行新的国家标准GB/T 16739—2014《汽车维修业开业条件》标准。

2. 以学习小组为单位,按照项目任务的评价内容与评价标准进行评价(任务评价表详见附录)

(1)评价项目:知识掌握占40%,任务完成情况占40%,职业素养占20%。

(2)评价方式:组内自评占30%,组间互评占30%,教师评价占40%。

【知识拓展】

汽车维修企业归口交通运输行业管理,行业管理的基本内容包括汽车维修经营范围、汽车维修企业守法经营、汽车维修合同、汽车维修质量管理等,县级以上交通运输管理部门履行行业管理的职责。我国汽车维修企业根据经营范围分为整车一类企业和整车二类企业、三类汽车维修业户,各类企业根据汽车维修企业开业技术条件获得行业经营许可后登记注册开业,汽车维修企业开停业程序应遵守国家相关法规和政策,每年应参加年度审验。

【思考题】

1. 汽车维修企业的开业条件有哪些?
2. 中外合资汽车维修企业筹建需要哪些程序?
3. 请阐述对"汽车维修连锁经营"的理解。

【项目任务】

任务3 汽车维修企业管理模式

【任务分析】

为完成汽车维修企业的管理模式认知任务,必须掌握企业机构管理机制及模式,使学生正确理解汽车维修企业机构设置方面的知识,理解汽车维修企业机构职责,掌握企业机构运行机制及模式,以便学生更好地掌握汽车维修企业的相关知识。

【相关知识】

一、管理模式

企业管理模式是指企业为实现其经营目标组织资源、经营生产活动的基本框架和方式。典型的现代企业管理模式与方法有准时生产(JIT)和精益生产等。先进企业管理模式是实现集成化管理与决策信息系统的理论基础。

目前我国维修企业运营模式主要有特约维修站、专业修理店、路边个体修理店和品牌连锁经营企业 4 种管理模式。

(一)特约维修站

特约维修站稳固占据了新车保修期内和本品牌中、高档轿车的维修市场。保修期外及事故车市场占据份额则比较小。目前特约维修站还处在成长发展期,名牌主流车型的 4S 店还会在近几年内继续建成,新的轿车品牌还会随着其销售的扩大而建立 4S 店,一般车型还会以服务站的形式进行售后服务。但特约维修站资格的取得是以高投入为条件的,一旦该品牌汽车销售下滑,新车型又不能一炮走红,服务商的日子就会很难过。

另外,特约维修站须得到厂家授权,它们只负责给特定品牌的汽车提供服务,维修中使用的专用维修设备大多由该品牌汽车制造商提供,零部件也都是原厂件。由于特约维修店垄断了新车保修业务,每一家维修店的客户因此也是相对稳定的。这类模式虽然有比较固定的客户,但是同时也降低了新客户的增长率,其客户的增长与生产厂家的销售量是成正比的。随着这类经营模式的增多,势必导致客户的减少和激烈的竞争,同时现在国内的大部分车主在驾车过了厂商承诺的保养期后,多数不会再到指定的服务站进行维护,这也造成了客户的相对流失。

(二)专业修理店

专业修理店也称为“独立品牌店”。该类维修店因其资质不同,差别很大。有些近似路边店,但都以专业维修为重。目前该类维修店的发展方向主要是靠资源的整合,形成专业服务中心;或是通过加盟连锁专业店,提升企业形象,获得专业技术、设备、材料等方面的支持,在竞争中生存发展。

(三)路边个体修理店

路边个体修理店有点像城市的早餐摊点群、夜晚大排档和路边的招手饭店。通常环境条件差,质量没保证,诚信度不高。

(四)品牌连锁经营企业

随着国民经济的持续快速发展,在经济全球一体化、贸易自由化、资本多元化、信息网络化的今天,加之国际品牌汽车服务企业的到来,对国内汽车服务业造成了极大的冲击,中国的汽车服务市场将不可避免地要快速步入世界化的轨道,成为世界市场的一部分。有关资料表明:在中国加入 WTO 后,在中国市场的巨大诱惑下,跨国汽车零部件企业,特别是跨国汽车巨头在国外的零部件配件商,纷纷抢占中国市场,以各种方式进行投资合作。德尔福已经在中国建立了 30 多家独资或合资汽车零配件企业,1 个技术中心和 1 个培训中心;美国威斯蒂昂公司在中国设立了 5 家汽车零配件合资企业等。

二、模式创新

随着我国汽车产业的逐渐成熟和汽车保有量的不断增大，整车销售市场竞争的加剧和利润空间的进一步萎缩，汽车维修行业将成为汽车产业链上利润最大的一块“奶酪”。“四位一体”和“连锁经营”，是目前国际汽车售后市场的两大经营模式。

（一）“四位一体”

即目前已传入中国的4S店形式，目前国内主要的轿车生产企业基本都采取这种方式。这种模式源于欧洲，即整车销售、配件供应、维修服务和信息反馈“四位一体”的汽车特许经营模式。欧洲在汽车保有结构方面的特点是车型集中，每种车型有较大的保有量，故“四位一体”的经营模式得以存在和发展。

而以美国为代表的连锁经营模式，最近20多年来得到了迅速发展。这种连锁方式如同人们熟知的“麦当劳”和“肯德基”，它整合了各品牌汽车维修保养的资源，打破纵向垄断，在价格服务透明化的基础上，提供汽车保养、维修、快修、美容和汽保供应一条龙服务，车主可以一站式解决问题。

（二）连锁经营

连锁经营模式起源于欧美等经济发达的国家，是大工业生产和流通领域发展到一定程度的产物。一般是指经营同一商品或服务的若干经济组织，通过一定的联结纽带，按照一定的规则，组合成的一个联合体，在整体规划下进行专业化分工，并在此基础上实施集中化管理和标准化运作，最终使复杂的商业活动简单化，以提高经济效益，谋取规模效益的一种经营模式。

1.汽车维修企业连锁经营的特点

汽车维修企业连锁经营具有统一的品牌形象，统一的服务理念，统一的设备配套，统一的宣传推广，统一的价格体系，统一的经营管理，统一的备件配送，统一的技术培训等特点。

2.连锁经营模式在我国汽车维修市场的发展趋势

汽车维修连锁经营作为一种新兴的经营模式为何能成为行业发展趋势的因素主要有以下几方面：

（1）国家政策的支持。交通运输部在《关于道路运输业结构调整的若干意见》中提出，大力培育汽车维修名牌企业，要引导具有一定规模和实力的汽车维修企业在统一汽车维修标准的前提下，实施连锁经营；在《道路运输发展规划纲要2010—2020》中指出，建立一个到两个全国性的汽车维修品牌企业和若干个区域性汽车维修品牌企业。由此可见，汽车维修连锁经营将成为未来一个时期汽车维修企业发展的一种必然趋势。

（2）据公安部统计，2021年中国机动车保有量达3.95亿辆，较2020年增加了0.23亿辆，同比增长6.18%，其中汽车保有量达3.02亿辆，较2020年增加了0.21亿辆，同比增长7.47%。我国汽车保有量大，且具有品牌、车型多样化特点，更需要社会提供多样化的维修服务。

（3）其他因素。一是消费者日趋理性、成熟，对服务的要求有所提高；二是行业的规范化和规模化，发展迅速，存在发展空间；三是市场缺乏强势品牌，存在发展机遇；四是企业更为成熟、经济技术实力更为雄厚，高素质的技术管理人才不断涌现。

三、组织机构设置原则和方法

企业组织结构是企业组织内部各个有机构成要素相互作用的联系方式或形式，以求有效、合理地把组织成员组织起来，为实现共同目标而协同努力。组织结构是企业资源和权力分配的载体，它在人的能动行为下，通过信息传递，承载着企业的业务流动，推动或者阻碍企业使命的进程。由于组织结构在企业中的基础地位和关键作用，企业所有战略意义上的变革，都必须首先在组织结构上开始。

1.组织结构类型

(1)直线型：一种最简单的集权组织结构形式，又称军队式结构。领导关系按垂直系统建立，不设专门的职能机构。

(2)直线职能制：以直线制为基础，以厂长(经理)领导下设置相应的职能部门，实行经理统一指挥与职能部门参谋、指导相结合的组织结构形式。

(3)事业部制：分权制结构。遵循“集中决策，分散经营”的原则。

(4)矩阵制：职能部门系为完成某一临时任务而组建的项目小组。

(5)子公司和分公司。

2.组织机构设置的原则

(1)目标明确。

(2)功能模块清晰。

(3)分工明确。

3.组织机构设置的方法

(1)工作划分。

(2)建立部门。

(3)确定管理层次。

(4)确定职权关系。

四、汽车维修企业常见组织机构结构形式

一般汽车维修企业常见组织机构结构形式如下：

(1)整车维修一类汽车维修企业(图 1-1)。整车维修一类企业的特点：一是规模较大，有的企业员工甚至达到上百人或几百人；二是专业化程度高。

(2)整车维修二类汽车维修企业(图 1-2)。

(3)汽车专项维修业户(图 1-3)。主要指从事专项修理或维护的企业，一些岗位可以兼职。

(4)3S 或 4S 特约服务站。

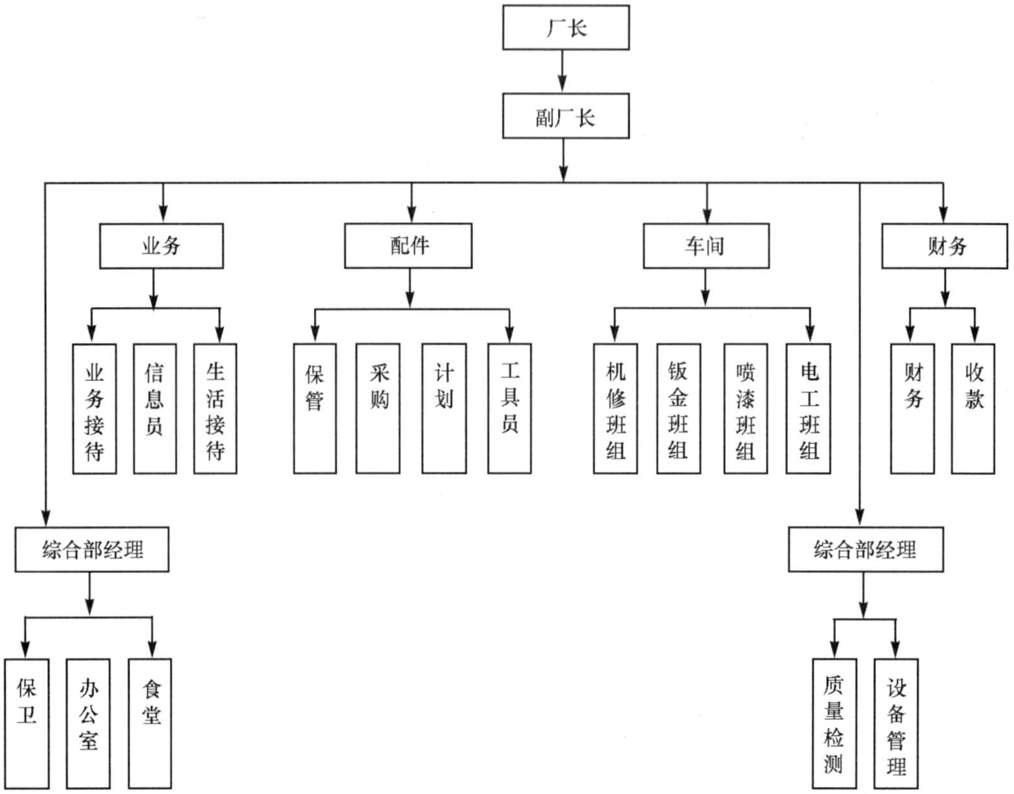

图 1-1　整车维修一类企业组织机构图

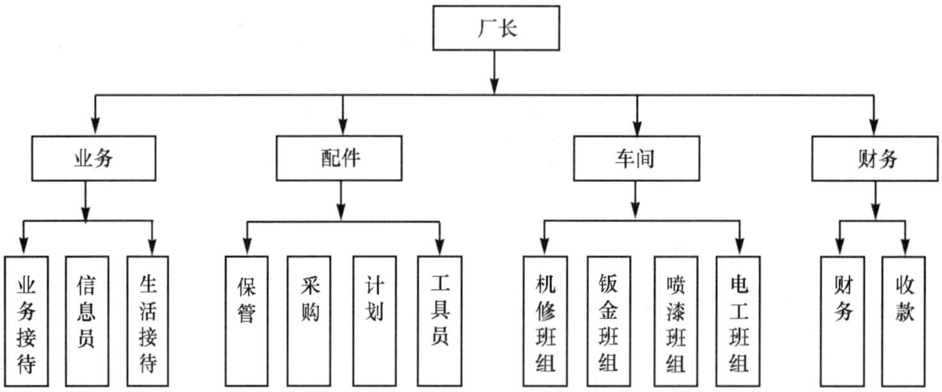

图 1-2　整车维修二类企业组织机构图

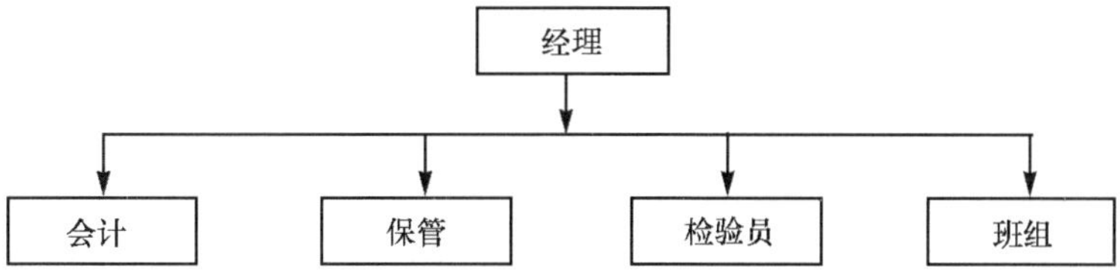

图 1-3　汽车专项维修业户组织机构图

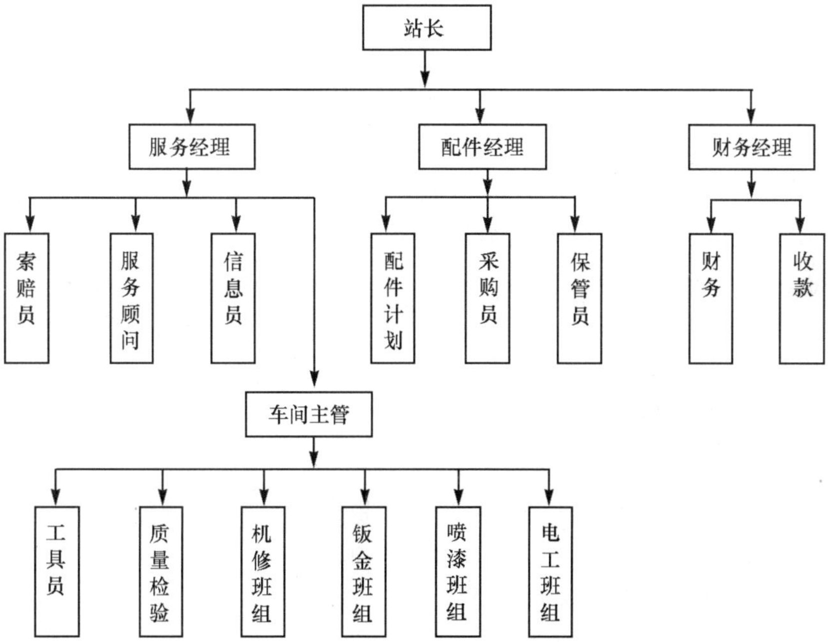

图 1-4　3S 或 4S 店特约服务站常见组织机构图

五、汽车维修企业岗位职责及管理

1. 厂长工作职责

- 负责编制或审核企业的长、中、短期发展计划，企业的生产规模和效益指标；
- 负责编制企业的组织机构、人员、设备和资金等工作；
- 负责组织制定企业的各项规章制度；
- 负责企业各部门主管人员的任免、各部门员工聘用、奖励和辞退的审批；
- 负责编制或审核企业的经营策略，审核年度、季度、月度维修业务方案；
- 负责审核财务工作和资金的筹集；
- 负责制定或审批员工工资、福利和分配方案；
- 负责与汽车维修行业管理部门的沟通，传达和落实有关的法律、法规。

2.车间主管工作职责

- 负责维修派工,保质保量按时完成企业下达的各项维修任务;
- 认真贯彻自检、互检和专检的质量检验制度;
- 抓好车间的劳动纪律和精神文明建设,培养员工的爱岗敬业精神;
- 抓好安全生产,经常开展安全生产教育;
- 加强员工培训和考核,不断提高全体员工的服务质量和技术水平;
- 抓好车间的5S管理工作;
- 做好车间的设备、工具管理。

3.业务接待工作职责

- 热情接待顾客,了解顾客需求及期望,为顾客提供满意的服务;
- 接车,根据顾客维修要求,开出派工单;
- 估计维修费用,负责向顾客说明收费项目及其依据;
- 掌握维修进度,增加或减少维修项目时,及时联系顾客;
- 确保按时完成维修项目;
- 建立顾客档案;
- 做好顾客咨询工作;
- 听取顾客提出的建议、意见和投诉,并及时向上级汇报。

4.总检验员和质量检验员工作职责

- 总检验员负责维修车辆质量把关的责任,并领导其他质量检验员完成质检工作;
- 负责维修项目的质量检验,负责修理过程的随机抽检;
- 负责汽车维修竣工出厂检验和签发二级维护合格证;
- 负责维修车辆技术档案的建立;
- 负责原材料、外购件和外协件的验收;
- 负责车辆维修过程中出现的疑难故障排除;
- 负责指导维修人员贯彻执行有关的汽车维修标准,提高员工的技术素质;
- 负责处理维修质量投诉和事故车辆的维修质量分析。

5.采购人员工作职责

- 建立供应商资料与价格记录;
- 采购计划编排,物料之订购及交期控制;
- 掌握公司主要物料的市场价格起伏状况,了解市场走势,加以分析并控制成本;
- 对供应厂商的价格、品质、交期、交量等做出评估;
- 对采购物资进行ABC分类;
- 进料品质、数量异常的处理;
- 呆料与废料的预防与处理;
- 询价、比价、议价及订购作业;
- 付款整理、审查。

6. 维修人员工作职责

- 认真做好本职工作，维护企业信誉，礼貌待客；
- 遵守劳动纪律和车间管理制度，服从工作安排和生产调度；
- 严格按作业项目、技术规范和工艺要求进行维修，保质保量地完成维修工作；
- 注意安全生产，准确使用工具和设备；
- 文明施工，爱护车辆；
- 坚持自检，确保维修质量，检验不合格，决不转入下一工序；
- 发扬团队精神，协商解决问题；
- 加强技术学习，不断提高技术水平。

【任务实施】（任务实施条件、安全要求、工作思路、过程记录）

1. 实施条件

（1）汽车检修理实一体化教室。

（2）一台性能良好或有故障的汽车。

（3）维修车间工作人员和顾客。

（4）电话一部、文件夹、纸笔、耳麦等。

2. 安全要求

电脑正常使用与开关，注意用电安全。

3. 工作思路

（1）学生根据前面学习的知识点分小组进行，通过支持、分工、协作完成工作任务。

任务工单：

王先生是一家汽车维修企业的新上任的总经理，凭借对管理知识的敏感，他改革企业机构设置，撤销一些办事效率低的机构，新增一些有助企业销售的机构，使企业利润增加。请问合理的企业机构对企业有什么积极的影响？

（2）教师展示作业过程需要查阅的资料，并粗略地分析此项任务的质量评定要点。

4. 任务实施方案工作记录

任务实施方案工作记录见表 1-10。

表 1-10　任务实施方案工作记录表

<table>
<tr><td>姓名</td><td></td><td>班级</td><td></td><td>学号</td><td></td><td>日期</td><td></td></tr>
<tr><td colspan="8">工作组</td></tr>
<tr><td>序号</td><td>姓名</td><td>学号</td><td colspan="3">工作任务</td><td colspan="2">备注</td></tr>
<tr><td></td><td></td><td></td><td colspan="3"></td><td colspan="2"></td></tr>
<tr><td></td><td></td><td></td><td colspan="3"></td><td colspan="2"></td></tr>
<tr><td></td><td></td><td></td><td colspan="3"></td><td colspan="2"></td></tr>
<tr><td></td><td></td><td></td><td colspan="3"></td><td colspan="2"></td></tr>
</table>

续表 1-10

任务方案:(环境保护、可行性、工作效率、经济性分析等)			
任务实施记录			
步骤序号	操作过程描述	结果记录	结论

【任务评价】

1. 作业过程质量评价

PPT 的制作:各组成员从汽车维修企业的机构类型、成员分工、岗位职责及合理化建议进行阐述,各占 25%比例。

2. 以学习小组为单位,按照项目任务的评价内容与评价标准进行评价(任务评价表详见附录)

(1)评价项目:知识掌握占 40%,任务完成情况占 40%,职业素养占 20%。

(2)评价方式:组内自评占 30%,组间互评占 30%,教师评价占 40%。

【知识拓展】

北京爱义行汽车服务有限责任公司是集环保洗车、汽车美容、汽车装饰、维修保养、烤漆服务、汽车百货、车险于一体的综合性汽车服务企业,该公司始终坚持连锁化、规模化发展,打造出遍布全国的汽车服务连锁体系，是国内最具实力的汽车维修企业之一。

北京爱义行汽车服务有限责任公司是“全国汽车维修行业诚信企业”，始终坚持系统化、规模化发展，对各地连锁机构进行联网管理，整合采购资源，完善自主物流，实现企业“集中采购、统一配送”。

由该企业的发展可以看到汽车维修企业的特点，汽车维修企业连锁经营具有统一的品牌形象，统一的服务理念，统一的设备配套，统一的宣传推广，统一的价格体系，统一的经营管理，统一的备件配送，统一的技术培训等特点。

【思考题】

1. 简述汽车维修企业机构设置的组织原则与方法。
2. 简述汽车维修企业常见组织机构结构形式。
3. 汽车维修企业厂长工作职责是什么？
4. 为什么在现代化企业中要求管理人员必须专业化？
5. 汽车维修企业的厂长应具备哪些素质？

项目二　汽车维修企业经营战略管理与分析

学习资料

【项目学习目标】

通过对汽车维修企业经营战略概述和汽车维修企业经营战略目标制定及发展战略分析两个任务的学习，让学生认知经营战略概论知识，了解战略种类，理解战略制定方法，具备运用 SWOT 法对企业战略目标进行分析的能力。

【项目任务】

任务 1　汽车维修企业经营战略概述

【任务分析】

通过对汽车维修企业经营战略原定义的认知，能正确理解战略特点，进而对于企业所处的战略类型做出正确分析，具备分析研究企业适合战略类型的能力。

【相关知识】

一、经营战略理解

(一)战略定义

战略是企业发展的灵魂，企业竞争成败关键在于战略研究水平的高低、战略目标是否科学。科学的战略目标是统一企业全体员工思想认识的平台，是激励公司全体员工前赴后继、鞠躬尽瘁为事业做贡献的标杆。

企业战略就是企业在对环境的假设、对目标的假设及对优势的假设的基础之上具体的经营思路和安排，是在变化的环境下为求得持续发展的总体性谋划。可以这样说，企业战略就是企业经营理论的理性反映。

(二)经营战略

1. 经营战略定义

经营战略是企业面对激烈变化、严峻挑战的环境，为求得长期生存和不断发展而进行的总体性谋划。广义上的经营战略是指运用战略管理工具对整个企业进行的管理,在经营战略的指导下进行,贯彻战略意图,实现战略目标;狭义上的经营战略是指对企业经营战略的制定,实施和控制的过程所进行的管理。

更具体来说,经营战略是在符合和保证实现企业使命的条件下,在充分利用环境中存在的各种机会和创造新机会的基础上,确定企业同环境的关系,规定企业从事的事业范围、成长方向和竞争对策,合理地调整企业结构和分配企业的全部资源,进而选择和确定企业的总体目标、长远目标,制定和抉择实现目标的行动。

2.汽车维修企业经营战略定义

汽车维修企业经营战略是指在充分了解汽车维修市场环境和分析自身条件的基础上,为适应未来环境的变化以求得长期生存和不断发展,对企业的发展目标、目标的实现途径和手段所进行的总体性谋划。它主要包括以下四层含义:

(1)企业长远的发展方向规划。任何根据外界环境的短期波动所采取的对策,例如某一车型的某类配件出现紧缺及价格上涨等情况,所采取的经营对策不是经营战略的范畴。

(2)经营战略是定性的。它是关于企业向何处发展和怎样经营的问题,属非程序化,应采用定性研究方法。

(3)企业的战略具有实践性。它应当是切实可行的,而不是随心所欲的空想。

(4)企业的经营战略经过长期准备与谋划,并取得共识。

(三)经营战略的特征

企业经营战略主要有以下五个方面的特征。

1.全局性

这是经营战略的最根本的特征。全局性是指经营战略是以企业的全局为研究对象来研究企业的总目标,规定企业在世界的总行动,追求企业的总效果。

2.长远性

这是指经营战略的着眼点是企业的未来,是为了谋求企业的长期发展和长远利益,而不是为了求得眼前的、短期的利益。

3.纲领性

这是指经营战略所确定的战略目标,是企业行动的纲领。

4.抗争性

这是指经营战略,是企业在竞争中战胜竞争对手、应付外界环境中的挑战和威胁的一整套的行动方案。

5.风险性

经营战略考虑的是企业的未来,而未来具有不确定性,所以战略具有一定的风险性。

二、经营战略分类

企业经营战略可以按决策层层次、经营态势、企业规模和战略目标性几方面进行分类。

(一)按企业经营决策层层次分类

大型企业经营战略是一个庞大复杂的大系统,可以分解为不同层次的子系统。一般来讲,对于大型企业,企业经营战略包括三个层次:第一层次是公司级战略;第二层次是事业部级战略;第三层次是职能级战略。公司在制定总体战略时要考虑下一层次的情况,而下一层次的战略应服从和体现上一层次的战略意图。

(二)按企业经营态势分类

根据企业所处的环境以及环境的未来发展趋势而确定的企业总的行动方向。它有以下三种基本类型。

1.稳定战略

这种战略强调的是投入少量或中等程度的资源,保持现有的产销规模和市场占有率,稳定和巩固现有的竞争地位。这种战略适用于效益已相当不错,而暂时又没有进一步发展的机会,其他企业进入屏障又较大的企业。按照不同情况又分为:

(1)无变化战略,即按原定方向和模式经营,不作重大调整。

(2)利润战略,即在已取得的市场优势基础上力图在短期更多地获利。

(3)暂停战略,即为了巩固已有的优势,暂时放缓发展速度。

2.发展战略

这种战略适用于企业有发展和壮大自己的机会,其特点:投入大量资源,扩大产销规模,提高竞争地位,提高现有产品的市场占有率或用新产品开辟新市场,这是一种进攻型的态势。具体包括:

(1)垂直一体化战略,即在原有经营领域的基础上分别前向或后向开拓发展。

(2)水平一体化战略,即在技术经济性质类似的经营领域内横向扩大发展。

(3)多角化战略,即汽车维修企业在主业发展到一定程度时,适度辐射发展到其他相关方面及行业的经营战略,实现由主业带副业,以副业促主业发展的目标。例如,配件的制造、经销、专销,汽车专用品全国连锁经营,汽车信息及维修业信息咨询服务,甚至利用主业的优势进行修理业务、高新技术培训及汽车修理技术学校等。

3.紧缩战略

紧缩战略又称“撤退战略”,这种战略适用于外部环境与内部条件都十分不利,企业只有采取撤退措施才能避免更大的损失的情况。具体包括:

(1)削减战略,即逐步减少生产或收回资金,但不完全放弃,以等待时机。

(2)放弃战略,即对无法挽回的产品等经营领域予以转让,收回资金另作他用。

(3)清算战略,即企业无力扭亏增盈,濒临破产时予以清算,整体转让。

(三)按企业规模分类

(1)中小型企业经营战略。随着市场的充分发育,市场交易费用不断降低,中小型企业专业化强、管理方便,在国民经济发展中占重要地位。

适合中小型企业的经营战略有:

①小而专、小而精战略。即通过细分市场,选择能发挥企业自身专业化优势而进行生产经

营的战略。

②钻空隙战略。即通过调查，发现市场供应空缺之处，凭借中小型企业快速灵活的优势，进入空隙市场。

③经营特色战略。即由于中小型企业容易接近顾客，能够通过使自己的产品或服务具有与众不同的特色来吸引消费者，从而取得成功。

④承包、联营战略。即中小型企业紧密地依附于一个大企业或企业集团，接它们的长期订货，成为它们的一个加工承包单位或联营企业。

(2)大型企业经营战略。大型企业一般都有经济规模的要求，即生产或加工过程要达到一定规模才能显示其经济效益。制定企业战略应考虑其规模大、管理层次多、信息传递慢、对市场环境变化反应相对迟钝等不足，发挥其规模效益等长处，避免其短处。

(四)按战略目标分类

企业基本竞争战略、企业发展战略、企业文化战略。

【任务实施】(任务实施条件、安全要求、工作思路、过程记录)

1.实施条件

(1)汽车检修理实一体化教室或多媒体教室。

(2)图表、资料、教学软件、纸、笔等。

2.安全要求

电脑正常使用与开关，注意用电安全。

3.工作思路

(1)学生根据前面学习的知识点分小组进行，通过支持、分工、协作完成工作任务。

任务工单：

老李原来在一家维修厂(国企)做了20多年的变速器维修，企业一改制，老李下岗了。对于以后的发展老李琢磨了好多天，觉得自己干了这么多年的变速器维修，在本地维修行业内也算小有名气。于是他筹集资金，买了设备，招了几名工人，成立了一家"变速器维修公司"。凭借老李在当地维修行业内的影响力及其精专的维修水平，不到两年，企业便发展壮大，年收入达100万元，成为当地有名的变速器专项维修业户。老李靠其精而专的技术最终取得了成功。

请阐明老李取得成功的原因及战略选择。以小组为单位制作PPT。

(2)教师展示作业过程需要查阅的资料，并粗略分析此项任务的质量评定要点。

4.任务实施方案工作记录

任务实施方案工作记录见表2-1。

表2-1　任务实施方案工作记录表

<table>
<tr><td>姓名</td><td></td><td>班级</td><td></td><td>学号</td><td></td><td>日期</td><td></td></tr>
<tr><td colspan="8">工作组</td></tr>
<tr><td>序号</td><td>姓名</td><td>学号</td><td colspan="3">工作任务</td><td colspan="2">备注</td></tr>
<tr><td></td><td></td><td></td><td colspan="3"></td><td colspan="2"></td></tr>
</table>

续表 2-1

任务方案：(环境保护、可行性、工作效率、经济性分析等)

任务实施记录

步骤序号	操作过程描述	结果记录	结论

【任务评价】

1. 作业过程质量评价

企业经营战略分类、个战略特色、团队协作、资料整理、分析有据五项考核评价。

2. 以学习小组为单位，按照项目任务的评价内容与评价标准进行评价(任务评价表详见附录)

(1)评价项目：知识掌握占 40%，任务完成情况占 40%，职业素养占 20%。

(2)评价方式：组内自评占 30%，组间互评占 30%，教师评价占 40%。

【任务拓展】

名人慧语

比亚迪能够一直保持快速增长，根本原因还是注重创新、重视研发。

——2009 年 8 月 18 日王传福接受《南方都市报》采访

很多人认为成本控制就是“抠”，事实上限制员工出差等没有太大帮助，但一项重大工艺变化或许会带来 10 倍的成本变化。

——2009 年 9 月王传福接受《财经》采访

单个产品技术的竞争变得很困难，做任何的产品都有世界上的竞争对手，你要在单一产品上寻求技术的突破、产品的突破变得非常困难。从另外一个角度来看，我们有集成创新，这样使得我们的企业在创新领域里面走得更快。

——2009 年 11 月 16 日王传福在第十一届高交会中国创业家论坛上的发言

我们的思路是追求生产针对中国消费群体特征的产品。比如在日本不会有人因为便宜几千、上万块钱去尝试一个从来没听说过的品牌，但在中国我们的消费者看重性价比，这就是比亚迪的机会和生存空间。

——2010 年 6 月王传福接受《中国企业家》采访

企业要想实现百年以上的成长，首先，要有相对稳定的企业战略及明确的愿景、使命和价值观；其次，要有敏感的洞察力，能够根据不同的市场状况调整发展战略；再次，以人为本；最后，要不断加强知识资本，强化创新能力。

——2010 年 11 月 4 日王传福接受《深圳特区报》采访

王传福简介：从“中国制造”迈向“中国智造”，中国制造业的晋级之路，需要一批有技术梦想、产业报国情怀的技术型企业家于披荆斩棘的商业征程中求索“技术”的全新战略含义。王传福是“技术派”企业家中的先行者。砥砺前行二十余年，王传福对“技术”的诠释独具科学理性特色，深谙技术与管理共舞之道，并将其浓缩为四个字：“技”“术”“智”“造”。正是借助于此，王传福得以带领比亚迪一路披靡，在世界新能源汽车版图上立起“中国制造”的旗帜。

【思考题】

1. 简述经营战略定义及特征理解。
2. 简述经营战略的分类标准和种类。

【项目任务】

任务 2　汽车维修企业战略目标制定及发展战略分析

【任务分析】

完成战略目标分析，必须理解目标制定流程，熟悉 SWOT 法内部结构，掌握工作原理，明确分析方法，继而运用 SWOT 法对国内汽修行业进行分析。

【相关知识】

一、战略目标

(一)战略目标定义

(1)战略目标是指企业以战略思想为指导,根据主客观条件的分析,在战略期内要达到的总水平,是经营战略的实质性内容,是构成战略的核心,正确的战略目标是评价和选择经营战略方案的基本依据。

(2)战略目标的特征和前提保证。

战略目标是由企业整体目标、各部门分目标、长期目标和中期目标组成的环环相扣、紧密衔接,相互协调、互相支持的目标体系,具有整体性和全局性的特点。

实现战略目标的基础前提:具有独立特色的独立市场竞争主体,包括科学的投资体质、先进的管理机制和优秀的文化平台等。

(二)企业战略目标制定

企业战略是指为了实现企业目标,按照企业的经营方针,通过企业外部环境分析和内部条件研究,而做出的长期和全局性的战略方案谋划。

经营战略的制定不是一个简单的、一挥而就的过程,它是长期对汽车维修企业外部环境和内部条件进行科学预测和客观分析的基础上,按照一定的程序,经企业经营者和有识之士反复论证和比较后才形成的。

1.汽车维修企业战略制定流程(图 2-1)

基本保证是企业的“有志有恒”信念。“有志”指的是发展方向,“有恒”指的是企业人的毅力。日益激烈的市场竞争要求企业高层及每个作战部门必须确立比他人更高的发展目标,坚韧不拔、不屈不挠,以顽强的毅力建设屹立不倒的企业。

2.汽车集团战略目标的制定

现以山东省内某汽车维修企业集团战略制定展示如下:

(1)近期目标(5 年)。集团 5 年战略发展规划的关键是深入开发汽车后服务业务,完善汽车品牌体系,开拓并强化与国际知名汽车品牌的合作关系。

依托本省的汽车服务园区的规划建设,实现包括济宁、潍坊、青岛等地市在内的汽车服务网络建设。

以汽车金融为主线整合汽车后服务功能,促进集团竞争平台的不断升级,提升汽车服务业的核心竞争能力。

打造××服务品牌,凭借企业优质服务保持行业领先水平,提升汽车行业的社会期望值。

(2)中期目标(10～20 年)。通过强化管理、提高服务水平,以适应市场经济发展特定要求的运作模式和经营方式,在企业资本不断社会化的过程中,逐步借助资本市场、资产重组、金融证券等直接和间接的手段来实现经营规模和资本控制量的不断扩大、构建投资、管理和企业文化三大中心为特点的集团控股企业。

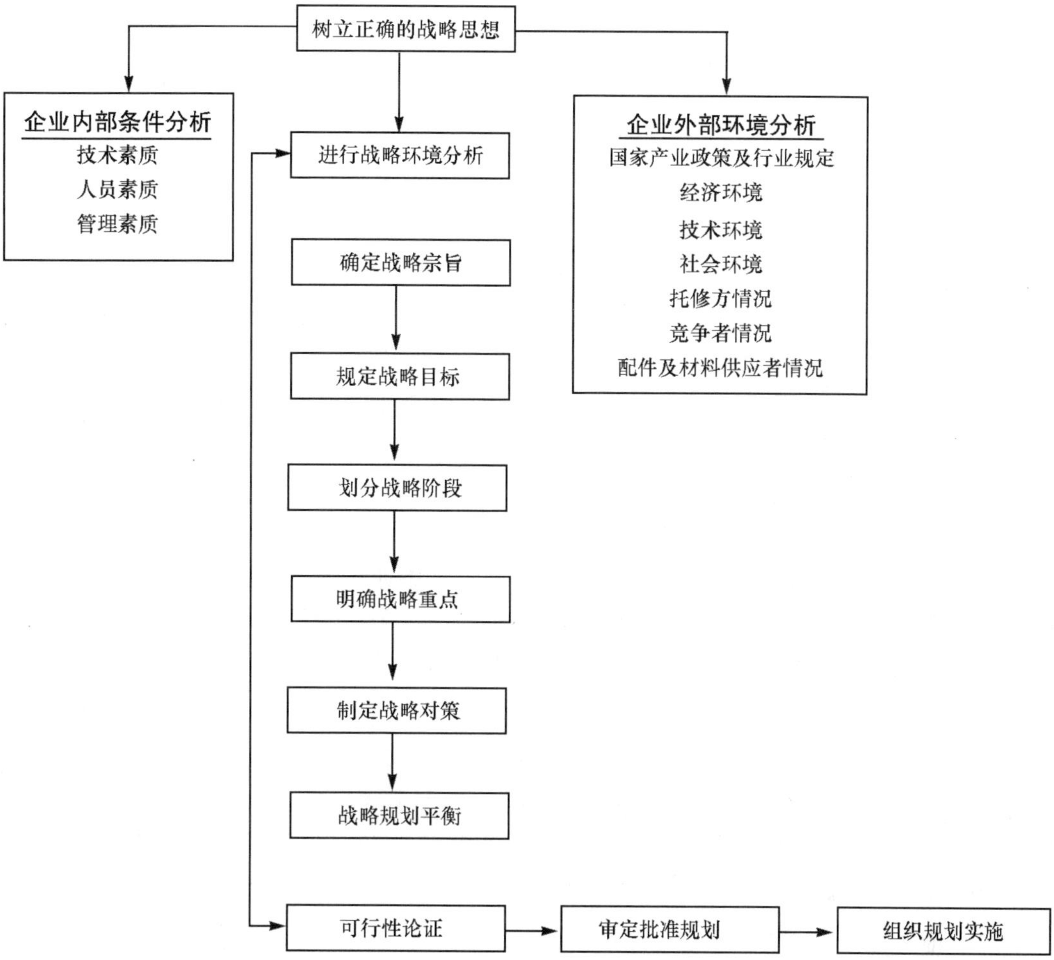

图 2-1　汽车维修企业战略制定流程

(3)长期目标(100 年)

“百年”,从我做起,从现在做起;

“百年”是企业可持续发展的根本体现,是分阶段发展目标组成的战略目标体系;

“百年”是一种思维方式,是统一指导思想,是自我否定、自我创新的理念,是激发人工作动力和锐气的思想武器和行动纲领;

“百年”是与时俱进、快速发展的年轻事业,永远做市场经济发展中的领跑者,这是企业发展目标的真谛;

“百年”的四大基因:优秀的资本结构,高效的学习组织,先进的技术服务水平以及高素质的员工队伍。

二、企业经营战略按目标分类

按目标分类分为企业基本竞争战略、企业发展战略、企业文化战略(企业文化战略及形象战略详见项目十）。

（一）企业基本竞争战略

企业基本经营策略，是指为实行战略目标而采取的重要措施和重要手段，具有阶段性、方针性、具体性、多重性的特点。

美国管理学家迈克尔·波特（Michael Porter）提出处在竞争激烈行业中的企业，面对竞争对手的 3 种基本战略：成本最低化战略（也称总成本领先战略，overall cost leadership）、差异化战略（也称标歧立异战略，differentiation）、专一化战略（也称目标集聚战略，focus）。

1. 成本最低化战略（也称总成本领先战略，overall cost leadership）

成本最低化战略是指汽车维修企业在行业中以低成本取得领先地位，并按这个目标设计一系列方针政策。

此战略的核心是最大限度地降低经营成本或费用，使之处于同行业的较低水平，并按照这一目标采取一系列措施，节能降耗，努力取得规模经济，严格控制生产成本和间接费用，使企业获得同行业平均水平以上的利润。处于较低成本地位的企业通过让利消费者或在相同修理项目价格下，同获得更多的盈利而处于市场优势地位。

成本最低化战略适用于大规模生产标准化产品行业，即通过规模效应来降低成本、开发标准化的产品，产品要具备满足顾客需求的基本特征和功能。

该战略同时也具有一定风险，技术的跨越式变化可能使过去用于扩大生产规模的投资失效。

为了扩大产能而研制、购买、使用的大型生产设备，往往专用性太强，缺乏弹性，使企业在响应市场需求方面不如中小型企业。过于关注成本控制，可能忽视了消费者需求的变化。成本领先战略格外需要先发制人、一枝独秀。当行业中有若干家企业都选择该战略时，行业竞争加剧，价格战爆发，行业利润摊薄。

【案例 2-1】

20 世纪 20 年代的福特汽车公司曾经通过限制车型及种类，积极实行后向整合，采用高度自动化的设备，创造了世界上第一条汽车装配流水线，用大规模生产将汽车变成普通商品，严格推进低成本化措施等，取得所向无敌的成本领先地位。1908—1927 年，福特公司共卖出了 1 500 多万辆 T 形车，福特公司生产的汽车曾经占领了 57%的市场份额。

2. 差异化战略（也称标歧立异战略，differentiation）

差异化战略是指将汽车产品或服务差别化，创造出一种与竞争对手不同的特点，形成鲜明的对比。企业决定实施差异化策略，必须仔细研究顾客的需求与偏好，以便将一种或多种差异化特色结合在一起，形成独特的产品。

各种车型的特约服务站的建立及运作，汽车维修救援网入网企业救援工作的实施，体现了此战略的优势所在。

差异化战略的类型：为找到恰当的差异点，市场营销者必须仔细分析顾客对公司产品或服务的全面体验。那么，公司可以运用什么样的方式，使自己的产品和服务与竞争对手区别开来呢？一般从以下几个方面考虑：

①产品差异化战略。产品差异化的主要因素有：特征、效能、一致性、耐用性、可靠性、易修理性、式样和设计或风格等。如博世将其扬声器定位于不同凡响的设计和音效特点。

②服务差异化战略。服务的差异化主要包括送货、安装、顾客培训、咨询服务等因素。雷克萨斯固然制造了优质汽车，但因为为雷克萨斯车主提供卓越服、创造杰出体验而享有极高声誉。

③人员差异化战略——比竞争对手更好地雇佣和培训员工。训练有素的员工应能体现出下面的六个特征：胜任、礼貌、可信、可靠、反应敏捷、善于交流。

【案例 2-2】

20 世纪初美国福特汽车公司千篇一律的 T 形车虽然价格低廉，但已经不能满足顾客的需求。但老福特冥顽不化，仍然坚持单品种、大批量、低成本的生产观念。通用汽车公司的斯隆看到了市场的微妙变化，提出了与福特公司针锋相对的产品差别化策，同时各分部按计划生产各自的型号。斯隆还提出每年改变车型、强调设计式样的差别以适应消费者的需求，使每年车型的外观都不同于上年。这样，当 1927 年亨利福特败宣布 T 形车停产时，通用的雪弗莱在美国轿车销售中已占据首位。

产品差异及设计协调：执行这一计划要求尝试以前从未做过的产品差异化和设计中的密切的协调，需要多样化的设计、市场信息、多渠道的供应等，同时，各个部门需要从不同的方面相互协调。同福特的单一产品战略相比，它需要做出更多的决策，收集、评价更多的信息。

3. 专一化战略（也称目标集聚战略，focus）

专一化战略是企业将经营范围集中于行业内某一有限的细分市场，使企业有限的资源得以充分发挥，在某一局部超过其他竞争对手，赢得竞争优势。

专一化策略是主攻某个特殊的顾客群、某产品线的一个细分区段或某一地区市场。

专一化策略的前提思想：企业业务的专一化能够以较高的效率、更好的效果为某一狭窄的战略对象服务，从而超过在较广范围内竞争的对手。

在汽车厂家提供越来越周到的售后服务的同时，汽车维修行业也出现专业化经营的趋势，如专营玻璃、轮胎、润滑油、美容品、音响、空调等。

专一化经营的独特优势是专业技术水平高，产品规格全，相对价格比较低。与此同时综合化（一站式）经营也发展很快，如加油站同时提供洗车、小修、一般保养和配件供应等服务，也是专一附加化经营。

(二)企业发展战略分析

1. 发展战略定义

企业发展战略是企业为谋求长期发展，在对外部环境和内部条件分析研究的基础上，以正确的指导思想，对企业主要目标、经营方向、重大经营方针和实施步骤做出长远的、系统的和全局的谋划。

发展战略规划包括战略制定、战略实施和战略控制等。它在企业把握外界环境的机会，规避市场的风险，充分利用自身的优势等方面具有重要的作用。

战略措施是实现定位的保证，是善用资源的体现，是企业发展战略中最关键、生动的部分。从哪里入手、向哪里开刀、先干什么、再干什么、保哪些重点、丢哪些包袱、实施什么政策、用什么策略、怎么策划、如何运作等，这些都是战略措施的重要内容。战略措施是省钱、省力、省时的措施，省钱、省力、省时不等于不花钱、不用力、不用时。战略措施要贴近实际、顺应趋势、新颖独特、灵活机动。

2.战略分析方法

(1)SWOT 分析法定义。

SWOT，S（strengths）是优势、W（weaknesses）是劣势，O（opportunities）是机会、T（threats）是威胁，又称为优劣势分析发或态势分析法。它是按照企业竞争战略的完整概念理解，一个企业“能够做的”（即组织的强项和弱项）和“可能做的”（即环境的机会和威胁）之间的有机组合。SWOT 分析法早在 20 世纪 80 年代初由美国旧金山大学的管理学教授提出来的。

SWOT 分析法是用来确定企业自身的竞争优势、竞争劣势、机会和威胁，从而将公司的战略与公司内部资源、外部环境有机地结合起来的一种科学的分析方法。优势和劣势往往是组织内部的，而机会和威胁通常涉及外部因素（图 2-2）。

内部分析 / 外部分析	**优势 S**	**优势 W**
	1. 2.列出优势 3.	1. 2.列出劣势 3.
机会 O	**SO 战略**	**WO 战略**
1. 2.列出机会 3.	1. 2. 发出优势 利用机会 3.	1. 2. 克服劣势 利用机会 3.
威胁 T	**ST 战略**	**WT 战略**
1. 2.列出威胁 3.	1. 2. 利用优势 回避威胁 3.	1. 2. 减少劣势 回避威胁 3.

图 2-2 SWOT 分析图

(2)企业内外部环境因素分析。

运用各种调查研究方法，分析出公司所处的各种环境因素，即外部环境因素和内部资源因素。外部环境因素包括机会因素和威胁因素，它们是外部环境对公司的发展直接有影响的有利和不利因素，属于客观因素，内部环境因素包括优势因素和弱点因素，它们是公司在其发展中自身存在的积极和消极因素，属主动因素，在调查分析这些因素时，不仅要考虑到历史与现状，而且更要考虑未来发展问题。

目前，汽车维修企业的环境市场主要是买方市场、全球化市场、技术知识经济市场。这三点决定汽车维修企业必须正确认识市场环境，适应环境，挖掘和利用环境乃至超越环境，市场的需求分为现实需求和潜在需求。只有认识到这两点才能更好地对汽车维修市场进行细分和定位。同时，现代营销注重个性化需求，因此汽车维修企业在充分研究市场和定位时，必须考虑客户的个性化需求，要了解用户的价值观、情感因素、消费理念的一系列信息，才能更好地占有市场。

优势，是组织机构的内部因素，具体包括：有利的竞争态势；充足的财政来源；良好的企业形象；技术力量；规模经济；产品质量；市场份额；成本优势；广告攻势等。

要树立大资源观，不仅要重视物质资源，也要重视人力资源；不仅要重视体力资源，也要重视智力资源；不仅要重视国内资源，也要重视国外资源；不仅要重视空间资源，也要重视时间资源；不仅要重视现实资源，也要重视潜在资源；不仅要重视直接资源，也要重视间接资源；不仅要重视经济资源，也要重视政治资源；不仅要重视有形资源，也要重视无形资源。广开资源要运用智慧，运用智慧就能够善用资源。

劣势，也是组织机构的内部因素，具体包括：设备老化；管理混乱；缺少关键技术；研究开发落后；资金短缺；经营不善；产品积压；竞争力差等。

机会，是组织机构的外部因素，具体包括：新产品；新市场；新需求；外国市场壁垒解除；竞争对手失误等。在寻找机会时，一个有用的方法是看自己的长处，问自己是否能够利用这些有利的何机会。另外，看看你的弱点，并问自己是否可以通过消除他们开拓商机。

威胁，也是组织机构的外部因素，具体包括：新的竞争对手；替代产品增多；市场紧缩；行业政策变化；经济衰退；客户偏好改变；突发事件等。

SWOT 分析法是分析组织（公司）的优势和劣势，以及所面临的机会和威胁的一个简单而有用的框架。它可以帮助组织（公司）专注于自己的优势，最大限度地减少威胁，并可以把对问题的“诊断”和“开处方”紧密结合在一起，条理清晰，便于检验。

3. 目前国内汽修行业 SWOT 分析

S(优势)

(1)良好政策和投资环境(当地政府鼓励和政策扶持)。

(2)廉价的劳动力成本。

(3)广阔的市场潜力优势。

(4)汽车价格和技术正迅速与国际接轨。

(5)国外著名大型零部件企业对我国企业全方位的持续带动效应。

W(弱势)

(1)检测、维修质量低。

(2)服务素质和水平有待提高。

(3)规模较小，很少形成有效的竞争格局。

(4)资金与实力较差，连锁规模没有形成。

O(机会)

(1)城市发展,带动私家车的发展。

(2)可以参与国际化经营进行产业结构调整和组织革新。

(3)加强产品质量控制和服务水平,树立品牌经营意识。

T(威胁)

(1)国外汽车品牌涌入中国市场。

(2)同行业威胁。

(3)油价、原材料上涨。

(4)环境污染。

(5)政府政策因素等。

【任务实施】(任务实施条件、工作思路、过程记录)

1.实施条件

(1)多媒体或理实一体化教室。

(2)企业管理资讯、计算器、纸张、笔等。

2.安全要求

电脑正常使用与开关,注意用电安全。

3.工作思路

(1)学生根据前面学习的知识点分小组进行,通过支持、分工、协作完成工作任务。

任务工单:

小李所在的公司从事汽车电子产品维修(主修汽车空调、音响)已有 3 年,现有人员 12 名,经理 2 名(小李和他的朋友),管理 4 名(文员兼出纳 1 人,会计 1 人,采购 1 人,库管 1 人),专业技术人员 6 人(其中资深维修师 1 名),企业的维修技术和价格低廉已被部分客户和市场认可,年净利润 60 万元。在此经营状况下,小李和他的朋友想各再投资 20 万元,并向银行贷款 40 万元,扩大企业规模,扩大维修项目,扩大维修面积(现在维修厂只 200 米^2)。

请为企业创设中长战略目标,在充分考虑企业现有实力和资源的情况下做出战略可行性分析(SWOT 法)。

(2)教师展示作业过程需要查阅的资料,并粗略地分析此项任务的质量评定要点。

4.任务实施方案工作记录

任务实施方案工作记录见表 5-2。

【任务评价】

1.作业过程质量评价

(1)现实市场需求及潜在市场需求,现实竞争对手及潜在竞争对手分析。

(2)现实生产资源及潜在生产资源,现实自身优势及潜在自身优势分析。

(3)现实核心问题及潜在核心问题。

(4)调查报告格式:包括前言、正文、附件三部分,正文主要从企业的定位、SWOT 分析法的四要素、企业竞争策略形式选择等方面完成。

2. 以学习小组为单位，按照项目任务的评价内容与评价标准进行评价(任务评价表详见附录)

(1)评价项目：知识掌握占40%，任务完成情况占40%，职业素养占20%。

(2)评价方式：组内自评占30%，组间互评占30%，教师评价占40%。

【任务拓展】

阿迪达斯与耐克之争

在20世纪60年代或70年代，长跑爱好者只有一种合适的鞋可供选择：阿迪达斯。阿迪达斯是德国的一家公司，是为竞技运动员生产轻型跑鞋的先驱。在1976年的蒙特利尔奥运会上，田径赛中有82%的获奖者穿的都是阿迪达斯牌运动鞋。

阿迪达斯的优势在于试验。它试用新的材料和技术来生产更结实和更轻便的鞋。它采用袋鼠皮绷紧鞋边。四钉跑鞋和竞赛鞋采用的是尼龙鞋底和可更换鞋钉。高质量、创新性和产品多样化，使阿迪达斯在20世纪70年代中支配了这一领域的国际竞争。

20世纪70年代，蓬勃兴起的健康运动使阿迪达斯公司感到吃惊。一瞬间成百万以前不好运动的人对体育锻炼产生了兴趣。成长最快的健康运动细分市场是慢跑。据估计，到1980年有2 500万～3 000万美国人加入了慢跑运动，还有1 000万人是为了休闲而穿跑鞋。尽管如此，为了保护其在竞技市场中的统治地位，阿迪达斯并没有大规模地进入慢跑市场。

20世纪70年代出现了一大批竞争者，如美洲狮、布鲁克斯、新布兰斯和虎牌。但有一家公司比其余更富有进取性和创新性，那就是耐克。由前俄勒冈大学的一位长跑运动员创办的耐克公司，在1972年俄勒冈的尤金举行的奥林匹克选拔赛中首次亮相。穿着新耐克鞋的马拉松运动员获得了第4～7名，而穿阿迪达斯鞋的参赛者在那次比赛中占据了前三名。

耐克的大突破出自1975年的“夹心饼干鞋底”方案。它的鞋底上的橡胶钉比市场上出售的其他鞋更富有弹性，夹心饼干鞋底的流行及旅游鞋市场的快速膨胀，使耐克公司1976年的销售额达到1 400万美元。而在1972年耐克公司销售额仅为200万美元。今天，耐克公司的年销售额超过了35亿美元，并成为行业的领导者，占有运动鞋市场的26%的份额。

耐克公司的成功源于它强调的两点：一是研究和技术改进；二是风格式样的多样化。公司有将近100名雇员从事研究和开发工作。它的一些研究和开发活动包括人体运动高速摄影分析，对300个运动员进行的试穿测验，以及对新的和改进的鞋和材料的不断实验和研究。

在营销中，耐克公司为消费者提供了最大范围的选择。它吸引了各种各样的运动员，并向消费者传递出最完美的旅游鞋制造商形象。

到20世纪80年代初慢跑运动达到高峰时，阿迪达斯已成了市场中的“落伍者”。竞争对手推出了更多的创新品、更多的品种，并且成功地扩展到了其他运动市场。例如，耐克公司的产品已经统治了篮球和年轻人市场，运动鞋已进入了时装时代。到20世纪90年代，阿迪达斯的市场份额降到了可怜的4%。

思考：请采取一种有效的分析方法来说明阿迪达斯不良决策导致的市场份额极大地减少，以及阿迪达斯今天所能采取的纠正措施。

使用 SWOT 分析法，可以清晰地廓清阿迪达斯不良决策出台的原因以及这种决策在当时条件下会带来如此严重的后果。

内部优势：阿迪达斯由于固守自身所具有的竞争优势（敢于在材料和技术上进行试验），而蔑视组织环境的发展变化（消费者偏好引发对不同功能鞋的认可），自动放弃了顺应市场发展方向的消费需求（慢跑鞋市场）。

内部劣势：阿迪达斯管理当局沉迷于原有的经营理念，缺乏灵活多变的领导方式；阿迪达斯组织内部欠缺把握市场、搜集市场信息的功能。

威胁：忽视竞争对手竞争战略的发展方向（夹心饼干鞋底），以及竞争对手的竞争优势所在（研究开发队伍壮大、研究开发项目丰富多彩，贴近消费者——300 个运动员试穿测验，以及使用材料的不断大胆实验和研究）。

机遇：轻视环境中的变化，健康运动的兴起本身就是一种商业风向转变的开始。而对于 20 世纪 70 年代大批的新加入者也缺乏分析。尤其是俄勒冈选拔赛中耐克的突起，仍未能唤醒阿迪达斯的管理层进行战略调整。

20 世纪 90 年代运动鞋的时装化则是第二次市场发出的机遇信号。因此，阿迪达斯管理当局应在原优势基础上，首先，对企业的战略进行大的调整，顺应消费偏好的变化，开发多元化产品市场。其次，加强员工队伍建设，进行人力资源培训、招募专门有经验的人员从事市场信息收集和分析工作。最后，重新树立富有创新意识的企业文化，放弃最初在运动鞋市场上的居高临下的领先者的自傲态度，使整个组织紧随环境变动的脉络。

【思考题】

1. 自主汽车品牌如何打入国际市场？
2. 简述对 SWOT 分析法的认识和理解。

项目三　汽车维修企业的人力资源管理

学习资料

【项目学习目标】

通过本项目的学习，能够了解人力资源和人力资源管理的基本知识；了解汽车维修企业常见的组织机构形式；掌握员工的培训方法和形式；掌握员工考核的办法、报酬的几种构成形式，了解绩效激励的相关理论及常用方式，学习者能够掌握员工招聘和培训程序，有效利用相关方法对不同岗位员工进行绩效考评；并能够用合适的方法激励员工。

【项目任务】

任务1　汽车维修企业人力资源知识认知

【任务分析】

人力资源是能动的“活的资源”，能够主动地创造和改造世界，并且是难以控制与把握的；首先要学习人力资源管理的基本概念和原理，理解企业人力资源管理的目标和任务，学习者能够根据所学知识完成企业人力资源规划，完成相关作业。

【相关知识】

一、人力资源管理的基本概念和原理

现代工业企业的人力资源管理虽起源于传统工业企业中的劳动人事管理，但不同的是传统工业企业中的劳动人事管理重于管理，而现代工业企业的人力资源管理更重于开发。

（一）人力资源的概念

人力资源是指在一定时间、空间条件下，现实的和潜在的劳动力的数量和素质的总称。人力资源的总体概念既包括劳动力的数量，还包括其素质，更包含它的结构。因此，人力资源体现在它的体质、知识、智力、经验、技能等诸多方面。

人力资源管理是指企业为了实现既定目标，运用现代管理措施和手段，对人力资源的获

取、开发、培训、使用和激励等方面进行规划、组织、控制、协调的一系列活动的综合过程。对于某个具体的企业而言，人力资源管理就是对员工招聘、录用、培训、绩效考评、福利与报酬等工作进行综合性管理。其目的是为了使企业的人力、物力与财力保持最佳的配合，并恰当地引导、控制和协调人的理想、心理和行为，充分发挥人的主观能动性，人尽其才、人尽其用、人事相宜，实现企业的最终目标。

（二）人力资源管理的基本原理

1. 能位匹配原理

能位匹配原理指根据人的才能和特长，把人安排到相应的职位上，尽量保证岗位要求与人的实际能力相适应、相一致，做到人尽其才，才尽其用，用其所长，扬长避短。

2. 互补优化原理

互补优化原理指充分发挥每个员工的特长，助长抑短，采用协调优化的组合，形成整体优势，顺利有效地发挥强大的合力功能。

3. 动态适应原理

动态适应原理指在动态下使人的才能与其岗位相适应，以达到充分开发利用人力资源潜能，提高组织效能的目标。

4. 激励强化原理

激励强化原理指通过奖励和惩罚，教育、激发、鼓励员工的内在动力、自觉精神和良好动机，使员工明辨是非，朝着期望的目标迈进。

5. 公平竞争原理

公平竞争原理指竞争各方从同一起点，进行公平、公正、公开考核、录用和奖惩。

二、人力资源管理的目标与任务

明确人力资源管理的目标和任务是做好人力资源管理工作的前提。

（一）人力资源管理的目标

（1）最大限度地满足企业人力资源的需求，保证企业的正常运转。

（2）最大限度地开发与管理企业内外的人力资源，促进企业的持续发展。

（3）最大限度地维护与激励企业内部人力资源，充分发挥员工潜能，使人力资源得到应有的补充和提升。

（4）最大限度地利用人力资源的规律和方法，正确处理和协调生产经营过程中人与人的关系、人与事的关系、人与物的关系，维持人、事、物在时间和空间上的协调，实现最优结合。

（5）最大限度地保障人力资源的环境条件，确保劳动安全，避免生产事故。

（6）最大限度地提高劳动生产效率，尽量以最小、最合理的投入获取最佳的经济效益。

（7）最大限度地遵循价值杠杆原理，发掘人才，使用人才，培养人才，留住人才。

（8）最大限度地研究、分析企业生产纲领和规模效益的配比关系，精心进行岗位设计，达到职数、职位的科学、合理配置。

(9)最大限度地从战略高度前瞻企业的发展前景，准确预测人力资源的目标，制订人力资源规划。

(10)最大限度地创造和培育企业人际氛围，塑造良好的企业文化，以利于员工工作、学习和生活。

(二)人力资源管理的任务

1.做好人力资源规划

对于未正式组建的企业，人力资源管理工作首先是人力资源规划工作，而对于已经存在的企业，人力资源规划仍然是一项重要的常规工作，其主要内容见表3-1。人力资源部门要认真分析与研究企业的发展战略与发展规划，主动提出相应的人力资源发展规划建议，并积极制订落实。人力资源部门要积极配合有关部门做好分析、组织、设计工作，指导基层做好岗位设置和设计工作。

表3-1　人力资源规划的主要内容

规划项目	主要内容	预算内容
总体规划	人力资源管理的总体目标和配套政策	预算总额
配备计划	中长期内不同职务、部门或工作类型的人员分布情况	人员总体规模变化而引起的费用
退休解聘计划	各种原因离职人员情况及其所在岗位情况	安置费
补充计划	需要补充人员的岗位、补充人员的数量、对人员的需求	招募、选择费用
使用计划	人员晋升政策、晋升时间；轮换工作的岗位情况，人员情况、轮换情况	职业变化引起的薪酬福利等支出的变化
培训开发计划	培训对象、目的、内容、时间、地点场所、教员情况，培养总投入	培养总投入、脱产人员工资及损失
劳动关系计划	减少和预防劳动争议，改进劳动关系的目标和措施	诉讼费用及可能的赔偿

2.工作和岗位分析

工作分析是确定完成各项工作所需的技能、责任和知识的系统过程。它提供了关于工作本身的内容、要求以及相关的信息。通过工作分析可以确定某一工作的任务和性质，确定适合从事这项工作的人。这些信息都可以通过工作分析的结果——岗位说明书进行描述。

工作分析主要用于解决工作中以下6个方面的重要问题。

(1)员工完成什么样的体力和脑力劳动(what)。

(2)由谁来完成上述劳动(who)。

(3)工作将在什么时间内完成(when)。

(4)工作将在哪里完成(where)。

(5)如何完成此项工作(how)。

(6)为什么要完成此项工作(why)。

以上6个问题涉及了一项工作的职责、内容、工作方式、环境以及要求5大方面的内容。工作分析也就是在调查研究的基础上,理顺一项工作在这5个方面的内在关系。工作分析的过程也是一个工作流程分析与岗位设置分析的过程。

人力资源部门要对企业的工作进行分析,全面、正确地把握企业内每个岗位的各项要求与人员素质匹配情况,及时、准确地向有关部门与人员提供相关信息。这种具体要求必须形成书面材料,这就是工作岗位职责说明书。这种说明书不仅是招聘工作的依据,也是对员工的工作表现进行评价的标准,是进行员工培训、调配、晋升等工作的根据。

3. 人力资源配置

人力资源管理部门应该全面掌握企业工作要求与员工素质状况,及时对那些不适应岗位要求的员工进行适当调整,使人适其岗、尽其用、显其效。

4. 员工招聘

招聘包括吸引和录用两部分工作。对于那些一时缺乏合适人选的空缺岗位,人力资源管理部门要认真分析岗位工作说明书,选择合适的广告媒体积极宣传,吸引那些符合岗位要求的人前来应聘,给每个应聘的人提供均等的就业机会。人力资源部门在招聘过程中,应充分理解招聘和应聘工作是一个双方权衡的过程,并非单方面对应聘人条件的衡量。录用时,除考虑人员的应聘条件外,还应考虑企业的承受能力与特点。

5. 人才维护

全部岗位人员到位,形成优化配置后,如何维护与维持配置初始的优化状态是人力资源管理的核心任务。人才维护包括:积极性的维护、能力的维护、健康的维护、工作条件与安全的维护等。人才维护主要通过激励机制、制约机制与保障机制的建立与发挥来完成,包括薪酬、福利、奖惩、绩效考评和培训等手段。

6. 人力资源开发

人力资源的潜能巨大。有关研究表明,当员工经过一定的努力并适合当前的岗位工作要求后,只要发挥40%左右能量,就足以保证完成日常工作任务。换一个角度来看,人力资源在维持状态下一般只发挥了40%的作用,尚有60%的潜力有待开发、挖掘。因此人力资源维护是保证企业人力资源需要的基础,而开发才是促进企业持续发展的根本,维护总是有限的,开发才是无限的。因此开发人力资源是企业人力资源管理永恒的主题。小型汽车维修企业可以只设置专职或兼职的人力资源管理人员。中、大型汽车维修企业要设置人力资源部,配备若干专职人员。人力资源管理是一项重要的工作,因而大多由企业高层管理者主抓,归属于厂长/经理办公室或由厂长/经理直接领导。

【任务实施】(任务实施条件、工作思路、过程记录)

1. 实施条件

(1)多媒体教室。

(2)文件夹、纸张、视频资料等。

2.安全要求

电脑正常使用与开关，注意多媒体教室用电安全。

3.工作思路

(1)学生根据前面学习的知识点分小组进行，通过支持、分工、协作完成工作任务。

任务工单：

以网络、报刊上的案例为参考，结合课本所学知识以 PPT 的形式做一份人力资源规划书 PPT。

(2)教师展示作业过程的相关资料，并详细讲解考核要点和分值比例。

4.任务实施方案工作记录

任务实施方案工作记录见表 3-2。

表 3-2　任务实施方案工作记录表

<table>
<tr><td>姓名</td><td></td><td>班级</td><td></td><td>学号</td><td></td><td>日期</td><td></td></tr>
<tr><td colspan="8">工作组</td></tr>
<tr><td>序号</td><td>姓名</td><td>学号</td><td colspan="3">工作任务</td><td colspan="2">备注</td></tr>
<tr><td></td><td></td><td></td><td colspan="3"></td><td colspan="2"></td></tr>
<tr><td></td><td></td><td></td><td colspan="3"></td><td colspan="2"></td></tr>
<tr><td></td><td></td><td></td><td colspan="3"></td><td colspan="2"></td></tr>
<tr><td></td><td></td><td></td><td colspan="3"></td><td colspan="2"></td></tr>
<tr><td colspan="8">任务方案：(环境保护、可行性、工作效率、经济性分析等)</td></tr>
<tr><td colspan="8">任务实施记录</td></tr>
<tr><td>步骤序号</td><td colspan="3">操作过程描述</td><td colspan="3">结果记录</td><td>结论</td></tr>
<tr><td></td><td colspan="3"></td><td colspan="3"></td><td></td></tr>
<tr><td></td><td colspan="3"></td><td colspan="3"></td><td></td></tr>
<tr><td></td><td colspan="3"></td><td colspan="3"></td><td></td></tr>
<tr><td></td><td colspan="3"></td><td colspan="3"></td><td></td></tr>
<tr><td></td><td colspan="3"></td><td colspan="3"></td><td></td></tr>
<tr><td></td><td colspan="3"></td><td colspan="3"></td><td></td></tr>
<tr><td></td><td colspan="3"></td><td colspan="3"></td><td></td></tr>
<tr><td></td><td colspan="3"></td><td colspan="3"></td><td></td></tr>
<tr><td></td><td colspan="3"></td><td colspan="3"></td><td></td></tr>
<tr><td></td><td colspan="3"></td><td colspan="3"></td><td></td></tr>
<tr><td></td><td colspan="3"></td><td colspan="3"></td><td></td></tr>
</table>

【任务评价】

1.作业过程质量评价

(1)体现总体规划、配备规划、解除合同规划等要点内容。

(2)层次清晰、逻辑合理。

(3)实用性、时效性较强。

(4)PPT 播放效果好。

2.以学习小组为单位,按照项目任务的评价内容与评价标准进行评价(任务评价表详见附录)

(1)评价项目:知识掌握占 40%,任务完成情况占 40%,职业素养占 20%。

(2)评价方式:组内自评占 30%,组间互评占 30%,教师评价占 40%。

【知识拓展】

如何实施人力资源管理规划

人力资源规划的实施,是人力资源规划的实际操作过程,要注意协调好各部门、各环节之间的关系,在实施过程中需要注意以下几点:①必须要有专人负责既定方案的实施,要赋予负责人拥有保证人力资源规划方案实现的权利和资源。②要确保不折不扣地按规划执行。③在实施前要做好准备。④实施时要全力以赴。⑤要有关于实施进展状况的定期报告,以确保规划能够与环境、组织的目标保持一致。

在实施人力资源规划的同时,要进行定期与不定期的评估。从以下 3 个方面进行:①是否忠实执行了本规划。②人力资源规划本身是否合理。③将实施的结果与人力资源规划进行比较,通过发现规划与现实之间的差距来指导以后的人力资源规划活动。

对人力资源规划实施后的反馈与修正是人力资源规划过程中不可缺少的步骤。评估结果出来后,应进行及时的反馈,进而对原规划的内容进行适时的修正,使其更符合实际,更好地促进组织目标的实现。

【思考题】

1.请叙述人力资源和人力资源管理的概念。

2.人力资源管理的目标是什么?人力资源管理的任务是什么?

【项目任务】

任务 2 汽车维修企业岗位研究和员工培训

【任务分析】

岗位研究是组织设计的基础,解决的问题是组织最基本单位的优化,属于一个企业管理的微观问题。组织和岗位的关系就像楼房和组成楼房的砖瓦。首先了解企业员工岗位的职责、权利,掌握员工培训的程序、内容,能够有针对性地对新进员工进行招聘和培训,完成企业岗位研究和员工培训的作业。

【相关知识】

一、岗位研究

岗位是指企业赋予每一个员工的职务、工作任务及其所承担责任的统一体，是人力资源管理的基本单位，例如汽车修理工、前台接待员、销售顾问、销售经理等。企业中的一个岗位对应着一项工作。

岗位研究就是对每一个员工所做的工作进行研究。研究的内容有四个层次：任务、职位、职务、职业。例如，让一个机修工检修一辆车的运行情况就是一项任务；一个中等规模的维修企业会设有十几个汽车机修工职位，同时汽车机修工也是一种职务；汽车维修就是一种职业，它包含有不同的职务和一些职位。

岗位研究按照研究工作的时间顺序和目的、作用的不同可以分为五种活动。

（一）岗位调查

以工作岗位为对象，采用科学的调查方法，搜集各种与岗位有关的信息和资料的过程。它包括两方面内容，即担任本岗位工作员工的一般情况和岗位工作详细情况。

（二）岗位分析

在进行了岗位调查之后，对企业各类岗位的性质、任务、职责、劳动条件和环境以及员工承担本岗位任务应该具备的资格条件进行系统分析，并制订岗位说明和上岗资格等人力资源管理文件。

（三）岗位设计

利用岗位分析的信息，对现有岗位进行改进，对新设岗位进行分析，明确岗位的性质、任务和职责。具体就是规定某个岗位的任务、责任、权利以及组织中与其他岗位关系的过程。

（四）岗位评价

以企业工作岗位为对象，综合运用多学科的理论和方法，按照一定的客观标准，对岗位的劳动环境、劳动责任、所需资格条件等因素，系统地进行测定、比较、归类和分级的过程。

（五）岗位归类分级

在岗位分析、岗位评价的基础上，采用一定的科学方法，按照岗位工作的性质、特征、繁简、难易程度、工作责任大小和人员必须具备的资格条件，对企业全部岗位进行的多层次划分。

二、岗位说明书

对企业进行岗位研究之后，需要写出岗位说明书。岗位说明书是企业人力资源工作开展的基础工具，只有在明确各岗位基础上，才能有的放矢，为开展后续的薪酬管理、绩效考核与管理、员工培训与招聘等工作提供参考和依据。

岗位说明书不但可以帮助任职人员了解其工作，明确其责任范围，还可以为管理者的决策提供参考。大致包括：岗位基本信息、工作目标与职责、工作内容、工作的时间特征、工作完成结果及建议参考标准、所需教育背景、需要的工作经历、专业技能证书、专门的汽车维修企业管理培训、体能要求等几个方面。说明书详细具体地说明了岗位自身特性和工作对人的要求。因此，岗位说明书要求准确、规范、清晰。

某品牌汽车4S店销售经理岗位说明书（表3-3）。

表3-3　4S店销售经理岗位说明书

岗位名称	销售经理	部门名称	销售部	岗位编号	
直接上级	品牌项目部总经理	直接下级	销售主管	岗位定员	1
薪资等级		核准人		填写日期	
岗位组织结构	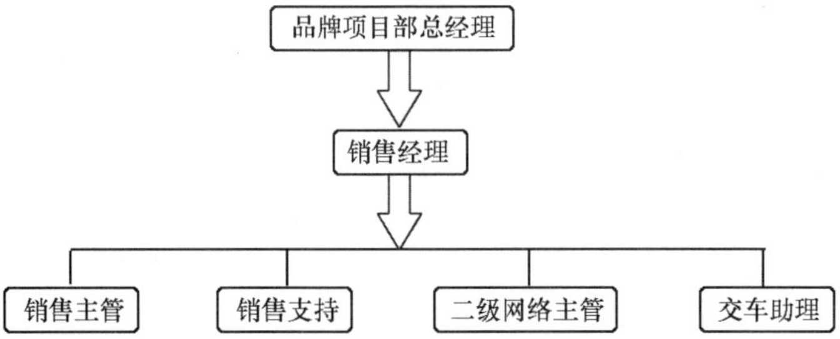				
岗位描述	在品牌项目总经理的带领下，最大限度地调动部门员工的工作积极性和热情，完成品牌项目的销售任务，提升客户满意度				
岗位职责	1.搜集营销信息，分析市场趋势，协助总经理制订品牌项目年度、月度销售计划和各项商务销售政策。 2.根据品牌项目销售计划按区域进行合理分配，监督并指导各区域完成销售目标。 3.负责销售部全面工作，拟定和完善部门内各岗位职责、工作标准、业务管理制度和流程。 4.完成公司和汽车制造厂下达的客户满意度指标并不断提升。 5.根据市场营销的不同情况，及时、合理、准确地向上级领导提出调整销售和奖励政策等建议，保证品牌项目业绩的完成。 6.负责组织员工业务能力和素质培训，组织相关人员参加各类培训并负责转训、培训结果的检查和培训人员的管理。 7.经品牌项目总经理批准后，负责向汽车制造厂申报年度、季度、月度汽车销售计划并进行经常性业务联系。 8.负责按规定要求及时向上级领导和汽车制造厂申报反馈所需各类信息、报表。 9.配合市场部进行推广、展示、促销活动。 10.负责品牌市场协调管理和二级网点的开发及管理。 11.负责品牌客户的档案管理。 12.负责部门销售费用使用的审核，严格控制部门费用，合理降低成本。 13.负责部门内人员的车辆使用管理。 14.负责部门内人员的招聘面试，考核实施工作，协助人力资源部完成员工的招聘、异动、离职等人事工作。				

续表 3-3

	15.负责与公司内部单位、部门沟通、协调。 16.负责处理客户抱怨、投诉和临时突发事件，提升客户满意度，达到集团公司的 SSI 考核目标。 17.负责公司政策的上传下达工作，指导部门人员开展工作，接受其工作汇报，协助解决工作疑难，并对其工作进行检查、监督和考核。 18.负责组织、主持部门工作会议，就会议中提出的问题，拟定解决方案并组织落实。 19.负责部门工作任务分配和劳动纪律的管理。 20.负责执行品牌项目各销售网点的 5S 管理，定期或不定期地对现场进行监督和检查。 21.负责销售业务部门的生产安全管理和资产管理的工作。 22.参加各类培训并负责转训，参加相关工作会议及工作中的问题提交改进建议。 23.负责公司各项数据、资料的保密，不向无关人员提供资料及数据。 24.遵守公司各项管理规章制度，爱护公司财物，文明服务，爱岗敬业，维护公司良好形象。
工作权限	1.部门销售任务的分配权和调整权。 2.各项商务销售政策制订、调整的建议权。 3.部门费用使用报销的审核权。 4.部门内部工作的检查、监督、考核权。 5.下属员工招聘录用、异动、离职的审核权和晋升、调薪、辞退、奖惩的建议权；直接下属业务工作的考核、指导、监督权。
工作协作关系	公司内部协调关系：集团公司各职能部门和品牌项目部各部门。 公司外部协调关系：汽车制造厂和政府相关职能行政部门等。
任职资格	
教育背景	大专及以上学历，汽车类、管理类及其他相关专业
经验要求	4 年以上汽车销售相关经验，2 年以上同职位工作经历
知识要求	具有丰富的汽车知识，接受过财务管理、人事管理、市场营销管理方面知识培训
技能	1.熟悉汽车行业市场现状和发展态势，熟悉本省汽车市场。 2.丰富的销售团队管理方面的实战经验，对汽车品牌专营有深刻的理解。 3.具备良好的领导能力、观察力、分析力、应变力和计划执行能力。 4.善于制订目标和计划，具备一定的组织运作能力和良好的沟通协调能力。 5.较强的表达能力和独立处理问题的能力，出色的业务拓展能力和谈判能力。 6.具备较高道德观和社会责任感，有激情、有创新。 7.能熟练运用电脑，持 C 类以上驾驶证。
性格态度	性格沉稳、大方、诚实、严谨，积极主动，善于处理人际关系；具有良好的责任感和团队精神
工作条件	
工作场所：办公室及工作场所 环境状况：基本舒适 危险性：基本无危险，无职业病危险	
岗位轮换与职业发展规划	
轮换岗位	品牌项目部其他部门经理
职业发展通道	品牌项目总经理

三、员工招聘和培训

人才招聘是指通过各种信息途径吸引应聘者,并从中选拔、录用企业所需人员的过程,是人力资源管理的第一个环节,聘用的人才是企业人力资源的基石。

(一)员工招聘的基本原则

员工招聘是获取人力资源的具体表现,是人力资源规划的具体实施,是按照企业经营战略规划和人力资源规划的要求,把优秀、合适的人招进企业,把合适的人放在合适的岗位。由此可见,员工招聘是一个企业成败的关键。

为使员工招聘工作健康顺利地进行,在招聘过程中,应遵循以下原则:以岗定员原则,公开招聘、择优录取、守法运作原则,客观公平公正原则,全面考察、德才兼备、量才使用原则,注重效率原则。

(二)员工聘用的基本条件

1.汽车维修技工聘用的基本条件

(1)符合国家规定的人员招聘基本条件,年龄适当,身体健康。

(2)具有良好的职业道德和政治思想素质。

(3)适当的从业年限和本工种工作年限。

(4)必要的学历与技术培训状况。

(5)持有相应级别的汽车维修工职业资格证书,或者实际维修能力达到相应的技术等级。

(6)有企业需要的其他特长。

2.普通管理人员聘用的基本条件

(1)年龄适当,身体健康,符合国家规定的招聘人员条件。

(2)熟悉汽车维修、检测及其定价,具有业务洽谈经验。

(3)已考取汽车驾驶证,有适当从业年限和参加管理工作年限(有的企业针对业务接待人员限 3 年)。

(4)具有相应的学历或相当的学历。

(5)具有较强的组织能力和经验。

(6)具有事业心、责任感和良好的职业道德。

(7)愿与企业同心同德、荣辱与共。

(8)有企业需要的其他特长。

3.高层管理人员聘用的基本条件

(1)年龄适当,身体健康,达到参加管理工作相应年限。

(2)具有相应的学历或相当的学历。

(3)具有事业心、责任感和良好的职业道德。

(4)愿与企业同心同德、荣辱与共。

(5)熟悉汽车维修技术和业务,能借助工具书查阅汽车专业英语资料。

(6)具有相应的基础理论知识和解决专业技术问题的能力和经验。

(7)具有汽车专业工程师、技师或经济师、会计师资格。

(8)具有高层管理人员的素质和组织能力。

(9)有企业需要的其他特长。

(三)员工培训

员工培训是指企业为了实现其战略发展目标,满足培养人才、提升员工职业素质的需要,采用各种方法对员工进行有计划的教育、培养和训练的活动过程。

员工培训工作关系到企业的生存与发展,具有高素质的员工队伍才是企业发展的真正动力。丰田公司前总裁石田退三也非常看重培训的价值,他曾经说过:“世事在于人,人要陆续培育,一代一代接续下去。任何工作,任何事业,要想大力发展就得打下坚实基础,而最紧要的一条就是造就人才。”

员工培训的原则:以市场经济为导向,与维修企业需求相结合;统一安排;因材施教。

无论员工培训采取什么样的形式都必须坚持理论联系实际,只有这样才能达到提升员工技能和素质的目的。

1.员工培训的必要性

(1)员工培训是提高汽车维修企业整体素质的主要途径。美国《管理新闻简报》发表的一项调查表明:68%的管理者认为由于员工培训的不够而导致企业整体素质的下降,失去竞争力。员工培训可以提高工作和管理水平。因为每一个人的整体素质提高了,由人组成的企业整体素质相应地也会提高。

据有关资料显示,工人的教育水平每升一级,技术革新者的人数就平均增加6%;工人提出的个性建议一般能降低生产成本5%,技术人员提出的革新建议能降低生产成本10%~15%,而受过良好教育的管理者创造和推广现代化管理技术则有可能降低生产成本30%以上。

(2)员工培训是保证高质量维修的基础。通过培训,员工可以掌握新知识、新技术,正确理解新技术的要求。随着人们需求的增加,汽车厂商每年都会推出新车型,以应用新技术来提高市场占有率,这就要求服务人员也能够很快掌握这些新技术。

(3)员工培训可以提高员工工作的能动性。随着汽车新技术的引进,新车型的推出,如果相应地提供培训,就能满足维修人员追求自身发展的愿望,也能调动员工的工作能动性。

(4)员工培训可以促使员工与企业荣辱与共。韩国著名的企业家郑周永说:“一个人,一个团体或一个企业,克服内外困难的力量来自哪里?来自它自身,来自它的精神力量,来自它的信念。没有这种精神力量和信念,就会被社会淘汰。”这里谈到的精神力量和信念就是企业文化,它是企业发展的动力源泉。通过培训,可以使员工接受企业文化,理解企业文化,执行企业文化。

2.员工培训的形式

(1)按照员工在培训时的工作状态分类,可以分为以下3种形式。

①在职培训。在职培训就是利用工作时间或就某一个问题,在实际工作中进行的短期培训。在维修企业中,对新进设备和工具的使用、某一种新车型新总成的维修方法、安全培训等

均可采用在职培训。

②脱产培训。脱产培训是指在一定的时间内,员工离开工作岗位,接受由企业内外的专家和培训师对企业内各类人员进行专门、系统的集中教育培训。例如,一汽大众、上海大众汽车公司培训中心每年都组织全国各地4S店的技术或管理人员进行相关的内容培训。

③半脱产培训。介于在职培训和脱产培训之间,兼顾二者的优点。

(2)按照培训的目的分类。按照培训的目的,员工培训可以分为以下几种。

①文化技术培训。文化技术培训的目的是提高企业员工文化素质和维修技术,如某车型的结构特点培训、企业管理培训等。其针对性强,短期内可提高员工的维修技术。

②学历培训。员工可以利用业余时间接受更高一层的培训,以便全方位地提高自己。企业应当对员工的这种自我培训给予鼓励,条件允许应给予支持。

③岗位(职务)培训。岗位(职务)培训指从工作的实际需要出发,针对某些岗位的特殊要求而进行的培训。目的在于传授对于个人行使职位职责、推动工作方面的特殊技能,偏重于专门知识的灌输;使受训人在担任更高职务之前,能够充分了解和掌握未来职业的职责、权利、知识和技能等。如对高层管理人员进行的财务培训和人力资源培训,对服务总监进行的服务理念更新、市场的开拓培训,对维修电工进行的计算机基础控制的培训等。

(3)按照培训内容的层次分类。①初级培训。主要是一般性的知识和技术方法培训。例如,新员工的人职培训、入厂培训、维修人员的应知应会。

②中级培训。针对培训对象加入一些相关专业的理论知识。如汽车维修中、高级工培训。

③高级培训。主要是将一些汽车行业的新技术、新观念、新方法以短期培训、研讨会的方式进行。

(4)按照培训对象不同分类。①新员工培训(或称上岗引导)。新员工进行的职前培训,应该向新员工提供以下信息:完整的工作说明、周工作时间的安排、工资如何发放与增加、如何办理工作证、加班如何认定、加班费的标准、企业现况与历史、将与谁共同工作、企业为员工提供哪些福利待遇与保险、工作绩效评价标准、考勤规章等。其目的是让新员工对企业、工作岗位、工作环境有一个全面的认识,领会企业文化,熟悉企业的规章制度,能够很快进入状态。

②在职员工培训。主要是指员工的继续培训,其目的是全方位地提高员工素质。

【案例3-1】

上海大众造车亦"造人"

上海大众建立起了完备的员工培训体系,为处于不同发展阶段和不同发展道路的员工提供相应的培训课程和项目,员工个人能力上不断提升的同时,企业可持续发展的核心竞争能力也在源源不断地增强。

大众的员工培训显然具有战略性眼光,它形式多样,覆盖面较广,既可分为职前培训、岗位培训、后备干部培训等,还可分为内外部课程培训、网站培训、出国培训等。

每年大约有几百人参加职前培训或在职培训。它的职前培训大致程序是理论学习与技能培训同步进行。在职培训是结合本部门的实际需要培训,需要什么培训什么。结合实际零件、生产仪器,就地培训。

以内、外部课程培训为例,上海大众培训部开设有300多门内部培训课程,包括绘图软件培训、质量体系培训、技术工艺培训、会议主持培训、项目管理培训等，全部对员工免费开放。课程预告定期发送到每一位员工的邮件系统中，或者由培训联络员通知到个人。员工可以根据个人需要，征得主管领导的同意后参加这类课程培训；外部培训课程则是公司与社会上知名的培训机构合作，为员工进修提供更广泛的选择空间。

举几个典型培训案例。为提高产品研发的核心能力，1998 年和 1999 年，上海大众斥资近亿元人民币，选派 40 名专业技术人员到德国大众核心技术部门接受长达 3 年的全流程开发综合培训。他们在资深工程师的带领下，进入德国大众产品设计开发领域，全面参与最新技术产品的设计和开发。这批学成归来的技术人员已成为上海大众的开发骨干，为上海大众自主设计开发车型奠定了基础。

为了学习国外先进技术与经验，并用于实践操作，上海大众先后组织了 1 000 多名设计开发人才、经营管理人才和生产技能人才到德国、捷克、西班牙等地参加为期几个月的 TTA 培训，即技术转让培训。

上海大众和同济大学汽车学院 2008 年推出了合作培养预备工程师项目。期间，上海大众采取管理岗位与专业技术专家岗位双轨制的职业发展道路，由高校教师和企业技术骨干共同承担课堂教学和实践指导。2008 年底就有 20 多名同济汽车学院大三、大四的学生进入上海大众开发部门实习。

3. 员工培训的内容

维修企业员工的培训内容应该根据企业的实际情况和需要，区分岗位、区分层次进行岗位技能培训。原则上与企业发展方向、规模相匹配。首先，培训的内容应是员工所需要的；其次，请老师要请专业的，即专门从事汽车服务行业工作的老师，培训的方法可以多种多样。一般可按照国家有关规定和企业的发展要求对现有岗位分期分批进行。从目前的实际情况来看，考虑到企业的经济效益，大多数企业培训的内容仅仅局限于专业技术的培训。从长远发展来看，具有一定规模的维修企业，培训内容应与员工职业生涯设计结合起来，以培养一个优秀的、具有本企业特色的员工为宗旨。

【案例 3-2】

中国“一汽”的发展与使命

中国第一汽车集团有限公司（原第一汽车制造厂），简称“一汽”，1953 年 7 月 15 日破土动工，中国汽车工业从这里起步。几十年来，“一汽”肩负中国汽车工业发展重任，经历了建厂创业、产品换型和工厂改造、上轻型车和轿车三次大规模发展阶段，产品生产由单一卡车向轻型车和轿车方面发展。1991 年，与德国大众汽车公司合资建立 15 万辆轿车基地；2002 年，与天津汽车工业（集团）有限公司联合重组；后与日本丰田汽车公司实现合作。目前，产品结构已形成以轿车为主的新格局。2007 年实现销售 140 万辆、销售收入 1 880 亿元，列“世界最大 500 家公司”第 385 位；“中国机械 500 强”第 1 位；“世界机械 500 强”第 71 位。公司品牌价值达到 424.21 亿元。至今，一汽累计产销中、重、轻、轿、客、微各类汽车 1 000 余万辆，在巩固和发展国内市场的同时，不断开拓国际市场，逐步建立起全球营销和采购体系。遵循“第一汽车，第一伙伴”核心价值观和“用户第一”的经营理念，践行“让中国每一个家庭都拥有自己的汽车”的产业梦想，一汽人正为建设“规模百万化、管理数字化、经营国际化”的新一汽而努力奋斗。

【任务实施】(任务实施条件、工作思路、过程记录)

1. 实施条件

(1)多媒体教室。

(2)电脑、报刊等媒体资料。

(3)文件夹、纸张、看板等。

2. 安全要求

电脑正常使用与开关，注意多媒体教室用电安全。

3. 工作思路

(1)学生根据前面学习的知识点分小组进行，通过支持、分工、协作完成工作任务。

任务工单 1

以网络、报刊上的真实招聘广告为例，采用角色扮演的方法，模拟实训汽车维修工就业应聘、面试、培训，并完成一份汽车销售人员岗位说明书。

任务工单 2

对合格人员进行入职培训。

任务工单 3

以小组为单位做一份汽车维修人员岗位说明书。

(2)教师展示作业过程需要查阅的资料，并粗略分析此项任务的质量评定要点。

4. 任务实施方案工作过程记录

任务实施方案工作记录表见表 3-2。

【任务评价】

1. 作业一过程质量评价

(1)出示相关证件。

(2)用普通话自我介绍。

(3)对招聘岗位的职责理解准确、透彻、表达清晰。

(4)对角色扮演中其他能力体现酌情加分。

2. 作业二过程质量评价

(1)能完整介绍工作岗位、短期培训工作时间的安排。

(2)能介绍工资如何发放与增加、如何办理工作证、加班如何认定、加班费的标准、工作绩效评价标准、考勤规章。

(3)必须介绍企业现况与历史、将与谁共同工作、企业为员工提供哪些福利待遇与保险等。

3. 作业三过程质量评价

(1)全面体现岗位名称、岗位职责等基本要素。

(2)岗位职责描述准确、具体。

(3)岗位轮换和职业发展部分符合实际。

(4)形式美观、内容充实。

4.以学习小组为单位，按照项目任务的评价内容与评价标准进行评价(任务评价表详见附录)

(1)评价项目：知识掌握占40%，任务完成情况占40%，职业素养占20%。

(2)评价方式：组内自评占30%，组间互评占30%，教师评价占40%。

【任务拓展】

安全常识

安全技能“三能力”、“四不伤害”、现场安全“四有四必”、工伤处理“四不放过原则”。

一、安全技能“三能力”

(1)职工遵章作业的能力；

(2)生产作业过程中各类隐患的辨识和防范能力；

(3)职工自救互救和应急救援处置能力。

二、“四不伤害”

(1)不伤害自己；

(2)不伤害别人；

(3)不被别人伤害；

(4)监督别人不被伤害。

三、现场安全“四有四必”

(1)有台必有栏；

(2)有洞必有盖；

(3)有轴必有套；

(4)有轮必有罩。

四、工伤处理“四不放过”原则

(1)事故原因没有查清不放过；

(2)事故责任者没有受到处理不放过；

(3)广大职工没有受到教育不放过；

(4)防范措施没有落实不放过。

【思考题】

1.企业的岗位说明书应包含的内容有哪些？

2.员工招聘的基本条件是什么？

3.简述员工培训的必要性。

4.员工培训的形式有哪些？

【项目任务】

任务 3　员工的绩效考核

【任务分析】

在企业的整个组织结构框架中，对各岗位的员工都需要进行绩效考评。了解绩效考评的作用和内容，掌握绩效考评的几种办法，理解报酬的组成部分，能针对特定企业制订激励方案，通过对这些项目的分析，可以重新进行人员调整。通过考核，从中找出人的因素所产生的差异或不完善的项目，培养学习者对企业人力资源的管理能力。完成员工绩效考核的相关作业。

【相关知识】

一、绩效考评的作用和内容

(一)绩效考评的作用

1.绩效考评是建立薪酬制度的基础

按劳分配，奖勤罚懒是制定薪金制度的一贯原则，绩效考评可以提供量化的可靠数据。真实、可靠的数据是建立薪酬制度的基础。

2.绩效考评是决定人员任用、调遣、培训的主要依据

对于一群年龄、学历相当的员工，只有进行了科学的绩效考评，才能找到工作业绩出色者，才能为人员的任用、调遣提供可靠的依据。同时，针对工作业绩出现问题的员工，可以分析问题所在，发现另有专长的，也可横向调动；发现工作中员工需要帮助的，可考虑进行相应方面的培训。

3.绩效考评是激励员工的根本

在工作中，每一个人都希望得到肯定或褒奖。通过绩效考评，肯定成绩，肯定努力，鼓舞士气，增强信心；同时，也使一些人看到不足。通过比较，使先进的更努力，后进的变压力为动力，使工作良性循环。

4.绩效考评是体现公平竞争的前提

提倡公平竞争，展开公平竞争的前提是要有一个科学、良好的工作业绩考评。

5.绩效考评有助于实现员工的自我价值，提高企业效益

绩效考评细化了工作要求，使员工的工作责任心增强，同时也明确了努力方向，满足了员工渴望成功的愿望，从而提高企业效益。

(二)绩效考评的组织实施步骤

(1)员工、主管领导、人事管理人员、企业领导共同商议绩效考评内容，并组成相应的办事

机构或领导小组。

(2)领导小组通知有关人员准备考评,并下发相关文件和考核表。

(3)参评人员在规定的时间内完成考评内容,并上报领导小组。

(4)将考核结果通知被考核的人员,如有异议,可与主管或领导小组共同商议解决办法。

(5)根据考核结果,进行奖罚,并将结果纳入员工档案,交于人事部门存档。

(三)绩效考评的内容

在绩效考评工作中,首先要考虑内容的科学性、合理性。绩效考评的内容,根据考评对象的不同而不同,可分为个体考评和团队考评两种。

1.个体考评

考评的对象是岗位个体,如汽车机电维修工、配件库管员、前台接待员、销售顾问等。岗位不同,要求不同。汽车机电维修工岗位:首先要考评维修量的多少;其次要考评服务质量。配件库管员岗位:首先要考评的指标应为服务质量,其次是配件利润的多少。前台接待员岗位:首先要考评的是工作方式,其次是解决和处理问题的能力。考评一个汽车维修企业的车间主任时,很重要的指标就是利润,而这个指标是整个车间的员工考评期间共同完成的,而不是他一个人的业绩。

【案例 3-3】

一汽奥迪公司在它的维修站中的具体做法如下:一般员工的考核结构由三部分组成,即个人详情及工作范围、部门特殊考核标准、特殊任务(必要时)。第一部分是必考内容;第二、三部分作为选择项。考核顺序是总经理、人事部门考核部门经理,部门经理考核一般员工。一年至少考核一次。个人详情及工作范围包括工作数量、工作质量、合作意识、赢得客户、客户保持5个方面,具体内容见表3-4。

表 3-4　员工详情及工作范围

考核项目	考核内容
工作数量	员工完成工作是否落后 员工在一天结束时是否能够完成手头的工作 员工在短时间内是否能完成一定的工作量 员工是否能够超额完成规定的工作量 员工工作时精力是否集中
工作质量	员工工作是否认真,是否需要重复工作、纠正错误 是否能够系统地工作,总揽全局 是否利用有价值的辅助工具 员工的工作是否能够达到规定的质量标准 工作质量是否利于工作流程的顺利进行 是否能够在规定的最后期限内及时完成任务 是否主动提出过合理化建议

续表 3-4

考核项目	考核内容
合作意识	是否向同事传达重要的工作信息 是否与他人一起协调分担小组的工作量 是否对同事的处理漠不关心 是否避免与他人接触，不能促进同事与上司的合作 能否处理组织中出现的矛盾
赢得客户	是否主动接近客户，并尽量满足他们的合理要求 是否保持本人与客户已建立的工作联系 是否遵守约定的时间
客户保持	是否主动接触客户 是否能够通过个人的咨询服务使客户与经销商紧密地联系起来 是否积极参与活动规划

2. 团队考评(部门考评)

在维修企业中，团队考评的对象是由一些不同的岗位组成的工作小组。大致有管理性团队、科技性团队、生产性团队、服务性团队几种。例如，前台服务组属于服务性团队，考评的主要指标为工作效率、服务方式；汽车维修组属于生产性团队，考评的主要指标为维修量、维修质量、服务质量。

对一个团队或部门的业绩考评，哈佛商学院教授卡普兰和咨询师诺顿曾提出平衡记分法。具体办法是将各部门在日常工作中需要考虑的所有最重要的因素列为考核内容，并给出它们各自成绩的一个最低值；在所有指标都达到最低值的基础上，利用加权的方式计算出这个部门的最后结果；如果其中一项未达到最低值，则考核结果为没有达标。因此考核因素的选择是至关重要的。一般来说，按表 3-5 中的 3 个方面选择考核要素。这样做能很好地将企业的战略目标与部门的绩效结合起来，指明部门工作的努力方向。同时，在工作中全面照顾，避免顾此失彼。

表 3-5 平衡记分法考核内容

考核因素	具体指标	最低值
财务指标方面	资金报酬率 现金流 利润预测值 销售额	
顾客方面	顾客排名调查结果 顾客满意度指数 市场占有率	
内部业务方面	维修质量、返工情况 安全事件	

二、绩效考评的方法

工作考核过程是一个同时有人和数据资料在内的对话过程。这个过程既涉及技术问题，又涉及人的因素。多年来人事管理专家在实践中积累起来许多考评的方法。常用的方法有以下几种。

(一)民意测验法

民意测验法是让企业所有人员或与之有工作联系的人来评价被考评者，然后得出结论。这种方法评价人多，民主性强，可了解到大家的实际看法，但最后的评价结果往往受被考评者的人缘影响，有时不能代表实际的工作业绩。

(二)共同确定法

共同确定法是一种层层确定的方法，先由最基层小组提出意见，进行上一级专业组评定，最后上报总的评定委员会评议，得出结果。这种评议最后由专家确定，可以保证考评者的水平、能力等方面与实际相符。但当某些业绩不能很好地量化时，结果受考核者的主观因素影响较大。

(三)配对比较法

配对比较法是指将所有同一工作部门内的员工进行两两逐对比较(按工作数量、工作质量、出勤等方面)，每次比较区分出一个“优者”，一个“劣者”。“优者”可加 1 分，成绩相对“劣者”为 0，然后统计大家的加分，可以得出一个部门内全部员工的优劣次序。这样做最后得出的结果准确度较高，但这种方法缺点是工作量较大，有时也可能有循环的结果。如 A 比 B 好，B 比 C 好，C 比 A 好。

(四)等差图表法

等差图表法也称为图解式评定量表。先确定考评项目，确定评定等级和分值，然后根据这个表格由考核者给出员工的分数。优点是考核内容全面，打分档次可因岗位而定，灵活方便。但一些不能量化的考评项目受考评者主观因素影响过大，另外，考评项目每一项地位都是等同的，不能突出主要考评内容。

表 3-6 为某维修企业利用等差图表法对配件管理人员的考核表。

(五)要素评定法

要素评定法也称点因素法。在等差图表法的基础上，考虑到不同考评项目的侧重性和加权重的因素，通过不同的分值来表示。这种考评要素全面，并且考虑了要素的侧重性，符合岗位的实际要求。但比较烦琐，费时费力。

某企业利用要素评定法对员工考核的具体内容见表 3-7。

表 3-6 用等差图表法对配件管理人员的考核表

姓名	总分		
考评项目	评定等级	配分标准	得分
配件销售数量	超过规定额 30%以上 超过规定额 10%～30% 等于规定额 低于规定额 10%～30% 低于规定额 30%以上	30 25 15 10 5	
服务质量	配件供应充足 配件供应及时 配件供应不及时	15 10 5	
相关配件知识	十分了解配件知识 比较了解配件知识 不了解配件知识	15 10 5	
资金使用	资金使用合理 资金使用不合理	10 5	
备注			

表 3-7 利用要素评定法对员工的考核表

要素	等级及分数			
	1 级	2 级	3 级	4 级
知识	14	28	42	56
经验	12	24	36	48
创造力	14	28	42	56
数量	20	40	60	80
质量	20	40	60	80
特殊贡献	10	20	30	40
责任感	10	20	30	40
协作态度	10	20	30	40

(六)欧德伟法

欧德伟法就是首先给每一个人规定一个基础分,根据主管人员在考核时间内记录的每一个下属员工在工作活动中所表现出来的关键事件(好行为或不良行为)来加减分,然后计算出总分。最后公司根据总分进行奖罚。这种方法以在考评期间内的员工表现为依据,在一定程度上排除了主观因素的干扰,不仅较为准确,还可以让员工较清楚地了解自己工作的不足及今后改善的方向。

某维修企业利用欧德伟法对汽修企业管理岗位的具体考核内容(表 3-8)。

表 3-8　利用欧德伟法对汽修企业管理岗位的考核表

职责	目标	关键事件	加、减分
安排全年的维修计划、发展计划	编制的计划合理、科学,下发的命令及时	在规定的时间内编制出了新的维修计划 4 月的指令延误率降低了 10%	+10 +10
合理调配人力	不能出现闲散富余人员	5 月出现 1 次人员不到位的情况	−10
合理使用物力	保证机器、仪器的使用率在 95%以上	2 月机器的使用率达到了 98%	+10
合理调遣财力	在满足原材料供应的前提下,使材料、配件的库存成本降低到最小	7 月的库存成本提高了 18%,其中二类部件的订购富余了 15%,一类部件的订购短缺了 10%	−10
掌握生产、经营、运作情况	车间维修秩序良好、正常	1 月、6 月因等待时间过长,无人服务,分别出现一次顾客投诉现象	−20
考评结果	在考评期间,该员工在调遣人员、降低库存成本上存在问题		

(七)情景模拟法

情景模拟法通过计算机仿真、模拟现场等技术手段进行模拟现场考核,或者让员工通过代理职务进行真实现场考核。这种方法可让员工真实面对工作,表现出自己的水平,但不是所有的岗位都适合采用,且需要大量财力、人力。

某企业 4S 店销售顾问和服务顾问岗位员工绩效考核表(表 3-9,表 3-10)。

表 3-9　4S 店销售顾问绩效考核表

考核月份		姓名		标准分	部门评分	说明评价人
考核项目	考核内容					
行为规范 20 分	遵守公司关于工作纪律和安全保密有关规定,否则每次每项扣 2 分			4		
	遵守公司关于考勤和培训的有关规定,否则每次每项扣 2 分			4		
	遵守公司关于工作态度的规定,否则每次每项扣 1 分			3		
	遵守公司关于着装和仪容的有关规定,否则每次每项扣 1 分			3		

续表 3-9

<table>
<tr><td>考核月份</td><td colspan="3"><table><tr><td></td><td>姓名</td><td></td></tr></table></td><td>标准分</td><td>部门评分</td><td>说明评价人</td></tr>
<tr><td>考核项目</td><td colspan="3">考核内容</td><td></td><td></td><td></td></tr>
<tr><td rowspan="3"></td><td colspan="3">遵守公司关于行为举止和基本礼仪的规定，否则每次每项扣1分</td><td>3</td><td></td><td></td></tr>
<tr><td colspan="3">遵守公司关于环保、节约的规定，否则每次每项扣1分</td><td>3</td><td></td><td></td></tr>
<tr><td colspan="3">小计得分</td><td>20</td><td></td><td></td></tr>
<tr><td rowspan="16">工作质量
80分</td><td colspan="3">工作安排有序，报表、凭证、台账准确、及时、完整，每错、漏迟、乱1次，扣1分</td><td>10</td><td></td><td></td></tr>
<tr><td colspan="3">客户记录准确、及时、完整，每错、漏、迟、乱1次，扣1分</td><td>10</td><td></td><td></td></tr>
<tr><td colspan="3">销售工作按照规范流程操作，否则每次扣1分</td><td>10</td><td></td><td></td></tr>
<tr><td colspan="3">展车干净、整洁，内外饰品摆放符合标准，否则每项扣1分</td><td>10</td><td></td><td></td></tr>
<tr><td colspan="3">促进业务正常开展，客户联系紧密，因个人原因造成业务中断，每次扣5分</td><td>5</td><td></td><td></td></tr>
<tr><td colspan="3">接待礼仪、行为举止符合规范标准，否则每项扣1分</td><td>5</td><td></td><td></td></tr>
<tr><td colspan="3">个人工作区域和卫生责任区干净、整洁、有序、安全，没有多余的物品</td><td>5</td><td></td><td></td></tr>
<tr><td colspan="3">交车7天后进行电话回访，通知客户首保和二保，否则每错1次，扣1分</td><td>5</td><td></td><td></td></tr>
<tr><td colspan="3">对工作充满激情，锲而不舍</td><td>5</td><td></td><td></td></tr>
<tr><td colspan="3">对工作的失误能够勇于承担责任，并改正错误，避免第2次发生</td><td>2</td><td></td><td></td></tr>
<tr><td colspan="3">能够并可以回收的物品没有回收</td><td>2</td><td></td><td></td></tr>
<tr><td colspan="3">月度工作计划和总结符合要求</td><td>2</td><td></td><td></td></tr>
<tr><td colspan="3">学习与工作相关的知识和提高自己的技能，并用于工作实际</td><td>2</td><td></td><td></td></tr>
<tr><td colspan="3">上级交办的临时性工作完成的质量、数量</td><td>2</td><td></td><td></td></tr>
<tr><td colspan="3">总经理交办工作完成的质量、数量(总经理评价)</td><td>5</td><td></td><td></td></tr>
<tr><td colspan="3">小计得分</td><td>80</td><td></td><td></td></tr>
<tr><td rowspan="4">关键事件
±20分</td><td colspan="3">积极参与疑难问题的解决，提出合理化建议，并有效实施，酌情加分</td><td></td><td></td><td rowspan="4">特别业绩表现</td></tr>
<tr><td colspan="3">非本职工作为公司创造效益或节约成本，酌情加分</td><td></td><td></td></tr>
<tr><td colspan="3">其他</td><td></td><td></td></tr>
<tr><td colspan="3">小计得分</td><td></td><td></td></tr>
<tr><td></td><td colspan="3"></td><td></td><td colspan="2"></td></tr>
<tr><td>总计得分</td><td colspan="3"></td><td>评分人</td><td colspan="2"></td></tr>
<tr><td>沟通确认</td><td colspan="6"></td></tr>
</table>

部门经理：　　　　　　人事行政经理：　　　　　　总经理：

表 3-10　4S 店服务顾问岗位员工绩效考核表

考核月份		姓名		标准分	部门评分	说明评述人
考核项目	考核内容					
行为规范 20 分	遵守公司关于工作纪律和安全保密有关规定,否则每次每项扣 2 分			4		
	遵守公司关于考勤和培训的有关规定,否则每次每项扣 2 分			4		
	遵守公司关于工作态度的规定,否则每次每项扣 1 分			3		
	遵守公司关于着装和仪容的有关规定,否则每次每项扣 1 分			3		
	遵守公司关于行为举止和基本礼仪的规定,否则每次每项扣 1 分			3		
	遵守公司关于环保、节约的规定,否则每次每项扣 1 分			3		
	小计得分			20		
工作质量 80 分	故障诊断准确率或事故定损准确率 95%,低一个百分点,扣 1 分			10		
	用户合理投诉,因个人原因每投诉 1 项,扣 2 分			10		
	接待按照规范操作,单据填写完整、正确、及时,否则每次每项扣 1 分			10		
	因失职导致客户流失,每台车扣 5 分			10		
	个人入场台数完成率,得分等于 10×入场台数完成率			5		
	个人服务收入完成率,得分等于 10×服务收入完成率			5		
	按照公司及厂家的要求,准确、及时处理相关数据、报表			5		
	对工作充满激情,锲而不舍			5		
	对工作的失误能够勇于承担责任,并改正错误,避免第 2 次发生			5		
	能够并可以回收的物品没有回收			2		
	个人工作区域和卫生责任区干净、整洁、有序、安全,没有多余的物品			2		
	月度工作计划和总结符合要求			2		
	学习与工作相关的知识和提高自己的技能,并用于工作实际			2		
	上级交办的临时性工作完成的质量、数量			2		
	总经理交办工作完成的质量、数量(总经理评价)			5		
	小计得分			80		
关键事件 ±20 分	积极参与疑难问题的解决,提出合理化建议,并有效实施,酌情加分					特别业绩表现
	非本职工作为公司创造效益或节约成本,酌情加分					
	其他					
	小计得分					
总计得分				评分人		
沟通确认						

部门经理:　　　　　　　　人事行政经理:　　　　　　　　总经理:

三、报酬

(一)报酬概念

报酬是指完成某项工作应得到的回报。在很大程度上,员工是按照报酬高低来选择是否进入一家公司的。报酬高低决定了公司能够吸引到的员工的技术水平和能力的高低。

报酬包括精神上和物质上两个方面的回报。精神上的报酬主要是指满足个人成就感、心理满足感的报酬,如个人获得升迁、进一步进修培训的机会、更多地参与企业管理、赋予更大的工作责任、获得较大的工作自由度等。物质上的报酬主要是指满足个人物质生活需要的报酬,如基本工资、各种津贴、绩效工资、股票期权、企业提供的保健计划、企业提供舒适的办公环境、带薪旅游等福利待遇。在员工报酬中,基本工资、各种津贴、绩效工资是提供大多数员工物质生活的基本保障。

(二)工资制度

工资的形式因使用制度的不同而多种多样。工资制度是指在一定原则的指导下,分析、计算员工的实际劳动成果,并支付相应报酬的准则、标准或办法。如上面提到的基本工资、各种津贴、绩效工资是通过工资制度得到确定。好的工资制度会激发员工的积极性,大大提高员工的工作效率,同时也为企业创造更大的经济效益。无论哪种工资制度,其基本原则都是"按劳分配、多劳多得"。

常见的工资制度有结构工资制、岗位技能工资制、提成工资制、计件工资制或计时工资制。

1.结构工资制

结构工资制是根据决定工资的不同因素,将工资划分成几个部分,根据这些因素的不同作用确定其所占的份额,构成员工的工资。一般由基础工资、职务工资、工龄工资、业绩工资等几部分组成。

2.岗位技能工资制

岗位技能工资制是按照工人的实际操作岗位的技术水平、工作的复杂程度来制定工资标准。主要由岗位工资、技能工资两部分组成。岗位工资就现有的工作岗位进行科学的岗位评价,将岗位划分成不同的档次或等级,并制定出相对应的工资标准。其中,岗位评价的内容主要从劳动条件的好坏、劳动强度的大小、工作责任的轻重三方面考虑。技能工资应根据员工具备的工作技能的多少、具备的劳动技能水平的高低来确定不同的等级,并制定出相应的工资标准。

3.提成工资制

提成工资制是根据完成业绩多少提取一定的百分比作为工资的主体部分,加上规定的基本工资构成提成工资总额。它适用于工作业绩完全能够量化的岗位,如汽车销售人员、汽车维修人员,可以根据他们销售或维修数量的多少提取一定的比例作为提成工资。

如有的小型维修企业,采用这种提成工资制时,一般上不封顶,下不保底,员工无最低基本工资。

如钣金工月收入=当月工时费总额×40%

机修工月收入＝当月工时费总额×30％

喷漆工收入＝当月喷漆总收入×50％，当月喷漆总收入包括喷漆用的原材料费及工时费。

4.计件工资制或计时工资制

计件工资制或计时工资制大体结构相同，是由计件工资或计时工资、企业利润分成、奖金、津贴四部分加在一起构成员工的工资总额。

计件工资就是根据员工在规定的劳动时间内完成的作业量与事先规定的计件单价结合在一起的结果；计时工资就是直接以员工工作的时间计量报酬，可分为小时工资制、日工资制、月工资制3种。天数和一天工作的小时数可以由企业在符合国家有关规定的前提下根据自身的工作特点而定。

（三）企业利润分成

根据企业利润的一定比例来分配报酬，这种工资制度将员工和企业紧密结合在一起，使员工成为企业的真正主人，有利于调动员工的工作积极性，能够提高企业的生产效率。这些报酬可以直接以现金方式支付，也可以以股权方式支付。

（四）奖金

奖金是根据企业的整体经济效益或超额利润，结合个人的工作业绩用现金的形式发给员工的一种物质奖励。其形式有年终奖、季度奖、月奖、质量奖、安全奖、全勤奖、合理化建议奖、超额奖等。

（五）津贴

津贴主要指针对员工在一些特殊的岗位、特殊的工作条件下工作的一种补偿。其作用主要是保护员工的身心健康，稳定部分岗位的队伍。主要形式有夜班补贴、加班补贴、高温（取暖）补贴、保健补贴等。

某4S店维修车间绩效工资考核办法：

车间主管工资总额＝（车间机修技术人员工时总额×10％＋车间钣金技术人员工时费额×0.12＋油漆技术人员工时费额×0.15）/1.17×提成系数

各班组组长工资总额＝一般提成＋班组长津贴（300元）

车间机修技术人员工资总额＝（小组本月工时费额/1.17）×0.1×技术等级系数×一次修理成功率

车间钣金技术人员工资总额＝（小组本月工时费额/1.17）×0.12×技术等级系数×一次修理成功率

四、激励

美国管理学家贝雷尔森（Berenson）和斯坦尼尔（Steiner）给激励下了如下定义：“一切内心要争取的条件、希望、愿望、动力都构成了对人的激励——它是人类活动的一种内心状态。”

激励这个概念用于管理，是指激发员工的工作动机，也就是说，用各种有效的方法去调动员工的积极性和创造性，使员工努力完成组织的任务，实现组织的目标。

员工的需要、动机、期望通过他在工作中的行为表现完成相应的任务与目标，如果他感到满意，就会继续努力，进一步实现新的需要、动机、期望，形成一个持续循环。这种持续循环过程就是激励过程，如图 3-1 所示。

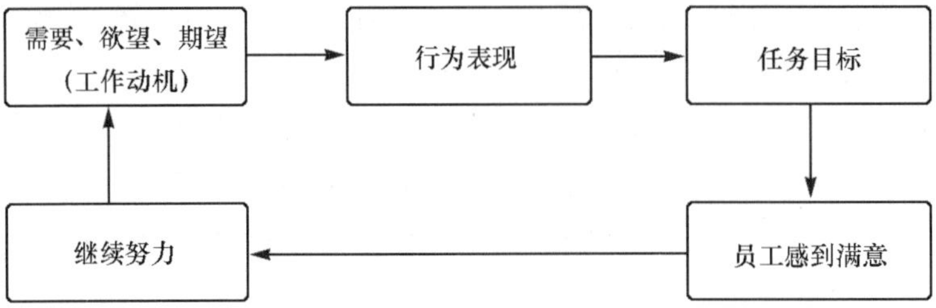

图 3-1 激励过程

有效的激励会点燃员工的激情，促使他们的工作动机更加强烈，让他们产生超越自我和他人的欲望，并将潜在的巨大的内驱力释放出来，为企业的远景目标奉献自己的热情。

（一）报酬激励法

报酬激励法就是企业通过提供一定的报酬刺激，来激发员工努力完成一定的工作任务，以达到组织目标。报酬激励有两种形式：一是外在报酬激励，即公司通过提高工资、奖金、福利和社会地位等对员工进行激励；二是内在报酬激励，即通过工作任务本身（如成就感、影响力、胜任感、受重视、个人成长、工作自由度等）来进行激励。

调查研究表明，外在报酬因素虽然不是决定人们工作中表现的唯一主导因素，但是会直接影响员工对自己工作的满意程度，通常都能起到比较明显的激励效果。有效的报酬激励要求对组织成员工作绩效进行客观公平的鉴定，并给予应有的报酬。

（二）报酬激励法的形式

1. 对一般员工的报酬激励

(1)金钱。金钱的激励作用在人们生活达到宽裕水平之前是十分明显的。金钱包括工资、津贴、货币性福利等。显然，如果能将金钱激励与员工的工作成绩紧密联系起来，它的激励作用将会持续相当长的一段时期。

(2)认可和赞赏。认可和赞赏有时可以成为比金钱更具激励作用的奖酬资源。在管理实践中，用认可和赞赏的方式对员工进行奖励，可以采取多种灵活形式。

(3)带薪休假。带薪休假对很多员工来说都具有吸引力，特别是对那些追求丰富业余生活的员工来说。

(4)员工持股。许多公司的实践证明，一旦员工变成所有者，他们不仅不会做出损害公司效率和利益的行为，更会以主人翁的精神投入工作。

(5)享有一定的自由。对能有效地完成工作的员工，可以减少或撤销对他们的工作检查，允许他们选择工作时间、地点和方式，或者允许他们选择自己喜欢干的工作。

(6)提供个人发展和晋升的机会。这一方式几乎对所有的员工都有吸引力。

2. 对管理人员的报酬激励

这里所指的管理人员包括中下层管理人员和组织的高层经营者。管理人员与一般员工相比，倾向于更高层次的需要。也就是说，管理人员的高层次需要的强度相对偏高一些。高层次需要更多是从工作本身得到满足。当然，经济刺激仍然是较为重要的激励因素。对管理人员的报酬激励，除去与一般员工相同的之外，其主要特点有以下3个方面。

(1)长期奖励。相对来说，各级管理人员的工作对组织的长远发展能产生比较大的影响，因此，对管理人员的报酬激励要突出对其长期行为的引导。长期奖励的作用就是能克服管理人员的短期行为，从而保证组织的持续发展。长期奖励的主要形式有股票和股票期权等。有统计数字表明，参加股票期权计划者80%以上都是企业的管理人员。

(2)特别福利。特别福利是管理人员在一定职位上享有的特别待遇。当这种待遇可观时，也能起到一定的激励作用。这种特殊福利包括无偿使用组织的车辆、带家属旅行、从组织获得无息和低息贷款等。

(3)在职消费。由于管理人员在组织内都担任不同的职位，因此，都存在不同程度的在职消费。这类非货币性消费包括设备先进的办公室、高素质秘书、到风景胜地进行商业旅游、增雇员工等。对管理人员的报酬激励要防止其报酬过高。在这方面，比较可行的办法有两个：一是在管理人员的报酬与一般员工的报酬之间建立明确的挂钩关系；二是将付给管理人员的报酬限制在一个事先约定的乘数之内。以通用雪佛兰为例(表3-11)。

表3-11　通用雪佛兰4S店实行的7大类、21种非经济激励方法

序号及类别名称	具体类别方面	激励方法
1. 目标	生涯目标	用成功故事激励斗志，点燃员工心中的梦
	年度目标	让员工参与业务计划的制订，在执行自己制订的计划中获得成就感
	临时目标	将重要的短期项目交由员工推进
2. 竞争	生存竞争	动态评估，末位淘汰，让员工明白在组织内生存的挑战
	新陈代谢	以绩效为标准能上能下，使员工产生紧迫感和责任感
	分组竞争	分成若干组形成对比，在攀比中提升
	破除垄断	让内部机构与外部企业形成市场化竞争，以机构的生存压力调动激情
3. 危机	危机	灌输危机意识，生于忧患，死于安乐
4. 沟通	方便沟通	建立各种沟通渠道以方便与员工的沟通，让员工感觉自己受重视
	反向沟通	在员工犯错误时给予帮助和指导，让员工自觉反省，主动改进
	积极沟通	在员工犯错误时沟通，消除员工被管的心理障碍，产生被重视的鼓励
5. 兴趣	参与决策	适当让员工参与公司决策
	简化程序	减少和简化各类流程，以协助员工提高工作效率
	自选领地	给予费用支持员工创新
	留有余地	允许和鼓励员工做一些常规程序外的尝试

续表 3-11

序号及类别名称	具体类别方面	激励方法
6.空间	明确通道	建立明确的、可预期的晋升通道
	岗位轮换	轮换岗位,使员工在变动中求发展
	培训机会	提供多方位、多层次的培训机会,提升员工软技巧和硬实力
7.赏识	亲情回馈	给一些带有情感的小礼物或纪念品,肯定成绩
	即时表扬	关注员工的工作,发现好的立即表扬
	给予名誉	给突出贡献的员工以头衔或称号

【任务实施】(任务实施条件、工作思路、过程记录)

1.实施条件

(1)多媒体教室。

(2)企业完整的人力资源激励体系资料。

(3)电脑、文件夹、纸张等文具。

2.安全要求

电脑正常使用与开关,注意多媒体教室用电安全。

3.工作思路

(1)学生根据前面学习的知识点分小组进行,通过支持、分工、协作完成工作任务。

任务工单:

学生以小组为单位,对汽车维修企业进行实习调查,了解绩效管理系统如何在企业中运作,企业人力资源绩效考评办法、报酬形式及激励机制情况,巩固课本理论知识,把理论运用到实际当中,并写出调查报告。

(2)教师展示作业过程需要查阅的资料,并粗略地分析此项任务的质量评定要点。

4.任务实施方案工作过程记录

任务实施过程记录表(表 3-2)。

【任务评价】

1.作业过程质量评价

(1)调查报告主要体现以下内容:

①维修企业人力资源管理情况简介;

②该企业采用哪种考核办法;

③报酬的组成部分;

④该企业有何行之有效的激励政策。

(2)该企业采用这种考核办法、报酬构成方式及激励形式的原因。

(3)阐明在人力资源管理中企业采用该种考核办法、报酬组成方式和激励形式的优势和弊端。

(4)通过调查研究和讨论,针对考核办法、报酬组成方式和激励形式提出自己的观点。

2.以学习小组为单位,按照项目任务的评价内容与评价标准进行评价(任务评价表详见附录)

(1)评价项目:知识掌握占40%,任务完成情况占40%,职业素养占20%。

(2)评价方式:组内自评占30%,组间互评占30%,教师评价占40%。

【任务拓展】

海尔SBU绩效考核

SBU经营机制是将员工的工作经营化、数字化的体现,将各经营效果的量化指标与绩效考评标准挂钩,实现标准透明、考核公开的公平激励政策。如每个SBU可以实时通过共享的信息系统查询自己的经营效果、工资与报酬,这样不仅可以激励员工的创新经营,而且还能建立起一种科学性的考核模式。

SBU经营机制打破了那种传统"多劳多得"的分配机制,形成一种绩效考核机制,按照经营效果兑现报酬,实现企业、员工、市场咬合的关系。企业赚钱,员工才能赚钱,企业亏损,员工也得亏损。这样就迫使每个人都与企业齐心协力,共担风险,使企业运营风险最小化。

考核制度是公司治理中最难的一项,要想改进经营,提升竞争力,首先是建立一套行之有效的考核机制,通过机制去推动管理,提高经营。应该说在目前的人力资源管理中,SBU经营机制下的绩效考核是一种极为科学的管理模式,在海尔已经充分证明了这种考核模式的生命力与科学性。

【思考题】

1.员工绩效考评的作用是什么?

2.员工绩效考评的内容有哪些?

3.常见的工资制度有哪些?

4.报酬激励法的形式有哪些?

项目四　汽车维修企业财务管理

学习资料

【项目学习目标】

通过对企业财务管理知识的学习，培养学生的企业财务管理基本价值观念和汽车维修企业收入、成本费用的计算能力。

【项目任务】

任务1　企业财务管理基本知识

【任务分析】

随着中国汽车市场的不断发展，财务管理在企业运营管理过程中的作用与地位越来越重要。经济发展越来越快，对财务管理的要求也越来越高，完备的财务制度、规范的财务管理是保证一个企业正常运作及发展壮大所必不可少的，同时也能够对企业的成长提供帮助。

【相关知识】

一、企业财务管理概念

(一)财务管理定义

1.何为财务

财务，简单地说就是关于财产方面的事务。企业财务就是企业再生产过程中的资金运动，即有关资金筹集、资金运用和资金分配等方面的活动，这些活动也称为财务活动。

2.财务管理概念

财务管理(financial management)是在一定的整体目标下，关于资产的购置(投资)、资本的融通(筹资)和经营中现金流量(营运资金)以及利润分配的管理。

企业财务管理是现代经济管理的重要组成部分，是企业最基本的管理活动。企业财务管理是根据财经法规制度，按照财务管理的原则，组织企业财务活动、处理财务关系的一项经济管理活动，它是企业管理的重要组成部分。

汽车维修企业财务管理区别于其他管理的特点在于它是一种价值管理，即对企业再生产过程中的资金运动所进行的管理。汽车维修企业财务管理利用资金、成本、收入等价值指标来组织企业中价值的形成、实现和分配，其目的是使企业资金实现增值，提高资金效益。

(二)财务管理的重要性

(1)财务管理不仅能够帮助汽车维修企业控制成本与费用、控制风险、提高利润，而且能够通过对盈利指标和营运指标进行分析，全面反映目前的财务及运营状况，预测未来的发展趋势，在管理中起到非常重要的作用。

(2)在市场经济条件下，财务管理活动是公司最基本的经济活动之一，市场化经济越发展，财务管理越重要。因此，树立正确的财务观念，加强财务管理，才能使公司在激烈的竞争中立于不败之地。

二、企业财务管理的基本价值观念

企业财务管理要在一定的前提条件下进行，它的目标是实现利润最大化，要实现财务管理的目标，就要依据其基本价值观念，通过资金的运动实现价值的增值。企业基本价值观念主要包括资金时间价值和投资风险价值。

(一)资金时间价值

资金时间价值是指资金在运动中，随着时间的推移而发生的增值，即一定量的货币资金在不同的时间上具有不同的价值，其实质是资金周转使用后的增值额。资金时间价值的大小取决于资金数量的多少、占用时间的长短、收益率的高低等因素。

从形式上讲，资金的时间价值是资金所有权与使用权分离后，所有者向使用者索取的一种报酬；从来源上讲，资金时间价值是社会资金使用效益的一种体现。因此，企业的利润是资金时间价值的来源在社会范围内的再分配。

【案例 4-1】

拿破仑赠送玫瑰花的诺言

公元 1797 年，拿破仑参观卢森堡第一国立小学的时候，向该校赠送了一束价值 3 路易的玫瑰花。拿破仑宣称，玫瑰花是两国友谊的象征，为了表示法兰西共和国爱好和平的诚意，只要法兰西共和国存在一天，他将每年向该校赠送一束同样价值的玫瑰花。当然，由于年年征战，拿破仑并没有履行他的诺言。

历史前进的脚步一刻也不曾停息，转眼间已是近一个世纪的时光。公元 1894 年，卢森堡王国郑重向法国政府致函：向法国政府提出这“赠送玫瑰花”的诺言，并且要索赔。一、从 1798 年算起，用 3 路易作为一束玫瑰的本金，以 5 厘复利计息全部清偿；二、要么在法国各大报刊上，公开承认拿破仑是个言而无信的小人。法国政府不想做出有损拿破仑形象的事情，但原本只有3路易的一束玫瑰花，本息已达1 375 596法郎。

1977年4月22日，法国总统德斯坦回访卢森堡，将一张象征4 936 784.68法郎的支票，交给了卢森堡，以此了却了持续180年的“玫瑰花诺言”案。自幼喜欢数学的拿破仑，对数学有着特殊的兴趣。然而，就是这样一位对数学颇有研究的皇帝，却不小心掉进了自己设下的陷阱。拿破仑至死也没有想到，自己只是一时即兴言辞，却给法兰西后人带来这样的尴尬。但这也说明了一个道理：许诺只是在一瞬间，践约需要永远——无论是凡人，还是伟人。

(二)投资风险价值

风险是指事物发生结果的多变性和不确定性，风险不能简单混同于损失。风险管理对公司的生存和发展十分重要，应当树立和加强投资风险管理的观念。

投资风险价值是指投资者进行投资而获得的超过资金时间价值的额外收益，又称为投资风险收益或投资风险报酬。在市场经济条件下，由于企业内外部环境的复杂多变性，使得风险广泛存在于企业的财务活动中，并对企业实现财务管理目标有着重要的影响。风险与风险报酬之间具有对等性，反映为风险和报酬的基本关系是风险越大则要求的投资报酬应越高。风险收益的大小取决于投资者，投资者愿意冒风险，就会选择风险较大的投资项目，其相应的风险收益就高。

将企业的财务管理从传统的记账、算账、制作报表为主转向财务控制、项目预算、资金运作、业务开拓、决策支持等主动运营上来，实现企业管理跨越式的发展，才能真正提高企业的核心竞争力。

【案例4-2】

谁是最合适的继承人

一位身价上亿的大富翁，为了选择谁是他最合适的事业继承人，决定对他的四个儿子进行测试。他给每个儿子100万元，以一年为考核期限，希望他们采取一切合法手段进行投资或经营，尽可能使这笔钱增值，一年后根据他们的经营业绩来确定继承人。

大儿子得到100万元后，将这笔钱存在家里的保险柜后，就四处寻找最能够赚钱又没有风险的投资项目，很遗憾，他一年中始终没有找到他认为最合适的项目，从而未动用过这100万元。二儿子将100万元存入银行，年利率5%，一年后获利5万元。三儿子将100万元投资于某一项目，一年后亏损6万元。四儿子将得到的100万元进行抵押，又融资80万元，将180万元投资于某一项目，一年后获利20万元。

三、企业财务管理的内容

(一)筹资和投资管理

企业按照一定的筹资方式，采取不同的投资渠道，运用科学的方法进行筹资和投资决策，建立企业资本金制度,确保资本金保全和完整,以取得良好的筹资效果和投资收益。

(二)资产管理

包括流动资产管理、固定资产管理、无形资产管理、递延资产管理和其他资产的管理。资产管理的目标是合理配置各类资产,充分发挥资产的效能,最大限度地加速资产的周转,它以提高资产可利用率、降低企业运行维护成本为目标,以优化企业维修资源为核心,通过信息化手段,合理安排维修计划及相关资源与活动。通过提高设备可利用率得以增加收益,通过优化安排维修资源得以降低成本,从而提高企业的经济效益和企业的市场竞争力。

现金流是公司经营发展的命脉,良好的现金流才能够使公司健康成长;财务部门应积极参与资金决策,为经营决策者制订中长期发展目标和规划提供数据支持;财务部门依据公司的资金决策方案和公司年度经营计划制订合理有效的资金管理预算;财务部门在编制资金计划时要注意调整和安排好资金结构。

(三)成本费用管理

成本费用管理是指对企业生产经营过程中生产经营费用的发生和产品成本的形成所进行的预测、计划、控制、分析和考核等一系列管理工作。加强成本费用管理是扩大生产、增加利润和提高企业竞争能力的重要手段。

(四)收入管理

营业收入是企业在生产经营过程中,对外销售或提供劳务等取得的各项收入。营业收入管理是企业财务管理的一个重要方面,它关系到企业的生存和发展,加强营业收入管理对企业具有重要的意义。

【任务实施】(任务实施条件、安全要求、工作思路、过程记录)

1.实施条件

(1)会计理实一体化教室或多媒体教室;

(2)图表、资料、看板、纸张等。

2.安全要求

电脑正常使用与开关,注意用电安全。

3.工作思路

(1)学生根据前面学习的知识点分小组进行,通过支持、分工、协作完成工作任务。

任务工单:

以案例 4-1 拿破仑赠送玫瑰花的诺言为例,结合所学知识,搜集相关资料,制作 PPT,解释资金时间价值是怎样产生的。

(2)教师展示作业过程需要查阅的资料,并粗略分析此项任务的质量评定要点。

4.任务实施方案工作过程记录

任务实施方案工作过程记录见表4-1。

表4-1 任务实施方案工作记录表

<table>
<tr><td>姓名</td><td></td><td>班级</td><td></td><td>学号</td><td></td><td>日期</td><td></td></tr>
<tr><td colspan="8">工作组</td></tr>
<tr><td>序号</td><td>姓名</td><td>学号</td><td colspan="3">工作任务</td><td colspan="2">备注</td></tr>
<tr><td></td><td></td><td></td><td colspan="3"></td><td colspan="2"></td></tr>
<tr><td></td><td></td><td></td><td colspan="3"></td><td colspan="2"></td></tr>
<tr><td></td><td></td><td></td><td colspan="3"></td><td colspan="2"></td></tr>
<tr><td></td><td></td><td></td><td colspan="3"></td><td colspan="2"></td></tr>
<tr><td colspan="8">任务方案:(环境保护、可行性、工作效率、经济性分析等)</td></tr>
<tr><td colspan="8">任务实施记录</td></tr>
<tr><td>步骤序号</td><td colspan="3">操作过程描述</td><td colspan="3">结果记录</td><td>结论</td></tr>
<tr><td></td><td colspan="3"></td><td colspan="3"></td><td></td></tr>
<tr><td></td><td colspan="3"></td><td colspan="3"></td><td></td></tr>
<tr><td></td><td colspan="3"></td><td colspan="3"></td><td></td></tr>
<tr><td></td><td colspan="3"></td><td colspan="3"></td><td></td></tr>
<tr><td></td><td colspan="3"></td><td colspan="3"></td><td></td></tr>
<tr><td></td><td colspan="3"></td><td colspan="3"></td><td></td></tr>
<tr><td></td><td colspan="3"></td><td colspan="3"></td><td></td></tr>
<tr><td></td><td colspan="3"></td><td colspan="3"></td><td></td></tr>
<tr><td></td><td colspan="3"></td><td colspan="3"></td><td></td></tr>
<tr><td></td><td colspan="3"></td><td colspan="3"></td><td></td></tr>
<tr><td></td><td colspan="3"></td><td colspan="3"></td><td></td></tr>
<tr><td></td><td colspan="3"></td><td colspan="3"></td><td></td></tr>
<tr><td></td><td colspan="3"></td><td colspan="3"></td><td></td></tr>
<tr><td></td><td colspan="3"></td><td colspan="3"></td><td></td></tr>
</table>

【任务评价】

1.作业过程质量评价

(1)内容全面;

(2)文字表达正确,逻辑合理;

(3)重点、特色突出。

2. 以学习小组为单位,按照项目任务的评价内容与评价标准进行评价(任务评价表详见附录)

(1)评价项目:知识掌握占40%,任务完成情况占40%,职业素养占20%。

(2)评价方式:组内自评占30%,组间互评占30%,教师评价占40%。

【任务拓展】

某汽车维修企业财务管理制度

1　总则

为加强财务管理,根据国家有关法律法规制度,结合公司具体情况,特制定本制度。

1.1　财务管理工作必须在加强宏观控制和微观搞活的基础上,严格执行财经纪律,以提高经济效益、壮大企业经济实力为宗旨,财务管理工作要贯彻"勤俭办企业"的方针,勤俭节约,精打细算,在企业经营中制止铺张浪费和一切不必要的开支,降低消耗,增加积累。

2　财务机构与会计人员

2.1　公司设财务部,财务部主任协助总经理管理好财务会计工作。

2.2　出纳员不得兼管会计档案保管和债权债务账目的登记工作。

2.3　财会人员都要认真执行岗位责任制。

各司其职,互相配合,如实反映和严格监督各项经济活动、记账、算账、报账必须做到手续完备,内容真实,数字准确,账目清楚,日清月结,近期报账。

2.4　财务人员在办理会计事务中,必须坚持原则,照章办事。

对于违反财经纪律和财务制度的事项,必须拒绝付款,拒绝报销或拒绝执行,并及时向总经理报告。

2.5　财会人员力求稳定,不随便调动。

财务人员调动工作或因故离职,必须与接替人员办理交接手续,没有办清交接手续的不得离职,亦不得中断会计工作,移交交接包括移交人经管的会计凭证、报表、账目、款项、公章、实物及未了事项等,移交交接必须由建设局财务科监交。

3　会计核算原则及科目

3.1　公司严格执行《中华人民共和国会计法》《会计人员职权条例》《会计人员工作规则》等法律法规关于会计核算一般原则,会计凭证和账簿,内部审计和财产清查,成本清查等事项的规定。

3.2　记账方法采用借贷记账法,记账原则采用权责发生制,以人民币为记账本位币。

3.3　一切会计凭证、账簿、报表中各种文字记录用中文记载,数目字用阿拉伯数字记载。记载、书写必须使用钢笔,不得用铅笔及圆珠笔书写。

4　固定资产

公司以单价2 000元以上,使用年限一年以上的资产为固定资产,分为五大类:

房屋及其他建筑物、机器设备、电子设备(如电脑、复印机、传真机等)、运输工具、其他设备。

4.2 各类固定资产折旧年限。

房屋及建筑物35年;机器设备10年;电子设备、运输工具5年;其他设备5年。

固定资产以不计留残值提取折旧,固定资产提完折旧后仍可继续使用的,不再计提折旧;提前报废的固定资产要补提足折旧。

4.3 购入的固定资产,以进价加运输、装卸、包装、保险等费用作为原则,需安装的固定资产,还应包括安装费用,作为投资的固定资产应以投资协议约定的价格为原价。

4.4 固定资产必须由财务部合同办公室每年盘点一次,对盘盈、盘亏、报废及固定资产的计价,必须严格审查,按规定经批准后,于年度决算时处理完毕。

5 资金、现金、费用管理

5.1 财务部要加强对资产、资金、现金及费用开支的管理,防止损失,杜绝浪费,良好运用,提高效益。

5.2 银行账户必须遵守银行的规定开设和使用,银行账户只供本单位经营业务收支结算使用,严禁借账户供外单位或个人使用,严禁为外单位或个人代收代支,转账套现。

5.3 银行账户的账号必须保密,非因业务需要不准外泄。

5.4 银行账户印鉴的使用实行分管并用制。即财务章由出纳保管,法人代表和会计私章由会计保管,不准由一人保管使用,印鉴保管人临时出差由其委托他人代管。

5.5 银行账户往来应逐笔登记入账,不准多笔汇总营收,也不准以收抵支记账,按月与银行对账单核对,未达收支应做出调节,逐笔调节平衡。

5.6 根据已获批准签订的合同付款,不得改变支付方式和用途;非经收款单位书面正式委托并经总经理批准,不准改变收款单位(人)。

5.7 库存现金不得超过限额,不得以白条抵作现金。现金收支做到日清月结,确保库存现金的账面余款与实际库存额相符,银行存款余款与银行对账单相符,现金、银行日记账数额分别与现金、银行存款总账数额相符。

5.8 因公出差,经总经理批准借支公款,应在回单位后七天内交清,不得拖欠,非因公事并经总经理批准,任何人不得借支公款。

5.9 严格现金收支管理,除一般零星日常支出外,其余投资、工程支出都必须通过银行办理转账结算,不得直接兑付现金。

5.10 领用空白支票必须注明限额、日期、用途及使用期限,并报总经理报批。所有空白支票及作废支票均必须存放保险柜内,严禁空白支票在使用前先盖上印章。

5.11 正常的办公费用开支,必须有正式发票,印章齐全,经手人、部门负责人签名,经总经理批准后方可报销付款。

5.12 未经董事会批准,严禁为外单位(含合资、合作企业)或个人担保贷款。

5.13 严格资金使用审批手续。

会计人员对一切审批手续不完备的资金使用事项,都有权且必须拒绝办理,否则按违章论处并对该资金的损失负连带赔偿责任。

6　办公用具、用品购置与管理

6.1　所有办公用具,用品的购置统一由办公室制订计划,报经领导批准后方可购置。

6.2　所有用具必须统一由办公室专人管理,办理登记领用手续,办公柜、桌、椅要编号,经常检查核对。

6.3　个人领用的办公用品、用具要妥善保管,不得随意丢弃和外借,工作调动时,必须办理移交手续,如有遗失,照价赔偿。

7　其他事项

7.1　按照上级主管部门的要求,及时报送财务会计报表和其他财务资料。

7.2　积极参与建设资金的筹措工作,通过筹集资金的活动,尽量使资金结构趋于合理,以期达到最优化。

7.3　配合公司业务部门对项目工程的竣工、财务决算进行监督管理。

7.4　自觉接受上级主管、财政、税务等部门的检查指导,并按其要求不断完善制度,改进工作。

【思考题】

1.请分析案例 4-2 中谁最有可能成为大富翁的继承人,为什么?

2.案例 4-2 中大富翁的四个儿子各自是如何使这 100 万元增值的?他们会面临哪些投资机会和风险?

任务2　汽车维修企业收入成本费用的计算

【任务分析】

营业收入是企业现金流入量的主要来源,是核算企业利润的主要指标;成本费用核算是成本管理的重要组成部分,对企业的成本预测和企业的经营决策等有直接影响。营业收入、成本费用是汽车维修企业重要的财务指标,反映企业的财务状况,是衡量企业经营成果的重要标志。弄清汽车维修企业营业收入、费用成本的来龙去脉,掌握其核算方法非常重要。

【相关知识】

一、汽车维修企业收入的内容

(一)主营业务收入(汽车维修收入)

汽车维修企业的汽车维修收入是指企业提供汽车维修劳务等所取得的营业收入。包括汽车维修工时收入、材料配件收入和其他收入三部分。它可以根据规定的工时定额、材料消耗总额和其他收入计算确定。

(二)副营业务收入(其他业务收入)

汽车维修企业的副营业务收入是指各类主营业务以外的不独立核算的副营业务所取得的收入,如从事汽车配件零售与批发、出租场地等副营业务活动所取得的营业收入。

二、汽车维修企业营业收入的计算方法

汽车维修企业确认企业的营业收入的基本标志为:一是企业的商品已经发出或者劳务已经提供;二是企业已收取发出商品或提供劳务的价款或者尚未收到价款但已取得收取价款的凭据。

(一)主营业务收入(汽车维修收入)的计算方法

汽车维修企业主营业务收入(汽车维修收入)主要由三个部分组成,一是企业维修车辆、提供汽车维修技术和劳务取得的收入;二是维修企业在维修车辆过程中,由于更换汽车零部件,消耗各种材料和辅助材料的收入;三是其他收入。

(1)汽车维修技术和劳务费的收入。汽车维修技术和劳务费的收入,主要是汽车维修工时费的收入。汽车维修工时费是按照汽车维修行业的工时定额和工时单价作为计算的依据,这是与其他行业不同的一个显著特点。工时费的基本计算公式为

$$\text{汽车维修工时费} = \text{工时单价} \times \text{工时定额}$$

工时定额和工时单价是根据交通运输部的规定,由各省级行业主管部门和价格主管部门根据不同类型的维修企业或维修车辆的成本核算,予以确认。

汽车维修工时单价由各省级行业主管部门和价格主管部门根据当地经济发展情况制订,一般为最高限价,有的地方还针对不同的类别和项目制订不同的工时单价。

随着汽车工业的发展,电子技术在汽车上得以普遍运用,故障诊断和仪器检测收费将成为汽车维修企业收费的重要组成部分,因此,汽车维修企业只有加快引进高新技术人才和先进的检测诊断设备,才能顺应市场、占领市场。

(2)汽车维修材料费的收入。汽车维修材料费是指汽车维修过程中消耗的外购件(包括汽车配件、材料、油料等)费用、自制配件和辅料费用,它是车辆维修中因必然消耗而得到的营业收入。材料费的计算公式为

$$\text{汽车维修材料费} = \text{配件价格} \times (1+\text{加价率})$$

(3)其他收入。汽车维修的其他收入包括外加工费及材料服务费等。一般来说,这种费用很少出现。

(二)副营业务收入(其他业务收入)的计算方法

汽车维修企业除了汽车维修业务之外,还有其他的经营业务,其他经营业务活动所取得的收入被称为其他业务收入。包括汽车配件零售与批发;出租场地;不进行独立核算的附属车队为外单位提供劳务;出租固定资产;废旧物资出售等都属于汽车维修企业的其他业务收入。

三、汽车维修企业成本费用的计算

(一)汽车维修企业成本费用的内容

按照经济用途可以将汽车维修企业成本费用分为直接材料、直接人工、制造费用和期间费用,其中直接材料、直接人工、制造费用构成企业经营成本。

1.直接材料

直接材料指企业在汽车维修过程中实际消耗的汽车配件费、汽车维修辅助材料费以及燃料费、动力费、包装费等。

2.直接人工

直接人工指企业中直接从事汽车维修的生产人员的工资、福利费、奖金、津贴等。

3.制造费用

制造费用是指在汽车维修中发生的不能直接计入直接材料、直接人工的各种费用。

(二)期间费用

期间费用是指企业本期发生的不能计入经营成本,而是直接计入当期损益的各项费用。包括经营费用、管理费用和财务费用。

1.经营费用

经营费用是指汽车维修企业在经营过程中所发生的费用。如在采购、储存和销售配件时发生的相关费用。在小型汽车维修企业,企业经营费用通常合并于管理费用。

2.管理费用

管理费用是指企业的行政管理部门为管理和组织企业的生产经营活动而发生的各项费用。例如,管理部门办公经费及人员工资、工会经费、职工教育经费、差旅费、业务招待费等。

3.财务费用

财务费用是指企业在筹集资金等财务活动中发生的各项费用。例如,企业在生产经营期间发生的利息支出、汇兑损失、金融机构所收取的手续费,以及企业为筹集资金所发生的其他费用。

四、维修结算单填写计算

1.任务工单

2021年3月2日,北京雪佛兰特约维修站按约为老客户王先生的科鲁兹做常规保养,汽车行驶里程为1.98万公里。前台工作人员接到预约电话后及时填写工作任务单,安排维修。维修站为王先生的科鲁兹做常规保养时发生维修工时费为100元;领用的配件有机油滤清器、燃油滤清器、空气滤清器、机油(普通),该店的材料加价率为15%。

2.作业过程质量评价

(1)维修人员维修完毕,根据维修情况及价格表4-2填制维修清单表4-3;

(2)前台工作人员根据维修清单,填写结算单表 4-4,并结清维修费用。

表 4-2 4S 店-科鲁兹——配件价格表

元

序号	配件名称	价格	序号	配件名称	价格
1	机油(普通/合成)	151/133	26	冷凝器	864
2	机油滤清器	48	27	前挡玻璃(高配/低配)	741
3	燃油添加剂	34	28	后挡玻璃	354
4	空调滤清器	132/64	29	玻璃密封胶	160
5	空气滤清器	78	30	前刹车片	474
6	燃油滤清器	73	31	前制动盘	416
7	前保险杠	977	32	后刹车片	512
8	前保险杠骨架	655	33	后制动盘	390
9	前杠中网	304	34	雨刮片	143
10	前杠车标	89	35	发动机盖	1 950
11	后保险杠	1 034	36	发动机盖锁	179
12	后保险杠骨架	563	37	前叶子板	650
13	火花塞	22	38	前叶子板内衬	102
14	前照灯	718	39	后盖箱	1 950
15	前雾灯	260	40	前下控制臂	605
16	尾灯(外侧)	377	41	前减振器	546
17	尾灯(内侧)	208	42	后减振器	351
18	叶子板转向灯	47	43	前转向节	575
19	车轮饰盖(铁钢圈)	78	44	前轮轴承	522
20	车轮饰盖(铝钢圈)	22	45	前侧门	2 080
21	轮胎(国产)	(R15)650 (R16)715	46	后侧门	1 950
22	外后视镜(高配)	333	47	前门玻璃	176
23	外后视镜(低配)	333	48	后门玻璃	156
24	燃油泵	644	49	喇叭	161
25	散热器(手动/自动)	975	50	钢圈(铝合金)	673

表 4-3　北京雪佛兰特约维修站维修清单

客户:王先生	联系电话:××		施工编号:3-254
行驶里程:1.98 万公里	进厂日期:2021.3.2		结算日期:2021.3.2
发动机号:BJG216529	车牌号码:京 A9996		车型:科鲁兹 1.6SL MT
底盘号:XFL2G7A4321539065	工时费:100 元		修理项目:常规保养、更换三滤
配件名称	计量单位	数量	金额/元
机油滤清器	个	1	48×1.15=55.2
空气滤清器	个	1	78×1.15=89.7
燃油滤清器	个	1	73×1.15=83.95
机油(普通)	个	1	151×1.15=173.65
配件合计			402.50

表 4-4　北京雪佛兰特约维修站结算单

托修单位	××××	车型	科鲁兹	送修人	王先生
车牌号码	京 A9996	底盘号	XFL2G7A4321539065	发动机号	BJG216529
行驶里程	1.98 万公里				
序号	维修项目				工时费(元)
	常规保养、更换三滤				100.00 元
序号	配件材料				金额(元)
	配件名称	数量	计量单位	单价(元)	
1	机油滤清器	1	个	55.20	55.20
2	空气滤机油	1	个	89.70	89.70
3	燃油滤清器	1	个	83.95	83.95
4	机油(普通)	1	桶	173.65	173.65
合计金额	伍佰零贰元伍角整			￥502.50	

质检员：　　结算员:李文海　　客户签名:王东　　日期:2021 年 3 月 2 日

【任务实施】(任务实施条件、安全要求、工作思路、过程记录)

1.实施条件

(1)会计电算化教室或多媒体教室。

(2)结算单、计算器、纸张、笔等。

2.安全要求

电脑正常使用与开关,注意用电安全。

3. 工作思路

(1)学生根据前面学习的知识点分小组进行，通过支持、分工、协作完成工作任务。

任务工单：

2021 年 6 月 2 日，张先生的乐风在进行年检时发现排气管压力不足，立即驱车到永安汽修厂进行维修。经检修，发现需要更换排气管、前刹车片，因在维修中发现车辆跑偏，张先生提出进行轮胎调换、四轮定位。汽修厂接到订单后，马上到汽配城购买相关配件，价格如下：前刹车片 210 元/对，排气管后段(含消声器)260 元/个。汽修厂支付了四轮定位费用 150 元，该厂材料加价率为 10%，维修工时 2 小时，工时费 70 元/小时。

(2)教师展示作业过程需要查阅的资料，并粗略地分析此项任务的质量评定要点。

4. 任务实施方案工作记录

任务实施过程记录表(表 4-1)。

【任务评价】

1. 作业过程质量评价

(1)分别计算汽车维修工时费、汽车维修材料费的收入、其他收入；

(2)前台工作人员根据维修清单，填写结算单(表 4-5)，并结清维修费用。

2. 以学习小组为单位，按照项目任务的评价内容与评价标准进行评价(任务评价表详见附录)

(1)评价项目：知识掌握占 40%，任务完成情况占 40%，职业素养占 20%。

(2)评价方式：组内自评占 30%，组间互评占 30%，教师评价占 40%。

表 4-5 永安汽修厂结算单

<table>
<tr><td>客户</td><td colspan="2"></td><td>车型</td><td colspan="2"></td></tr>
<tr><td>车牌号码</td><td></td><td>底盘号</td><td></td><td>发动机号</td><td></td></tr>
<tr><td>序号</td><td colspan="4">维修项目</td><td>工时费</td></tr>
<tr><td></td><td colspan="4"></td><td></td></tr>
<tr><td rowspan="2">序号</td><td colspan="4">配件材料</td><td rowspan="2">金额</td></tr>
<tr><td>配件名称</td><td>数量</td><td>计量单位</td><td>单价</td></tr>
<tr><td></td><td></td><td></td><td></td><td></td><td></td></tr>
</table>

续表 4-5

<table>
<tr><td>序号</td><td colspan="4">外加工项目</td><td>金额</td></tr>
<tr><td></td><td colspan="4"></td><td></td></tr>
<tr><td>合计金额</td><td></td><td>本次实收</td><td></td><td colspan="2">大写：</td></tr>
</table>

质检员：　　结算员：　　客户签名：　　日期：　年　月　日

【知识拓展】

结算方式

一、结算方式的种类

结算方式按支付形式的不同分为现金结算和银行结算。现金结算是收付款双方直接以现金进行的收付。银行结算是通过银行或网上支付平台将款项从付款单位账户划转到收款单位账户的货币收付行为。

现行的银行结算方式包括：银行汇票、商业汇票、银行本票、支票、汇兑、委托收款、异地托收承付结算 7 种。

二、支票结算方式

支票是出票人签发的、委托办理存款业务的银行或其他金融机构，在见票时无条件支付确定的金额给收款人或者持票人的票据。

1. 支票的种类

支票分为现金支票、转账支票和普通支票 3 种。现金支票只能提取现金，不能转账；转账支票只能转账，不能提取现金；普通支票既可以提取现金，也可以转账。但在普通支票左上角划两条平行线的，为画线支票，只能用于转账（图 4-1 至图 4-5）。

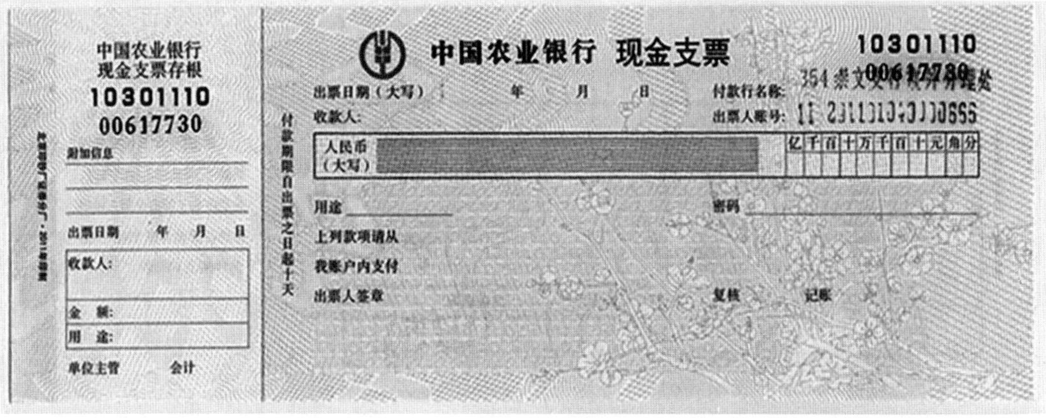

支票正面

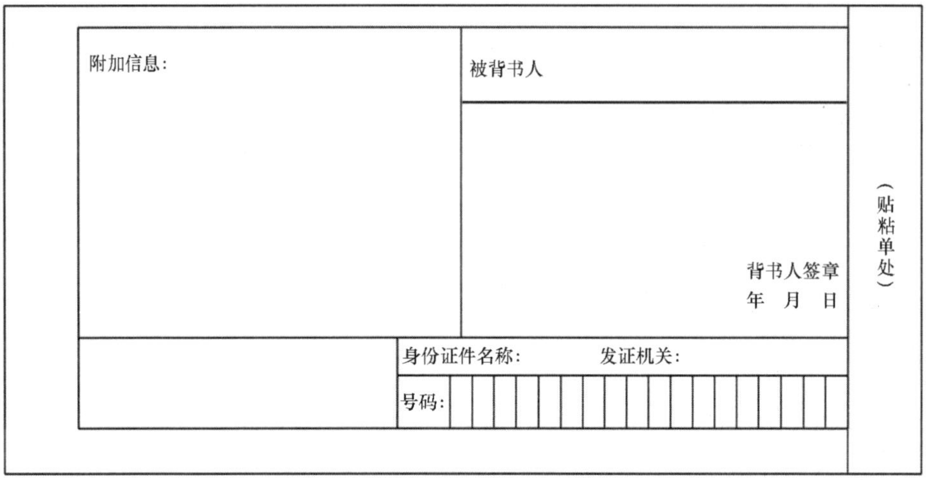
附加信息:
被背书人
背书人签章
年 月 日
（贴粘单处）
身份证件名称: 发证机关:
号码:

支票背面（正联部分）

图 4-1 现金支票正反面

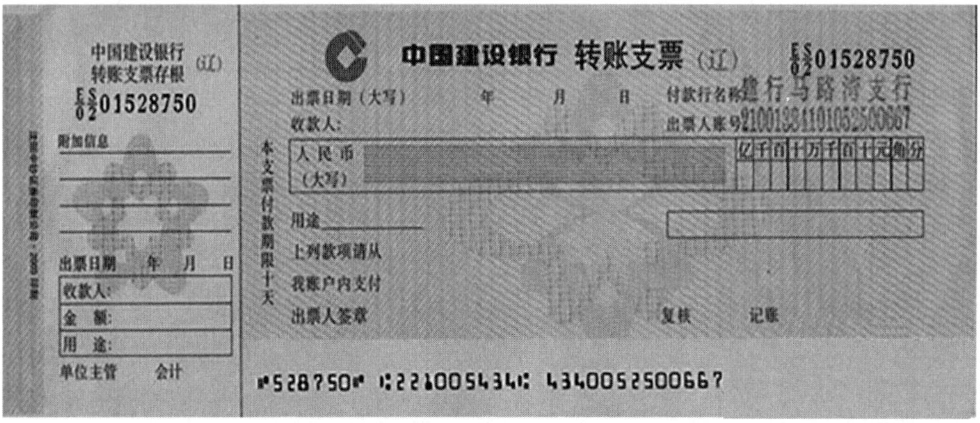
中国建设银行 转账支票存根 (辽)
ES 02 01528750
附加信息
出票日期 年 月 日
收款人:
金 额:
用 途:
单位主管 会计
中国建设银行 转账支票 (辽) ES 02 01528750
出票日期（大写） 年 月 日 付款行名称:建行马路湾支行
收款人: 出票人账号:2100138110105250066?
本支票付款期限十天
人民币（大写） 亿 千 百 十 万 千 百 十 元 角 分
用途
上列款项请从
我账户内支付
出票人签章 复核 记账
⑈528750⑈ ⑆221005434⑆ 434005250066?

图 4-2 转账支票正面

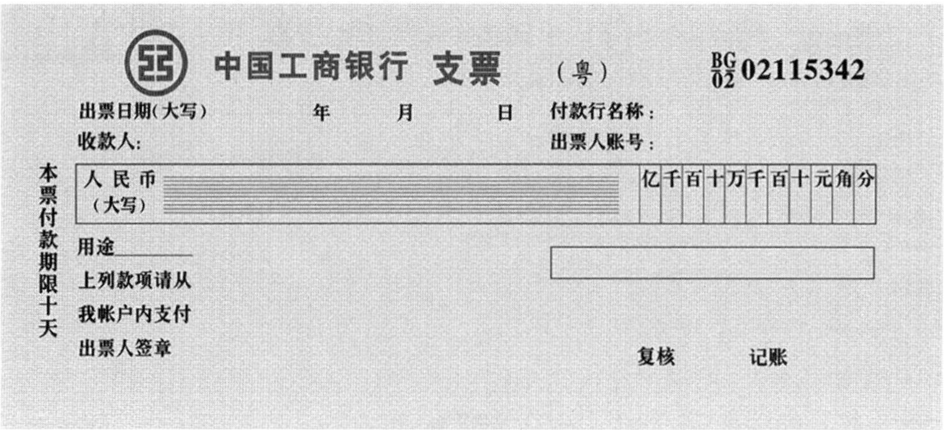
中国工商银行 支票 （粤） BG 02 02115342
出票日期(大写) 年 月 日 付款行名称:
收款人: 出票人账号:
本票付款期限十天
人民币（大写） 亿 千 百 十 万 千 百 十 元 角 分
用途
上列款项请从
我帐户内支付
出票人签章 复核 记账

图 4-3 普通支票正面

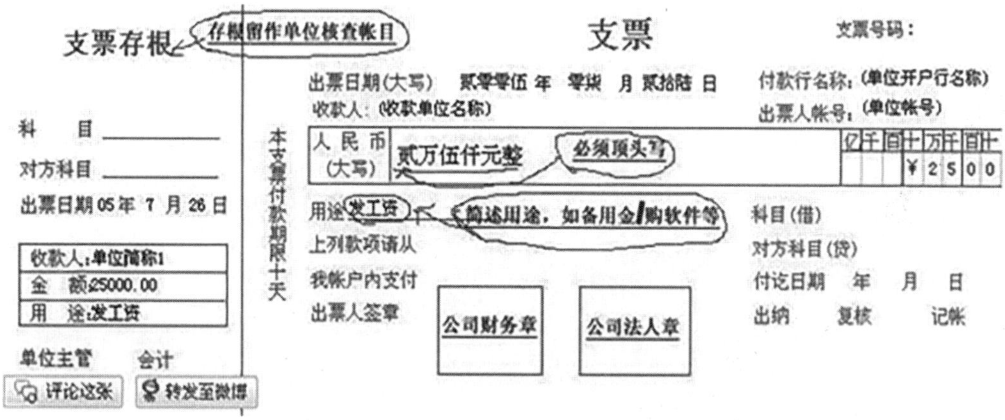
支票存根
存根留作单位核查帐目
科　目
对方科目
出票日期 05 年 7 月 26 日
收款人:单位简称1
金　额:￥25000.00
用　途:发工资
单位主管　会计
评论这张　转发至微博
支票
支票号码:
出票日期(大写)　贰零零伍 年　零柒　月 贰拾陆 日
付款行名称:(单位开户行名称)
收款人:(收款单位名称)
出票人帐号:(单位帐号)
本支票付款期限十天
人民币
(大写)
贰万伍仟元整
必须顶头写
亿千百十万千百十
￥2500
用途:发工资
简述用途，如备用金/购软件等
上列款项请从
我帐户内支付
出票人签章
公司财务章
公司法人章
科目(借)
对方科目(贷)
付讫日期　年　月　日
出纳　复核　记帐

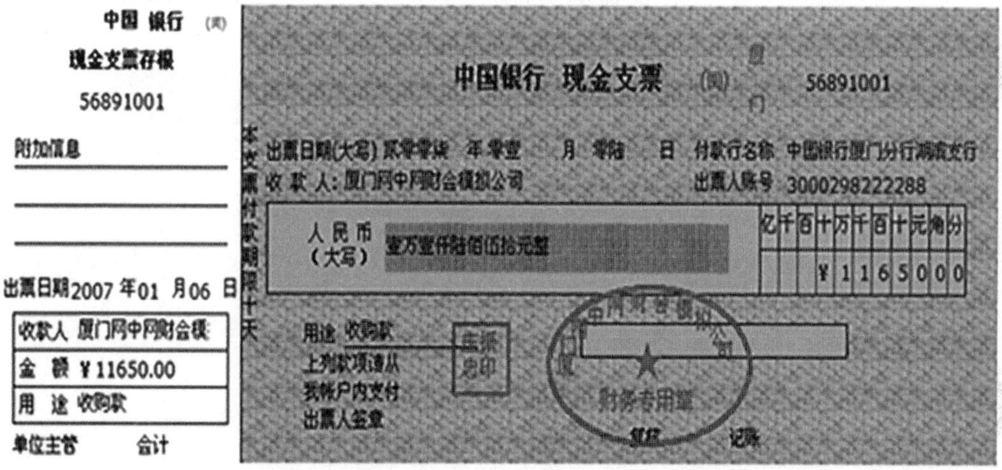
中国银行
现金支票存根
56891001
附加信息
出票日期 2007 年 01 月 06 日
收款人 厦门网中网财会模
金　额 ￥11650.00
用　途 收购款
单位主管　会计
中国银行　现金支票
56891001
本支票付款期限十天
出票日期(大写) 贰零零柒 年 零壹 月 零陆 日
付款行名称 中国银行厦门分行湖滨支行
收款人:厦门网中网财会模拟公司
出票人账号 3000298222288
人民币
(大写)
壹万壹仟陆佰伍拾元整
亿千百十万千百十元角分
￥1165000
用途 收购款
上列款项请从
我帐户内支付
出票人签章
庄振忠印
厦门网中网财会模拟公司
财务专用章
复核　记账

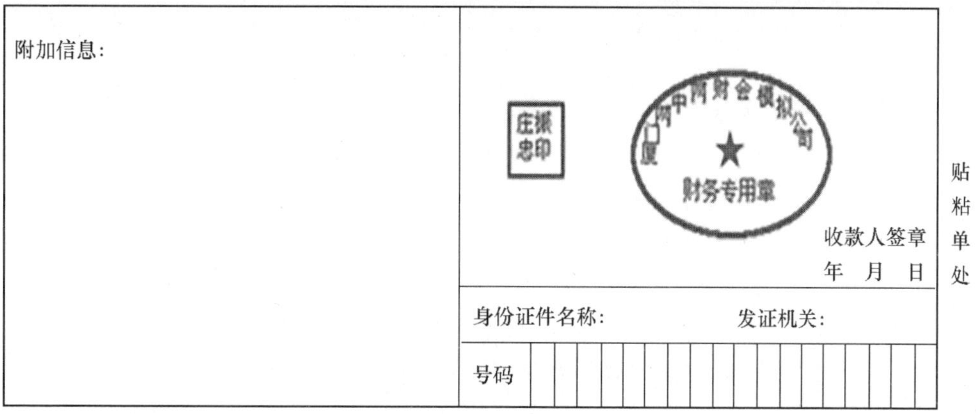
附加信息:
庄振忠印
厦门网中网财会模拟公司
财务专用章
收款人签章
年　月　日
身份证件名称:
发证机关:
号码
贴粘单处

图 4-4　支票的填写

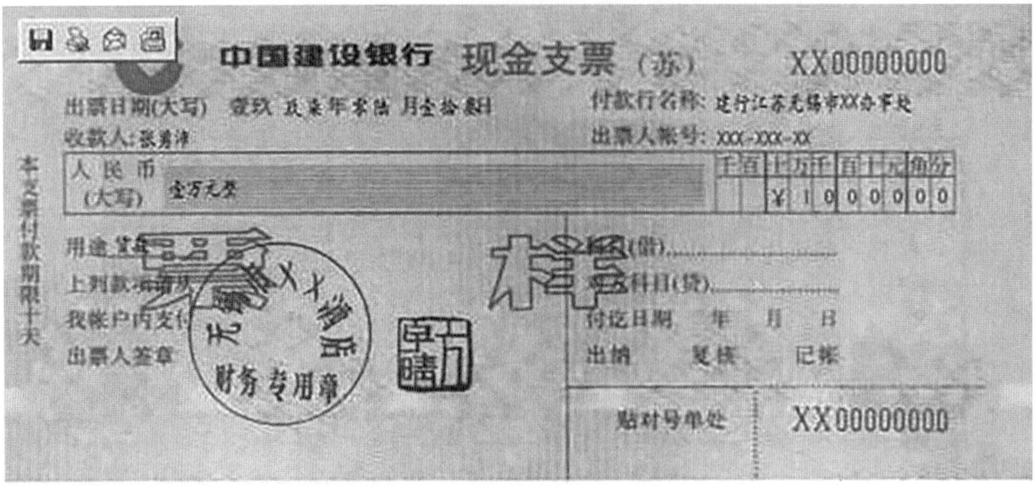
中国建设银行 现金支票（苏） XX00000000

出票日期(大写)

付款行名称：建行江苏无锡市XX办事处

出票人账号：XXX-XXX-XX

人民币（大写） 壹万元整

千	百	十	万	千	百	十	元	角	分
		¥	1	0	0	0	0	0	0

本支票付款期限十天

用途

上列款项请从

我帐户内支付

出票人签章

财务专用章

科目(借)

对方科目(贷)

付讫日期 年 月 日

出纳 复核 记帐

贴对号单处 XX00000000

图 4-5 现金支票填写票样

2. 支票结算的基本规定

(1)支票的使用范围。按照规定，凡是在银行开立账户的企业、事业单位和机关、团体、部队、学校、个体经济户以及单位所附属食堂、幼儿园等，其在票据交换地区的商品交易、劳务供应、债务清偿和其他款项结算等均可使用支票。

(2)支票一律记名，签发支票时必须注明收款人的名称。经中国人民银行总行批准的转账支票可以背书转让。

(3)支票金额起点为 100 元。

(4)支票的付款有效期为 5 天(背书转让地区的转账支票有效期为 10 天)，从签发的次日算起，遇到假日顺延。过期支票作废，银行不予受理。

(5)签发支票要用墨汁、碳素墨水或蓝黑墨水填写；支票上各项内容要填写齐全，内容要真实，字迹要清晰，数字要标准，大小写金额要一致，支票填写时不得涂改。

(6)签发现金支票须符合现金管理规定。收款单位凭现金支票收取现金，须在支票背面加盖单位公章即背书，同时，收款单位到签发单位开户银行支取现金。应按银行规定交验有关证件。

(7)不准签发空头支票。付款单位必须在其银行存款余额内签发支票，不得签发空头支票。签发空头支票要受到银行的处罚。对于签发空头支票，银行要处支票金额 5%但不低于 1 000 元的罚金，另收 2%的赔偿金给收款人。

(8)不准签发远期支票。远期支票是指签发当日以后日期的支票。

(9)不准出租、出借支票。

(10)已签发的现金支票遗失，可以向银行申请挂失；挂失前已经支付的，银行不予受理。已签发的转账支票遗失，银行不受理挂失，但可以请收款单位协助防范。

【思考题】

1. 汽车维修企业收入的内容有哪些？如何确认企业收入？举例说明。

2. 汽车维修企业主营业收入有由几部分组成？

项目五　汽车维修企业服务流程管理

【项目学习目标】

运用汽车维修企业服务流程管理知识，依据作业过程质量评价标准，培养学生具备良好的礼仪规范和积极的服务意识；提高学生对维修(保养)车辆状况判断和处理分析能力，以及与客户(普通客户与投诉客户)的沟通能力。

学习资料

【项目任务】

任务1　服务流程及预约准备作业

【任务分析】

完成预约准备作业，必须熟悉汽车服务接待流程，掌握服务预约工作要点，明确流程规范和细节要求，依据作业过程质量评价标准，配备汽车、电话等任务工具。

【相关知识】

一、汽车维修企业服务流程

(一)流程概念

1.流程概念

所谓流程，就是做事情的顺序，确切讲是指为完成某一任务或目标而进行的一系列有序活动的集合。

2.汽车售后服务流程概念

汽车售后服务流程是指汽车维修企业，为提高维修及服务质量和效率，最大限度地满足顾客需要，提高企业知名度，进而提高企业经济效益，在售后服务环节，制订出的一系列的服务方式和步骤要求。它反映了汽车维修企业各服务方式步骤间的有机结合和合规控制。

(二)流程管理的好处

随着汽车个性化时代的到来,客户时间观念越来越强,需求更加多元化。企业能否有计划地安排生产,提高工作效率,以增加车主对服务的满意程度,维修服务接待起到了非常重要的引导作用,而遵守预约服务流程是每个服务顾问的重要职责。有效遵守服务流程,可以减少差异,均化工作量,减少返工率,提高劳动生产率和工作效率,进而提升品牌形象,树立专业化形象,实现双赢。好的流程给企业带来的好处如下:

(1)好的流程,可以减少差异,提高品牌形象;

(2)好的流程,可以让人少走弯路,是经验总结;

(3)好的流程,可以避免人治,是管理规范。

(三)服务接待流程图

服务接待流程见图 5-1。

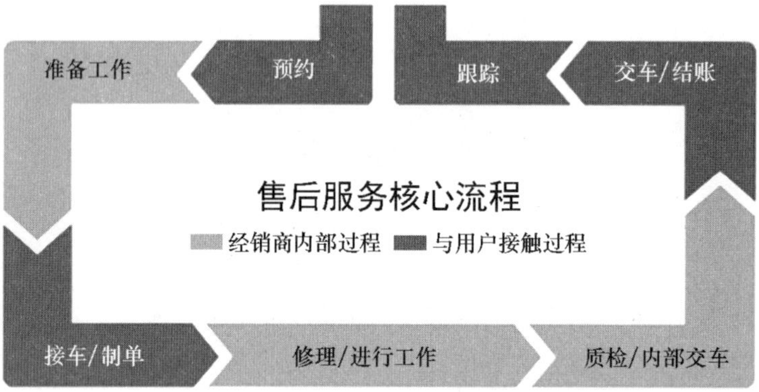

图 5-1 一汽大众汽车售后服务流程

二、预约

(一)预约概念

预约是就某事双方进行的预先约定,有效的预约是指通过双方事先的合理安排,减少可能发生的意外情况,从而使双方的工作效率得到提高。

严格地说,预约,即"约定将来订立一定契约的契约"。通常,人们把将来要订立的契约称为本约,而以订立本约为其标的合同便是预约。预约,无疑是对与谁和就何种事情做出预先安排。

预约是汽车维修服务接待的第一个环节,因为它构成了与客户的第一次接触,因此也是构成与客户建立良好关系的开端,在整个服务环节中占有非常重要的地位。

(二)预约好处

1.给企业带来的好处

通过车主预约,实现削峰填谷,提高设备和工位利用率;可以及时订购备件,减少备件库存；减少由于维修服务的突然性而导致的非作业时间延长，提高工作效率；通过强化的预约服务，提高维修服务工作的计划性和规范性，达到提高服务水平的目的。

2.给顾客带来的好处

省事：顾客可以根据自己的情况灵活安排车辆的保养、维修，方便快捷，一个电话就轻松搞定。

省时：顾客的车辆进厂可以直接得到服务，大大减少中间不必要的时间浪费及顾客的等候、排队时间，节省时间。

省心：维修服务人员可以用宽裕的时间来检查及维修车辆，确保车辆的性能和维修质量。

省钱：提前预约的客户可以享受工时或备件打折优惠。

(三)预约作业流程图

预约作业流程见图 5-2。

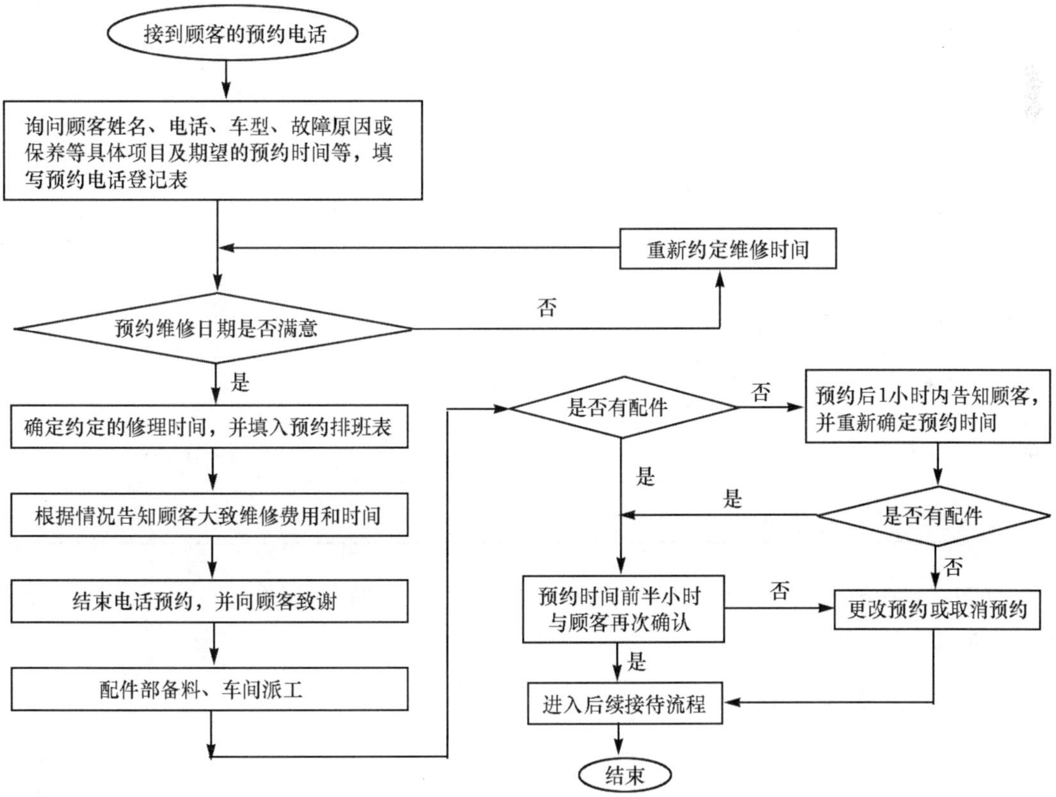

图 5-2　预约作业流程

(四)预约的工作内容

(1)询问顾客及车辆基础信息(核对用户数据，登记新用户数据)。

(2)询问行驶里程。

(3)询问上次维修时间及是否为返修。

(4)确认顾客的需求及车辆故障问题。

(5)介绍特色服务项目及询问顾客是否需要这些项目。

(6)确定维修接待员的姓名。

(7)确定接车时间并暂定交车时间。

(8)提供价格信息。

(9)提醒顾客带相关资料(随车文件,维修记录)。

(五)预约工作要求

(1)使用格式预约登记表或汽车维修管理系统进行预约(表 5-1)。

表 5-1 预约单

<table>
<tr><td>客户姓名</td><td></td><td colspan="2">联系电话</td><td colspan="2"></td><td colspan="2">车身颜色</td><td colspan="2"></td></tr>
<tr><td colspan="2">车号</td><td colspan="2"></td><td colspan="2">客户档案编号</td><td colspan="4"></td></tr>
<tr><td colspan="2">预约时间</td><td colspan="4"></td><td colspan="2">客户服务信用权限</td><td colspan="2"></td></tr>
<tr><td colspan="2">是否变更预约时间</td><td colspan="8"></td></tr>
<tr><td colspan="2">预约服务项目</td><td colspan="8"></td></tr>
<tr><td colspan="2">服务接待</td><td></td><td colspan="2">库管员</td><td colspan="2"></td><td colspan="2">车间主管</td><td></td></tr>
<tr><td colspan="2"></td><td></td><td colspan="2"></td><td colspan="2"></td><td colspan="2"></td><td></td></tr>
</table>

(2)引导顾客预约,设立预约顾客欢迎板,展示预约流程图,对顾客进行预约宣传,采取优惠手段激励顾客预约。

(六)电话预约要点

1.预约前准备

开启系统:系统显示客户资料,准备纸、笔等。

开场白:公司及自我简介,征询客户是否方便接听。

核对信息:核对客户信息及车辆息数据,征询顾客意见。

确认:与顾客确认相关招揽项目内容及时间。

提供:提供价格信息及特色服务项目。

再次确认:询问顾客是否有其他需求,介绍优惠活动并表示感谢。

录入:相关信息录入预约管理系统。

2.电话交谈的目的

把必要的信息、迅速、令人愉快地传递给客户。

3.电话交谈的要求

①坐姿要端正、不吃东西;②准备专门笔记本;③向客户自我介绍;④使用礼貌用语;⑤重述要点;⑥结束时致谢;⑦不轻易转电话;⑧讲话比面谈时慢些、清楚些;⑨请教客户姓名、通话中至少尊称3次;⑩通话时,不能与身旁的人谈不相关的事;⑪愉悦的音调,声音要显出真诚关心。

三、准备工作

一个顾客如约来到维修服务企业保养或修理车辆,发现一切工作准备就绪,维修接待员正在欢迎他的光临,这会让顾客很愉快。这恰恰是顾客又一次对维修企业建立良好信任的开端。因此,维修接待员应当具有良好的形象和礼仪,并善于与顾客进行有效的沟通,体现出对顾客的关注与尊重,体现出高水平的业务素质,更重要的是“台上一分钟,台下十年功”,我们需要做充分的准备工作,才能让客户放心、安心、舒心。

(一)准备工作要点

(1)任何特别需要,如召回、维修、投诉等确保有零部件,如有可能提前取出来,提供最快的服务。

(2)在服务通道准备预约客户的欢迎牌欢迎他们的到来。

(3)如果有可能,提前准备好可能需要的交通工具 ,如出租车、往返汽车、替换车等。

(4)要有技术人员立即诊断预约维修客户的车辆。

(二)预约现场准备

(1)填写欢迎板。

(2)填写预约登记表(单)。

(3)备件部设有专用的预约备件存放区。

(4)预约看板的设置,配件部与维修部设有与服务大厅相对应的看板。

如准备工作出现问题,预约不能如期进行,应尽快告知顾客,解释原因求得谅解并重新安排预约时间。

(三)预约看板的使用

可以直观看见客户预约情况,方便联系或提醒客户前来维护。应该在3个位置设置预约看板,分别为服务前台、库房与车间。3个看板作业不同:前台看板是向客户传递服务意识,使预约客户产生被重视的感觉;库房看板是提醒库管员注意库存,防止出现预约客户缺件的意外情况:车间预约看板为生产调度看板,提醒车间主管进行调度时要考虑预约车主的情况。

(四)预约基本要求

(1)接待人员的普通话标准,吐字清晰,懂本地方言,了解基本维修常识,熟悉维修流程及各个环节人员。

(2)预约岗位使用的电脑必须能够及时查寻用户档案及配件库存情况。

(3)礼貌热情地问候用户,了解、解答、记录用户关心的问题。

(4)服务站电话铃声设置成彩铃,内容必须包括:“您好! ××汽车××服务站欢迎您,请稍候!”(彩铃必须为女声)。

(5)及时从维修档案中调取用户资料,了解用户最近的维修记录。

(6)与用户确认预约服务内容和预约回厂时间后:接待人员必须将用户的预约要求重复核实一遍,以再次确认用户的预约要求,防止工作安排出现差错。

(7)审查维修的接待能力,为用户尽量准确地预估维修费用及交车时间。

(8)根据用户反馈情况,估算车辆维修费用,确保实际维修费用不得超过估算费用的30%,并介绍最近活动优惠措施。

(9)为用户来访做准备,五星、四星服务站必须设立《预约用户管理看板》。

(10)对准时赴约、讲信用的用户实施奖励,由服务站提供小礼品。

【任务实施】(任务实施条件、安全要求、工作思路、过程记录)

1.实施条件

(1)汽车售后理实一体化教室。

(2)汽车两台以上。

(3)电话、文件夹、纸笔、耳麦等。

2.安全要求

电脑正常使用与开关,注意用电安全。

3.工作思路

(1)学生根据前面学习的知识点分小组进行,通过支持、分工、协作完成工作任务。

任务工单:

服务顾问按约给车做个两万公里保养,顺便修一下排气系统。设计预约电话,并且兼顾客户以往维修记录。

(2)教师展示作业过程需要查阅的资料,并粗略分析此项任务的质量评定要点。

4.任务实施方案工作记录

任务实施方案工作记录见表5-2。

表5-2 任务实施方案工作记录表

<table>
<tr><td>姓名</td><td></td><td>班级</td><td></td><td>学号</td><td></td><td>日期</td><td></td></tr>
<tr><td colspan="8">工作组</td></tr>
<tr><td>序号</td><td>姓名</td><td>学号</td><td colspan="3">工作任务</td><td colspan="2">备注</td></tr>
<tr><td></td><td></td><td></td><td colspan="3"></td><td colspan="2"></td></tr>
<tr><td></td><td></td><td></td><td colspan="3"></td><td colspan="2"></td></tr>
<tr><td></td><td></td><td></td><td colspan="3"></td><td colspan="2"></td></tr>
</table>

续表 5-2

任务方案:(环境保护、可行性、工作效率、经济性分析等)			
任务实施记录			
步骤序号	操作过程描述	结果记录	结论

【任务评价】

1. 作业过程质量评价

(1)未能在 3 声铃响或 9 秒内接听来电。

(2)未能在接听的一开始就介绍自己——××店,我是××职务××。

(3)整个电话交流过程中,未用客户的姓氏来尊称客户——王先生/李姐。

(4)未能在接听一开始就主动询问客户需求——很高兴为您服务/有什么可以帮您?

(5)未能在客户讲完需求后完整复述客户的讲话内容,并确认信息无误。

(6)未能在客户讲完需求后追问是否还有其他需求——还有什么其他需要为您检修的地方吗?

(7)未在电话沟通中提及保养/维修可能需要的时间。

(8)未在电话沟通中提及保养/维修可能需要的费用,也未能说明估算的费用可能由于实际情况发生变动。

(9)未能满足客户的第一期望时没有解释原因,供用户选择的时间段数量也不够3个;未想到高峰期尽量不安排预约。

(10)没有询问是否有指定的服务顾问或者维修技师。

(11)未在电话中询问客户为了提醒需要而被联系的方式。

(12)未在电话中确认用作联系的电话号码。

(13)未在电话中告知客户进行保养/维修需要携带的材料——保养手册等。

(14)未在电话中告知客户预约只会保留到约定时间后的一定时间——15分钟、30分钟(各地情况可以不同)。

(15)未在电话中感谢客户来电——谢谢您的来电/谢谢您的预约。

(16)在客户之前挂断电话。

2. 以学习小组为单位,按照项目任务的评价内容与评价标准进行评价(任务评价表详见附录)。

(1)评价项目:知识掌握占40%,任务完成情况占40%,职业素养占20%。

(2)评价方式:组内自评占30%,组间互评占30%,教师评价占40%。

【知识拓展】

客户接待礼仪知识

1. 递名片的正确做法

起身站立,走上前;

双手或右手拿名片;

正面对着对方;

外宾,将英文的一面对着对方;

递名片时,应说:"请多指教""多多关照""常联系",或作自我介绍;

与多人交换名片,由近而远,由尊而卑;

交换次序:位卑者应当首先将名片递给位尊者。

注意:右手的拇指、食指和中指合拢,夹着名片的右下部分,使对方好接拿,以弧状的方式递交于对方的胸前。

2. 接受他人的名片正确做法

起身站立,面含微笑,目视对方;

双手捧接,或以右手接过;

接过名片后,从头到尾认真默读一遍,意在表示重视对方;

询问对方:"以后怎样与您联系?电话还是短信方便呢?"

接受他人名片时,应使用谦敬语,如"请您多关照""请您多指教";

业务人员要千方百计地留下客户的名片;

注意：双手接拿，认真过目，然后放入自己名片夹的上端。同时交换名片时，可以右手递名片，左手接名片。

3. 向他人索要名片的方法

主动递上本人名片；

询问对方："今后如何向您请教？"

询问对方："以后怎样与您联系？"

注意：业务人员一定要千方百计地留下客户的名片："王先生可不可以请教一张您的名片？公司今后任何方面信息都能够第一时间通知到您。"

【思考题】

1. 好的服务流程给汽车维修企业带来的好处有哪些？
2. 针对自己的任务完成情况如何改进和提高？
3. 编写一段主动预约客户进店保养的预约话术。
4. 说说你在维修预约阶段做出的努力给企业带来的效益。（从企业形象维护和经济效益两方面思考）

【项目任务】

任务 2　接车问诊及估价制单

【任务分析】

完成接车问诊及估价制单任务，熟悉接车及估价流程，掌握问诊技巧，明确表格填写要点，依据作业过程质量评价标准，完成接车及估价制单作业。

【相关知识】

接车作业是服务接待的首次与客户接触，好的第一印象直接关系到客户对企业服务的满意程度。接车是服务接待的核心任务之一，客户对企业服务好坏的评价很大程度上取决于服务接待的服务水平。服务接待要做好车辆接待工作，涉及服务接待如何有礼有节地接待客户，如何进行车辆预检以及如何按照业务流程完成接车任务。

一、接车问诊

（一）接车流程图

接车流程见图 5-3。

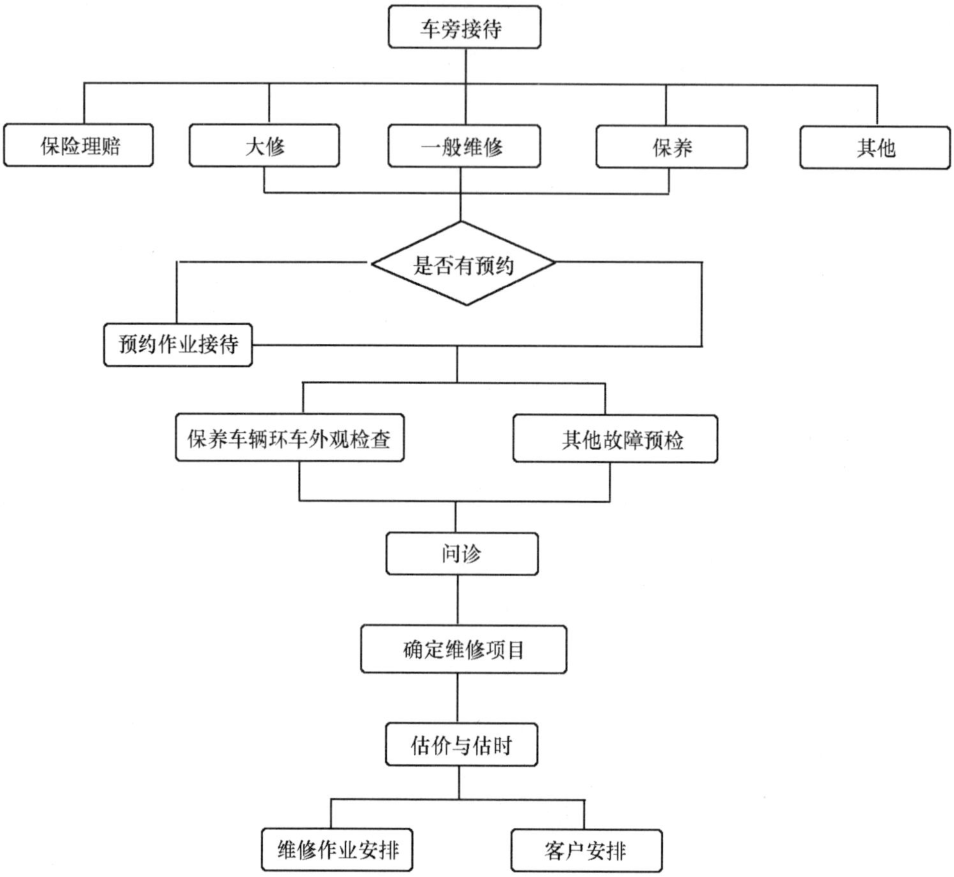

图 5-3　接车流程

(二)车辆问诊

车辆问诊见表 5-3。

表 5-3　预诊断表范例

姓名	修理单号	车型	是否原始车主　是□　否□
里程			

首次发现故障时间：	发现人	投诉性质(用户主述)
故障情形： □正在发生 □经常发生(有规律) □间歇发生(无规律)	□该故障曾经在这里修理过 □该故障曾经在其他维修中心修理过	

续表 5-3

车辆状况	发动机温度	□冷 □温 □热 □任何温度
	天气	□冷 □温 □热 □任何温度 □雨 □雪 □其他
	速度	车速 公里/小时 | 发动机转速 转/分
	驾驶条件	□旋转发动机 □离合器分离 □巡行 □其他 □怠速 □加速 □滑行 □离合器结合 □减速 □制动
	故障地点	□公路 □驻车 □上坡 □下坡 □颠簸 □洗车后 □湿滑 □其他
启动	□点火开关接通后发动机不启动 □启动机咔哒响但不旋转 □启动机旋转但发动机不旋转 □发动机旋转很慢	□发动机旋转但无法启动 □发动机旋转但启动困难 □发动机启动后又熄火 □其他
蓄电池	□发动机运转时充电指示灯点亮 □发动机运转时充电指示灯闪烁 □蓄电池经常充电 □附加设备接通	□车主安装了其他设备 □其他

附记

最近维修日期	最近维修时里程
最近维修性质	
维修业务接待员	日期

在服务接待过程中，车辆问诊的结果往往直接体现服务接待的专业水平。

(三)环车检查顺序

环车检查的顺序(利用实车讲解)由内而外顺时针方向。

请客户提供保修手册，征得客户同意后开始环车检查：

(1)检查驾驶舱。

(2)检查车辆左前侧。

(3)检查发动机舱。

(4)检查车辆右前侧。

(5)检查车辆右后侧。

(6)检查车辆正后方。

(7)检查车辆左后侧。

(8)举升车辆,检查车辆底盘。

(四)接车任务过程注意技术点

1.问诊时间最少7分钟

这样的好处:①可以更准确地了解客户的需求。②可以为公司挖掘潜在的利润。③可以更多地了解客户性格,有利于后续的工作。④可以和客户奠定一定的感情基础,有利于后续的工作。

2.技术方面的问题

如果SA(维修顾问)自己解决不了,必须向车间的技术支持求助,不可擅自做主。

3.查验车辆

查验车辆要认真仔细,但是不可让客户感觉我们防他就像防贼一样。例如:查验车辆外观,可以说:"×先生,您看这里有块剐蹭,什么时候您有时间,咱走个保险,我帮您把它修了。"或者"您看这块伤,您要是从这里上的保险,都不用您费什么事,我们直接就帮您把它修了,手续特别简单"。这样说既可以解决客户对于SA查验车辆外观的抵触情绪,又可以间接地帮助公司创造利润。

4.查验车辆的同时,要当着客户的面铺三件套

即使客户客气说"不用了"等话语,也要坚持这样做。

5.明确向客户建议

建议客户取走车内的贵重物品,并为客户提供装物品的袋子。

如果有些物品,客户不愿拿走,SA可以将物品收到前台的储物柜中,并记录于查车单上。如果是大件物品,可以记录于查车单上,并向调度室说明此情况。

(五)环车检查技巧

仔细倾听用户所反映的维修要求及车辆的故障描述,如有必要,用专业的提问方式了解问题的详细情况:

开放式提问——征询信息

闭合式提问——确认故障

问话顺序:

确认什么现象(声响、气味、表象、感觉)—确认是不是故障—确认(什么路况下?什么状态?什么车速?多长时间?什么位置?)什么条件下出现—判断故障—确认故障。

如当客户说车有异常感觉,服务接待问:"您当时在什么样的路面上行驶?"

二、估价与制单

(一)估时与估价作业流程

估时与估价作业流程如图5-4所示。

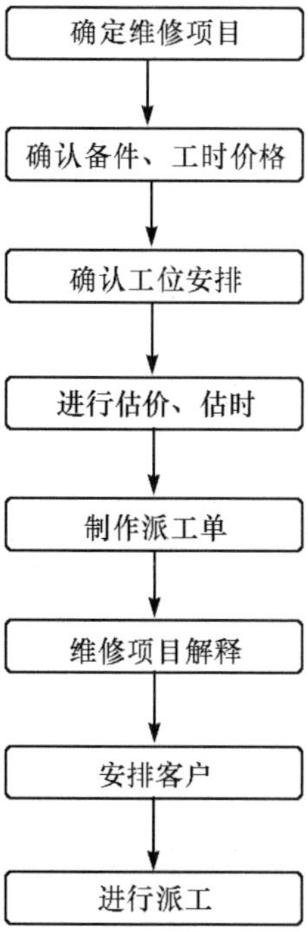

图 5-4　估时与估价作业流程

(二)修理单(施工单)填写

修理单是维修中心与顾客之间的一份维修合同(表 5-4)。

表 5-4　修理单(施工单)

(SRV 103)代理店代号:10113　　　　接待日　2021/03/20

施工单

工单元 No. S10113000005　　　　接待员:李文生

客户签字	接待员签字

车牌号	京 A-00001	VIN No.	LTVBA433040000.888				
客户 ID	110106690728429	客户姓名	欧阳××				
邮政编码	100022	地址	朝阳区光华路 1 号				
电话 1	84516600	电话 2	85296688				
车型	AXP42L-EEPQKC	SFX		外观色		内饰色	
上次行驶里程	80 公里	入厂约定	5 000 公里	卡号			

续表 5-4

入厂履历			
入厂日	代表维修内容	入厂日	代表维修内容

此次入厂情况				交车预定时间
此次行驶公里		下次入厂预定		

委托事项	维修内容	必要的零件

开始时间	完成时间	主修签字	主任签字	检验员签字

【任务实施】(任务实施条件、安全要求、工作思路、过程记录)

1.实施条件

(1)汽车售后理实一体化教师。

(2)一台性能良好或有故障的汽车。

(3)电话一部、文件夹、纸张、预约看板等。

2. 安全要求

(1)电脑正常使用与开关。

(2)车辆故障安全演示。

3. 工作思路

(1)学生根据前面学习的知识点分小组进行,通过支持、分工、协作完成工作任务。

任务工单:

顾客张先生在提前预约的情况下直接到店做3万公里的保养及检查刹车异响。服务顾问为其办理接车、获取信息、环车检查、接车单据填写等环节的工作,并预估服务项目、费用及服务用时,做好留店顾客的安顿工作。在环车检查中发现前大灯坏。

(2)教师展示作业过程需要查阅的资料,并粗略分析此项任务的质量评定要点。

4. 任务实施方案工作记录表

任务实施方案工作记录见表5-2。

【任务评价】

1. 作业过程质量评价(表5-5)

表5-5　接车/问诊环节标准考核表

编号	条目	动作	优	有	无
1	服务顾问第一时间于接待区(室外)迎接客户				
2	为客户打开车门				
3	寒暄	询问来意			
4		自我介绍			
5		尊称客户			
6	当客户的面安置服务防护用品				
7	环车检查	环车检查按照先内后外,顺时针的检查顺序进行			
8		告知客户检查内容			
9		检查车辆内部			
10		检查车辆外观			
11		检查发动机舱			
12		检查备胎			
13	提醒客户保管好车上的物品				
14	锁住客户车辆的门窗				

续表 5-5

15	服务顾问仪表	身着统一制服			
16		佩戴工作牌			
17		整体外表			
18	了解客户需求	倾听客户的需求事项			
19	确认服务项目	在客户讲完后完整复述客户需求			
20		询问客户是否还有其他需求			
21		逐一核对维修委托书的服务信息并请客户签字确认			
22	职业的沟通	态度			
23	询问	询问旧件/余品处理意见(索赔件除外)			
24		询问客户以何种方式付款(现金或者信用卡)			
25	告知项目	免费洗车			
26		信息变更的可能性			
27	服务预估	服务时间			
28		服务费用			
29	陪同客户前往休息室并作必要的介绍				
30	和客户沟通保养/维修进度				
合计					

2.以学习小组为单位,按照项目任务的评价内容与评价标准进行评价(任务评价表详见附录)

(1)评价项目:知识掌握占40%,任务完成情况占40%,职业素养占20%。

(2)评价方式:组内自评占30%,组间互评占30%,教师评价占40%。

【任务拓展】

服务接待经典话术

欢迎光临,您好!×先生(或女士),很高兴再次见到您。我是您的服务顾问××,希望您对我还有印象,这是我的名片!×先生(或女士),感谢您通过预约方式进行本次保养。您这次预约的两万公里的常规保养,同时参加季节性的免费检查活动,您是否还有其他的需求?

那好,现在我想邀请您和我一起进行接车环车检查,包括内部和外观的检查,以确保不会在保养维修的过程中遗漏任何的问题!请问您车里有没有什么私人物品,需要整理一下,贵重的物品请您随身携带好。由于您是预约的顾客,我将放置预约标示牌,以优先安排您的车辆!为确保在保养维修的过程中保护您爱车的内饰,我需要铺设防护用品,请您稍等!

我们首先进行车辆内部的检查:(喇叭、仪表盘、中控锁、四门玻璃升降、音响、空调)

×先生(或女士),我是否可以检查一下您的车内储物箱,您的储物箱内有没有什么贵重物品，请不要把贵重物品遗留在车内(记得把发动机与后备厢的开关打开)。

×先生(或女士)，车辆内部已检查完毕，情况良好！车辆目前行驶里程是19 800公里，需要提醒的是，在保养维修的过程中，车辆的行驶里程会有少量的增加。开关、仪表盘、内饰等功能检查一切正常，均没有问题，像全新的车一样！看得出来您是非常的爱护车辆啊！×先生(或女士)，我想了解一下，车辆在行驶中是否有油耗增高、轻微抖动等现象呢？您的油表快到红线了，保养完您可记得要加油了！

嗯，好，我们现在来检查一下外观，您这边请！

前方——(我们来检查一下发动机，发动机就像我们人的心脏，是最重要的，一定要认真检查，玻璃水、防冻液、助力油、刹车油都没有问题，再来看一下机油，您看，机油颜色已经很深了，说明机油已经变质了，确实需要更换了，及时更换机油可以减少发动机的磨损，延长发动机的使用寿命)。

右方——车门、玻璃升降开关，擦痕有无。

后备厢——×先生(或女士)我是否可以和您一起查看一下后备厢的备胎和应急工具，以便您能在紧急情况下起到应急作用。您的应急工具都在，备胎也是全新的，一会儿我们的技师师傅会检查备胎的气压并进行调整的。请问您的备胎是冲氮气的吗？好的我记下了！

左后方——车门、玻璃升降开关，擦痕有无。

请您再确认一下，贵重物品有没有在车内，请您一定随身携带。

环车检查我们做完了，请问您还有其他的需要吗？(没有)。

嗯，好的，那麻烦您在检查单签字确认一下！请随身携带您的行驶证和保修手册随我到里面办一下相关手续！您这边请！(在左前方或右前方引领)

您请坐！请问您想喝点什么？小王，麻烦你帮×先生(或女士)倒杯水。

×先生(或女士)，麻烦您给我保修手册和行驶证，我需要和您核对一下电脑中的记录：您的车辆所有名称是×××，您的地址是奎文区东风街123号，您的车辆上次保养时间是在3个月前做的15 000公里的保养，您这次需要做20 000公里的保养，需要更换发动机机油、机油滤清器和空气滤清器。

这样我帮您核算一下保养维修的价格，您的车辆需要更换发动机机油、机油滤清器和空气滤清器，工时费是100元，零件费是260元，总金额预计在360元。季节性的检查活动是免费的，您看费用还清楚吗？

好，我们为每一位顾客都提供免费的清洗车量的服务，您看您的车辆需要清洗吗？因为洗车的顾客较多，洗车大概需要15分钟左右。嗯，好。这样保养和季节性的检查活动大概需要1小时，加上洗车大概需要1.5小时左右。现在是11点，在12:15左右就可以交车了。这次更换下来的旧零件我会放在后备厢的左侧，您看可以吗？嗯，好。

那请问您在结算付款时用现金付款还是其他方式付款？好。

请问您还有其他的需要吗？好如果没有的话，请您在这签字确认一下！谢谢您！

那我送您到我们的客户休息室，您这边请！

这是我们的客户休息室，这是我们的服务员小王，×先生(或女士)在这需要等候多于1小时，麻烦您招呼一下！×先生(或女士)，您想喝点什么？好，小王帮×先生(或女士)倒杯水。我们这里可以上网，看电视，最新的报纸杂志都可以阅读。哦，对了，我们的休息室是无烟的，那边有吸烟区。保养过程中，您可以通过屏幕显示器和透明玻璃窗来了解您车辆保养进度。

我也会随时向您汇报车辆状态的，如果发生任何变化，我都会在第一时间向您汇报的。您先请坐，我先帮您派工，咱们一会儿见！

【思考题】

1. 简述接车环节的流程和步骤。
2. 简述估价和制单的注意事项。
3. 在接车环节如何达到客户的高满意度？

【项目任务】

任务3 质检/内部交车

【任务分析】

完成维修跟进/质检工作任务，熟悉质检及内部交车流程，理解质量检查规范，依据作业过程质量评价标准，完成质检/内部交车工作。

【相关知识】

一、维修跟进

在维修进度监督环节，服务接待要随时掌握车间的维修进度，预计可能出现的变故，在客户追问时能够准确地答复，并且能够及时处理可能产生的增项。

(一)维修跟进环节流程

维修跟进环节流程见图5-5。

(二)维修服务实施规范

规范1 应设立维修作业管理看板，正确反映维修车间内主要修理进度情况，并根据实际情况进行实时调整，一般隔1小时或0.5小时更新一次。

规范2 维修作业管理看板要放置在车间易于看到的位置。车间主管分配维修任务时应尽可能满足顾客的时间要求和其他要求，合理安排维修工位和维修技术员。

规范3 派工时应掌握顺序，应优先安排返修及预约车辆，普通修理则按时间顺序安排维修。

规范4 车间主管须了解维修技术员的工作量，并与之确认完工时间。

规范5 对于返修车辆，车间主管先分析返修原因，如配件、技术生产质量或工作态度。如果返修为非人为因素，应交给原维修技术员优先安排维修；如果属于人为因素，则将此项维修工作交给更高水平维修技术员来完成。

规范6 派工结束后，车间主管应及时更新看板，并及时和维修接待员进行沟通。

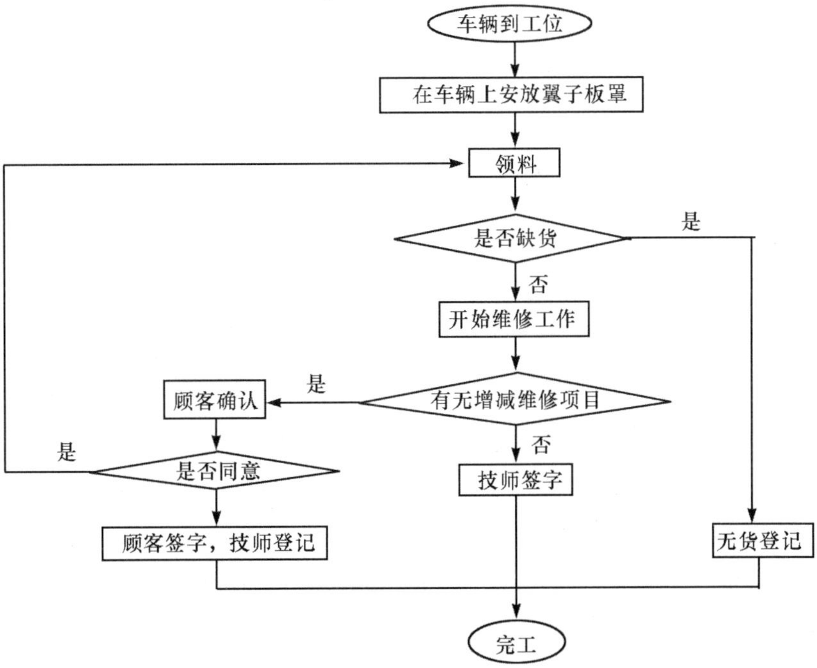

图 5-5　维修跟进流程

规范 7　车间主管将工单和车钥匙分配给相应的维修技术员执行维修任务;必须明确修理项目,说明故障性质、完成时间、需更换的配件等。

规范 8　领取配件,维修技术员根据工单到配件仓库领料,并签字确认,配件管理人员做好配件的出库登记工作。

规范 9　维修中所需配件,因库存不足需调拨或订货时,应先征得顾客意见。待顾客同意采取调拨或订货的情况后,及时通知配件采购员,尽快调拨或订货。

规范 10　配件采购员负责跟踪调拨或订货情况,在取得所需配件后及时通知业务接待员。

规范 11　维修接待员在取得待料配件到货通知后及时告知顾客,说明有关情况。

规范 12　维修技术员若遇到以下情况时必须告知车间主管。

情况一:若遇到项目更改或时间变化,应及时告知车间主管。

情况二:若遇到由于操作不当引起的车辆损失,应及时告知车间主管。

情况三:对于索赔性质的修理中有疑问应及时向车间主管汇报,让疑问得到及时解决。

情况四:完工自检后,应及时将工单及钥匙交给车间主管。

规范 13　对检查出的故障,顾客不同意修理的项目,在维修工单或合同上注明,并告知维修接待员,在交车时请顾客签名确认。

规则 14　应及时了解车辆维修进度,并将车辆修理情况告知维修接待员。

规范 15　如有维修进度改变时,车间主管应及时通知维修接待员,以便及时使用电话或其他方式迅速告知顾客,并同时调整维修作业管理看板。

规范 16　当维修内容改变而影响顾客的维修费用或交车时间时,车间主管应及时同维修接待员商量，做出决定，并及时告知顾客实际情况。

规范 17 当追加维修作业内容时，须通知配件主管，并委托其确认配件库存，制作出库单，并重新做报价单，通知维修接待员。维修接待员及时通知顾客，征求顾客意见。顾客同意后方可对维修追加内容进行作业。

规范 18 对于索赔性质的修理中有疑问的，车间主管应将疑问反馈给维修接待员，并对原工单不符合之处提出建议。

规范 19 车间主管负责现场的技术指导工作。

规范 20 车间主管随时检查修车的质量。

规范 21 当出现维修服务中心不能解决的问题时，车间主管应及时同上一级售后服务部联系，以得到相关技术人员的技术援助。

(三)维修过程注意事项

(1)严格按照维修工单进行修理。任何对工单的修改需经顾客同意。发现工单维修项目与实际不符或发现顾客没发现的问题，及时向维修接待员汇报。

(2)维修接待员对反馈的问题，重新估算价格和时间，及时通知顾客并征求顾客的意见，得到确认后，更改委托书并通知车间技工。

(四)维修环节执行要点

(1)派工调度：必须把按时交车作为派工的首要考虑因素。

(2)派工顺序：应优先分派预约车辆、返修车辆、快速保养车辆，其他普通修理按时间顺序。

二、质检

在维修过程中和结束后，认真进行质检不仅可以保障客户满意率，更重要的是可以减少返修率，为企业减少时间和金钱，提高企业在客户心目中的地位。

质量控制系统用来确保维修质量，使客户的车辆长期能被一次修复。

(一)维修质检环节流程

维修质检环节流程见图 5-6。

(二)质检主要内容

内容 1：质量检查

质量检查能有助于发现维修过程中的失误和验证维修的效果。质量检查也是对维修技术员考核的一个基础依据。质量检查是维修服务流程中的关键环节。维修技术员将车辆维修结束后，需由质检员进行检验并填写质量检查记录。当涉及转向系统、制动系统、传动系统、悬挂系统等行车安全的维修项目和异响类的专项维修项目时，必须交由试车员进行试车并填写试车记录。车辆在维修作业结束后，必须经过质量检验员的检验，合格后，才是真正的竣工。

内容 2：整理旧件

若在维修工单上注明顾客需要将旧件带走，维修技术员则应将旧件擦拭干净，包装好，放

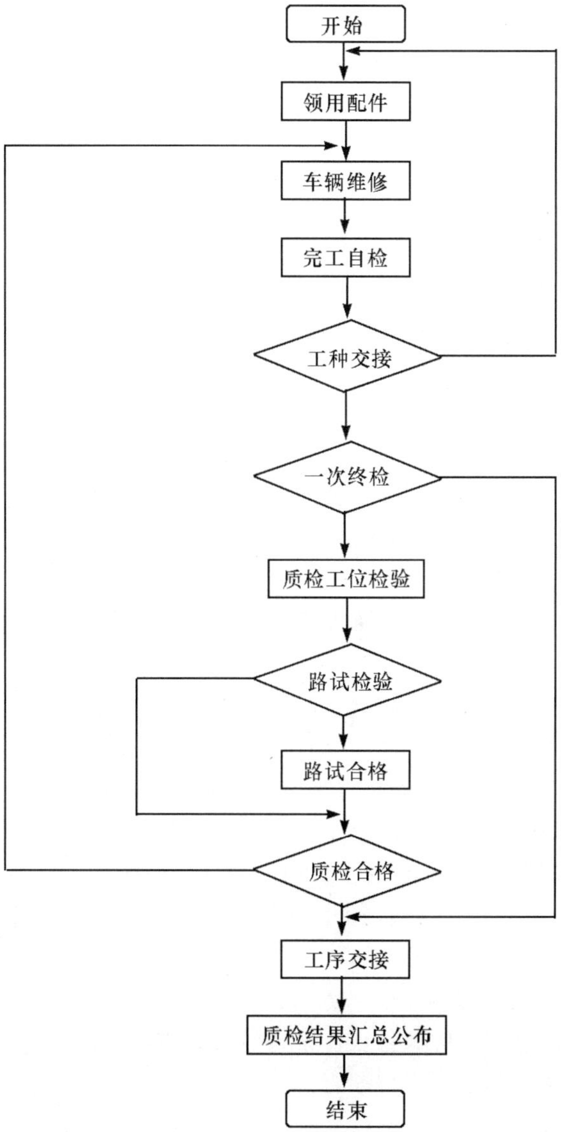

图 5-6　质检流程

在车上或放在指定的位置。

内容 3:车辆清洁

维修车辆经质量检查合格后,应该对车内外进行必要的清洁,以保证车辆交付给顾客时维修完好、内外整洁、符合顾客要求。车辆清洁以后要通知维修接待员。

内容四 4:交车前检查

维修车辆的所有维修项目结束并经过检验合格之后,维修接待员进行交车前检查。

(三)质检实施规范

(1)维修技术人员的自检(一级检查)。车辆维修完成后,须根据各项维修的作业内容做各项检查。

自检项目一：查看顾客要求的各项服务内容是否完成，尤其应该认真细致地检查维修工作，检查是否存在问题。如果发现还存在问题，须及时解决。

自检项目二：若有问题且影响与顾客的维修项目及费用或交车时间，必须及时反馈给接待员，以便及时向顾客汇报。

自检项目三：对于大修车辆，维修技术员须同车间主管/质检员进行过程检验，检测发动机主要装配数据的测量，并填写《发动机大修检验单》中的相关内容。

自检项目四：自检合格之后在维修合同上签字确认，把检查完成事项填入管理进度看板，与下一步质检的班组组长/质检员进行车辆交接，将工单、更换的配件、钥匙等交与该质检员。

(2)维修班组长的检验(二级检查)。

检查项目一：按照规定必须对所完成的各个维修项目进行复检确认，更换配件的确认等，确保做到无漏项、无错项。

检查项目二：对《接车登记表》上顾客反馈的问题确认，做到检查有结果，调整有记录。

检查项目三：对于重要修理、安全性能方面的修理、返修等应优先检验，认真细致，确保维修质量。

检查项目四：对车辆进行运转试车，确认维修项目无“四漏”现象发生，确保维修项目符合技术规范。

检查项目五：对于转向系统、制动系统、总成部件的维修，应将注意事项在维修合同上醒目注明。

检查项目六：当发现有问题时，必须及时采取相应措施进行纠正。

检查项目七：质检结果须反馈给维修技术员，总结维修经验教训，为以后的维修作业提供借鉴，以提高维修技术员的技术水平，避免再次出现同样的问题。

检查项目八：检验合格后，在维修合同上签名，并与车间主管/质检人员进行质检工作交接。

(3)终检人员的终查(三级检查)。

检查项目一：依据维修合同上的项目进行逐项验收，并核实无漏项。

检查项目二：对轮胎螺丝的紧固进行抽查。

检查项目三：检查维修部位有无四漏(漏油、漏水、漏电、漏气)现象。

检查项目四：对于有关安全方面的维修项目，车间主管/质检员必须进行路试检测。

检查项目五：依据《接车登记表》的记录，对车辆进行有无检修过程中人为损坏的检查。

检查项目六：检验维修项目符合相关的技术规范。

检查项目七：对于检测不合格项，技术总监/质检员开具《维修作业返修单》，交维修班组长重新检查和维修，直至符合技术规范为止。

检查项目八：对完工车辆的清洁状况进行检查。

检查项目九：做好最终检验记录，并在维修工单和合同上签字确认。

检查项目十：将维修合同、工单和车钥匙交给维修接待员，交待相关事宜(如已更换旧件的存放位置)，告知维修接待员车辆已修好，可安排交车。

(4)总质检合格后，终检人员将钥匙交给洗车人员，请洗车人员对车辆进行清洗工作。

(5)洗车人员洗车完毕后，车间调度员通知业务维修接待员，并将完工车辆、车钥匙和行驶证等一起移交给维修接待员。

(6)车间主管/质检员将维修合格的车辆移交给维修接待员时，维修接待员应对车辆的维修项目，更换的配件、旧件进行检查，确保任务的全面完成。

(7)维修接待员进行交车前的检查。对车辆的内外部清洗情况、车辆外观状况、“下次保养和车辆在使用过中的注意事项提醒小贴士”进行确认。

(8)对于保修期内的车辆，顾客反馈有维修质量问题的，维修接待员在第一时间通知车间主管/质检员，同时调出该车维修档案，供接车参考。

(9)对厂外返修车辆，维修接待员、车间主管质检员应以积极的态度对待，第一时间安抚顾客，将顾客的不满及损失降到最低。

(10)车间主管、班组长同时会同相关人员第一时间对发生的问题进行分析，以最短的时间、最合理的方案完成返修任务。

(11)车间主管/质检员会同相关技术员对车辆做故障检测和诊断，确认返修车辆出现的问题是何种原因造成的。如果属于人为因素，维修接待员开具维修合同及《维修作业返修单》，并将《接车登记表》同交车间进行作业；若属于更换配件及附件原因的，则对问题配件进行质量鉴定，出具质量问题报告，以便有关索赔人员向厂家进行相关的索赔。

(12)对发生的返修现象，技术总监及班组长认真分析产生返修的具体原因，制定相关的预防措施，并组织全体员工实施，并将汇总、分析、改进落实情况上报服务经理。对返修作业做到“三不放过”，即原因不查清不放过、不教育到人不放过、防范措施不到位不放过。

【任务实施】

1. 实施条件

(1)汽车售后理实一体化教室。

(2)一台性能良好或有故障的汽车。

(3)维修工时费价格表、接车问诊表、维修配件(新、旧件)。

(4)电脑、文件夹、纸张、看板等。

2. 安全要求

(1)电脑正常使用与开关。

(2)维修工具正确使用与保管。

3. 工作思路

(1)学生根据前面学习的知识点分小组进行，通过支持、分工、协作完成工作任务。

任务工单：车间维修跟进及“三检”规范

(2)教师展示作业过程需要查阅的资料，并粗略分析此项任务的质量评定要点。

4. 任务实施方案工作记录表

任务实施方案工作记录见表5-2。

【任务评价】

1. 作业过程质量评价

(1)维修工作人员要做到：严格按照维修工单的修理项目进行修理。任何对工单的修改需经过顾客的同意。发现工单维修项目与实际不符或发现顾客没发现的问题，及时向维修接待员汇报。

(2)维修接待员对反馈的问题，重新估算价格和时间，及时通知顾客并征求顾客的意见，得到确认后，更改委托书并通知车间技工。

质检环节考核点：

①核维修委托书，确保所有要求的工作全部完成。

②按照检验规范进行检验。

③必要时维修接待员和主修技术员一同进行路试。

④检验不合格的车辆按照程序进行处理，并及时通知维修接待员。

⑤对检验过程中发现的问题，进行评估，告知维修接待员，由维修接待员与顾客协商。

⑥发现的任何问题都要记录在委托书上。

⑦使用质量保证卡。

⑧确保车辆得到彻底清洁。

⑨及时通知维修接待员进行内部交车。

⑩向维修接待员说明车辆维修情况和质量状况。

⑪告知维修接待员有些零件的剩余使用寿命。

⑫任何需维修但未执行的工作都应记录在委托书上。

⑬将车停放在竣工车停车位。

2. 以学习小组为单位，按照项目任务的评价内容与评价标准进行评价(任务评价表详见附录)

(1)评价项目：知识掌握占40%，任务完成情况占40%，职业素养占20%。

(2)评价方式：组内自评占30%，组间互评占30%，教师评价占40%。

【任务拓展】

有效利用维修作业管理看板

维修管理看板是企业实现有序、可视管理的重要组成部分(表5-6)。

表5-6 维修作业管理看板

序号	派工单编号	维修技师	接车时间	车牌号	维修状态	预计交车时间	服务接待	备注

【思考题】

1. 简述对于车间一、二、三级检查实施规范的理解。

2. 简述对于车间调度员岗位的理解。

【项目任务】

任务 4 交车/结算

【任务分析】

引导学生掌握 4S 店维修接待/服务顾问(SA)向客户提供交车/结算服务的全部流程和工作要领,陪同客户共同检查竣工车辆,在车旁通过可视化的说明,展示维修成果,解释消费内容,让客户清楚确认服务承诺已实现,从而展现专业、可靠的服务品牌形象,超越客户期望,提高客户满意度,最终获得“双赢”。

【相关知识】

一、交车准备

(一)交车前准备工作

在顾客来接车之前,维修接待员提前进行以下准备工作:

(1)客户交代的工作已完成。

(2)确认账单项目及状态,打印结算预览。

(3)车辆检查,确认车辆保养修复后的效果。

(二)维修费用解释

顾客到维修服务企业后,维修接待员接待顾客,向顾客解释车辆的维修情况和结算单内容。这么做是为了尊重顾客的知情权,消除顾客的疑虑,让顾客明白消费,提高顾客满意度。维修接待员应主动向顾客解释清楚结算单上的有关内容,特别是维修项目工时费用和配件材料费用,让顾客放心。如果实际费用与估算的费用有差异,需向顾客解释说明原因,得到顾客的认同。

如果是常规维护,维修接待员应给顾客一份维护记录单,告诉顾客下次维护的时间或里程、需要更换的常规件和相应里程需作业的常规项目及有关注意事项,同时在车辆维护手册上做好记录。如果是故障维修,维修接待员应告诉顾客故障原因、维修过程。结算单一般一式两份,顾客联给顾客带走,另一联由维修服务企业的财务部门留存。

维修接待员工作需注意以下要点:

(1)将费用预览单向客户逐项解释费用的构成,将填写好的保养维修手册展示并还给客户。

(2)针对客户为未同意处理的项目向客户解释维修的原因并请客户在终检单上签字,维修后客户享有的保修政策;针对召回、厂家技术升级和客户不同意维修涉及安全的项目,客户需签署免责协议。

(三)展示验车

维修接待员工作流程与要点:

(1)依据查车单及委托书,陪同客户检查车辆。

(2)向客户说明、展示车辆内外的清洁情况,向客户展示更换旧件及修复效果。

(3)说明车辆维修建议及使用的注意事项。

(4)说明备胎、随车工具已查,提醒客户下次保养的时间和里程。

(5)提示客户三日后的回访,询问客户方便的时间。

(6)当着客户的面取下防护三件套。

给予客户人性化关怀,体现物超所值的服务,在验车过程必须予以重视。

二、交车

交车是下次维修保养的开始,交付顾客一辆洁净的车辆非常重要。尤其是一些细节,如烟灰盒里的烟灰必须倒掉,时钟要调正确,座椅位置调正确,汽车外观的保养占用的时间很少,却能得到事半功倍的效果。

“额外的举手之劳”常常会在很大程度上增加顾客的满意度。体现物超所值的服务,是交车工作必须重视的。在完成车辆离开的相关手续后,维修接待员应亲自将顾客送出门外,并提醒顾客下次维护时间和车辆下次应该修理的内容。

(一)交车准备

规范 1　原负责接待的维修接待员在确认已完成维修内容以后,及时与顾客取得联系,确定最终的交车时间和付款事宜等。

规范 2　维修接待员准备好维修合同、工单(对于保险修理的还要填写委托书)、结算书、报价单、旧配件、车钥匙及行驶证等。

规范 3　维修接待员打印有关质保条例及今后顾客车辆保养方面的建议。

规范 4　竣工车辆停放在竣工区,且车头朝向顾客离开的方向。

(二)交车过程

维修接待员陪同顾客检验竣工车辆,并解释签收。

说明 1　应先陪同顾客查看和核对车辆的修理情况,当着顾客的面取下座椅防尘套、方向盘防尘套和脚踏垫等保护设施。

说明 2　属非索赔件的修理,应将旧零件当面给顾客查看并返还给顾客。如果顾客要带走旧件,为顾客包装好,并放在顾客指示的位置(如行李舱);如果不需要,维修接待员放指定的地方,由维修服务中心负责将它们进行处理;如果是索赔件,则无需向顾客出示。

说明 3　维修接待员应用通俗易懂的语言向顾客解释维修项目内容及顾客的询问。顾客满意后请顾客在工单上签字确认。

说明 4　向顾客建议下次保养使用方面的注意事项。

说明 5　向顾客确认电话回访的时间和形式，预约下次保养时间，并做好记录。

（三）交车过程额外关怀

本着细节关怀、服务延伸、全程沟通原则，冷静对待此时客户的要求和抱怨，不强求客户，体现对客户的尊重和体谅。

交车时可以增加一点额外的服务：按照顾客要求完成维修后，业务接待员就基本完成了工作。但是还可以多做一点点，使顾客对维修业务接待人员的关怀体贴产生深刻印象，这不会增加任何额外费用，但的确能够获得顾客的好感。

在工作过程中，你可能注意到一些顾客尚未察觉的问题。你作为维修业务接待人员所提的一些专业建议，有可能防止一些故障重新发生。通常在交付维修车辆时，可以口头或以信息卡的形式提出这些建议（包括维修时已经处理过的，提醒顾客今后注意），例如：

（1）发现离合器盘过早磨损，则建议顾客开车时不要将脚放在离合器踏板上。

（2）消声器的螺丝松了，我们已帮您拧紧了。

（3）驻车制动器操纵杆行程太大，这可能导致驻车制动器失灵，我们已经调整了。

（4）4 个轮胎的胎压都太高，这会加速轮胎磨损，所以我们已将它调整至规范值。

（5）您的备胎气压只有 60 千帕（0.6 bar），我们已增加至 250 千帕（2.5 bar），以确保随时能用。

（6）保险丝盒里已经没有备用保险丝了，建议买几条备用。

（7）加速/制动/离合器踏板橡皮已经磨光了，建议更换，否则雨天可能打滑。

（8）换挡杆防尘套已经破裂，车外噪声会由此传入，换上新的会安静得多。

（9）千斤顶松了，在行李舱内晃荡作响，我们已将其放入固定夹中。

（10）发动机盖不能平顺开关，我们已给发动机盖铰链加了润滑油。

（11）车窗喷洗液喷嘴被车蜡堵住了，喷洗液喷不出来，我们已将车蜡清除了，但是以后打蜡时要注意。

三、结算

（一）结算说明

说明 1　维修接待员陪顾客到收银台结账，同时将顾客车钥匙、行驶证交车辆调度员。

说明 2　收银员必须站立，且面带微笑地为顾客服务。

说明 3　出纳复核费用是否正确，并打印最终费用清单。

说明 4　维修接待员依据最终费用清单向顾客解释各个维修项目及费用。

说明 5　提醒顾客再次确认维修费用，并请顾客签字确认。

说明 6　复查修理说明，确保字迹清楚、论述充分以便于顾客理解。

说明 7　付款结账，须在工单上作“付讫”标记，将发票和提车联交给顾客，并提醒顾客点清和妥善保管。

说明 8　结账结束后收银员需向顾客表示感谢，并祝顾客平安。

说明 9　维修接待员将打印好的有关质保条例及今后顾客车辆使用方面的建议交给顾客，并请顾客保存好。

给顾客说明完以后，引导顾客到收银台打印结算单和结算。结算单是顾客结算修理费用的依据，结算单中包括：顾客信息、顾客车辆信息、维修企业信息、维修项目及费用信息、附加信息和顾客签字等。顾客签字意味着顾客认可维修项目及费用。财务人员负责办理收款、开发票、开出门证等手续。结算应该准确高效，避免顾客等待时间过长。

(二)结算要求

维修接待员陪顾客到收银台结账；收银员必须站立，且面带微笑地为顾客服务；检查出纳复核费用是否正确，并打印最终费用清单；维修接待员依据最终费用清单向顾客解释各个维修项目及费用；提醒顾客再次确认维修费用，并请顾客签字确认；复查修理说明，确保字迹清楚、论述充分；付款结账，须在工单上作“付讫”标记，将发票和提车联交给顾客，并提醒顾客点清和妥善保管；结账后收银员需向顾客表示感谢，并祝顾客平安。

(三)支付方式

可现金结算、支票结算、信用卡结算、汇票结算。

(四)与顾客告别

(1)维修接待员将电话号码留给顾客，便于顾客发现问题打电话反馈。

(2)车辆调度人员将顾客车辆开至业务大厅门口，并将车钥匙、行驶证交给顾客。

(3)维修接待员同顾客到其汽车旁边并送顾客到维修站门口。

与顾客道别，表示谢意，并欢迎下次光临。目送顾客，直至看不到顾客，方可转身离去。

(4)交车服务(包括付费和取车时间)应控制在 10 分钟以内。

(5)送走顾客后有关人员将该维修顾客车辆维修资料的变更部分输入电脑，完善顾客档案，并存档。

(6)车间主管将工单索赔联交索赔员，维修联、存档联装入顾客档案袋。

【任务实施】

1. 实施条件

(1)汽车售后理实一体化教室。

(2)一台性能良好或有故障的汽车。

(3)有关故障备件、防护三件套。

(4)电脑、传真、文件夹、车辆结算单、纸张等。

2. 安全要求

(1)电脑正常使用与开关。

(2)车辆正确开启与演示。

3.工作思路

(1)学生根据前面学习的知识点分小组进行，通过支持、分工、协作完成工作任务。

任务工单：

客户李先生未经预约(应约)来店做4万公里保养，当服务顾问询问近期车况时，客户反映：该车出现跑偏的现象，并已持续一两周。在环检、问诊、派单后，按约定时间服务顾问按时将质检好的车辆交付给李先生，并陪同李先生结算缴款，在缴款过程中李先生希望能享受打折优惠。除了正常交车、结算外，作为服务顾问，你怎么处理？你会针对客户车辆提出怎样的关怀服务？至少要体现我们维修站免费维修的两项关怀，此时假若正值炎热夏季，你会给客户怎样更多的人文关怀？

(2)教师展示作业过程的相关资料，并详细讲解考核要点和分值比例。

4.任务实施方案工作记录表

任务实施方案工作记录见表5-2。

【任务评价】

1.作业过程质量评价

作业过程质量评价表5-7。

表5-7　交车流程考核明细表

编号	条目	动作	优	有	无
1	验车关怀及账单解释	及时的完工通知			
2		告知客户已亲自进行了检验			
3		邀请客户一起验车			
4		当客户的面拆下服务防护用品			
5		向客户解释服务内容并展示成果			
6		向客户解释服务收费			
7		车辆的清洁程度			
8		洗车满意度确认			
9		服务顾问确认客户对服务项目及费用的解释说明无疑问			
10		主动提醒下次保养时间或里程			
11		询问客户期望的回访联系方式和联系时间			
12		服务顾问陪同客户去结算			
13		服务顾问向收银员介绍客户			
14	结账关怀	起身问候客户			
15		尊称客户			
16		感谢客户			
17		递送文件			

续表 5-7

编号	条目	动作	优	有	无
18	和保养/维修前的预估相比，是否增加了项目				
19	预估准确率（工单预估和结算单对比）	服务时间			
20		服务费用			
21	送别关怀	提醒客户带好所有私人物品			
22		为客户打开车门			
23		提醒客户调整座椅或后视镜			
24		车辆设定未被更改（包括后视镜、座椅或任何电子配置）			
25		推广预约或鼓励预约			
26		对客户来店表示感谢			
27		为客户关上车门			
28		向客户挥手告别			
29		目送客户离开			

2. 以学习小组为单位，按照项目任务的评价内容与评价标准进行评价（任务评价表详见附录）

（1）评价项目：知识掌握占 40%，任务完成情况占 40%，职业素养占 20%。

（2）评价方式：组内自评占 30%，组间互评占 30%，教师评价占 40%。

【任务拓展】

客户关怀及问答话术

1. 为什么我的车感觉在冬季使用时油耗特别高？（适用于温度较低地区）

要点：

（1）气温较低冷车启动发动机时，为使发动机尽快达到最佳工作温度，制动系统会增加喷油量，转速提高，导致热车期间油耗增加，尤其频繁熄火和启动车辆，油耗会更高。

（2）温度较低时，机油未达到最佳润滑效果，发动机工作阻力变大，导致油耗升高。

（3）冬季路面较差，车辆行驶速度较低，如遇冰雪路况，频繁起步会导致油耗升高。

结论：车辆在冬天的油耗稍高，这是正常现象。

建议：热车时间不宜过长；为降低油耗，尽量减少冰雪天行驶，减少频繁的熄火和启动车辆；冬季低温时尽量使用高级别合成机油。

2. 劣质燃油对车辆有何影响？

要点：

（1）使用劣质燃油会导致发动机产生积炭，导致发动机出现噪声、动力不足等现象。

（2）劣质燃油中的胶质和杂质会堵塞燃油供给系统部件，例如，喷油嘴、燃油泵、燃油滤清器、管路等，造成发动机性能下降，甚至出现故障，如熄火、无法启动等，严重时甚至导致发动机损坏等严重后果。

结论：劣质燃油会影响发动机性能及使用寿命，从而影响车辆的动力性和燃油经济性，甚至造成无法挽回的损失。

建议：使用正规加油站燃油；如果使用劣质燃油产生问题时，建议到×××授权服务中心处对燃油系统进行彻底清洗。

3. 为什么要定期进行轮胎换位？

要点：由于前后轮胎压、负荷、摩擦力等，轮胎的磨损程度也会不均匀，正确的轮胎换位能保证各个轮胎均匀磨损，延长轮胎的整体使用寿命。

结论：需要定期进行轮胎换位。

建议：如出现异常磨损，请及时与一汽轿车授权服务中心联系。

【思考题】

1. 交车前检查的好处有哪些？
2. 关怀客户的技巧有哪些？

【项目任务】

任务5　跟踪回访及异议处理

【任务分析】

完成跟踪回访及异议处理作业，必须熟悉跟踪回访及处理流程，掌握工作要点，明确流程规范和细节要求，依据作业过程质量评价标准，配备汽车、电话任务工具。

【相关知识】

一、跟踪回访

对维修客户进行跟踪回访是企业服务的重要环节，通过跟踪回访企业可以达到减少客户投诉、增加客户满意度、培养忠诚客户群的目的。

（一）跟踪回访的目的

(1)有效提升客户的满意度。

(2)掌握维修站存在的不足。

(3)更好地了解客户的期望和需求。

(4)跟踪回访是一次成功服务邀约的开始。

后续跟踪服务是一项整体行为，高层管理人员应将其作为增强员工服务意识、改进工作作风、提高服务质量和水平的一项重要举措,要确保落实后续服务中所反映出来的问题的改进工作及事后改进的督促和检查,使其真正发挥后续跟踪服务的作用,促进服务和维修工作上一个新的台阶。

(二)客户期望

(1)专业的知识。
(2)良好的电话礼仪。
(3)不想过多地被打扰。

(三)跟踪回访流程图

跟踪回访流程见图 5-7。

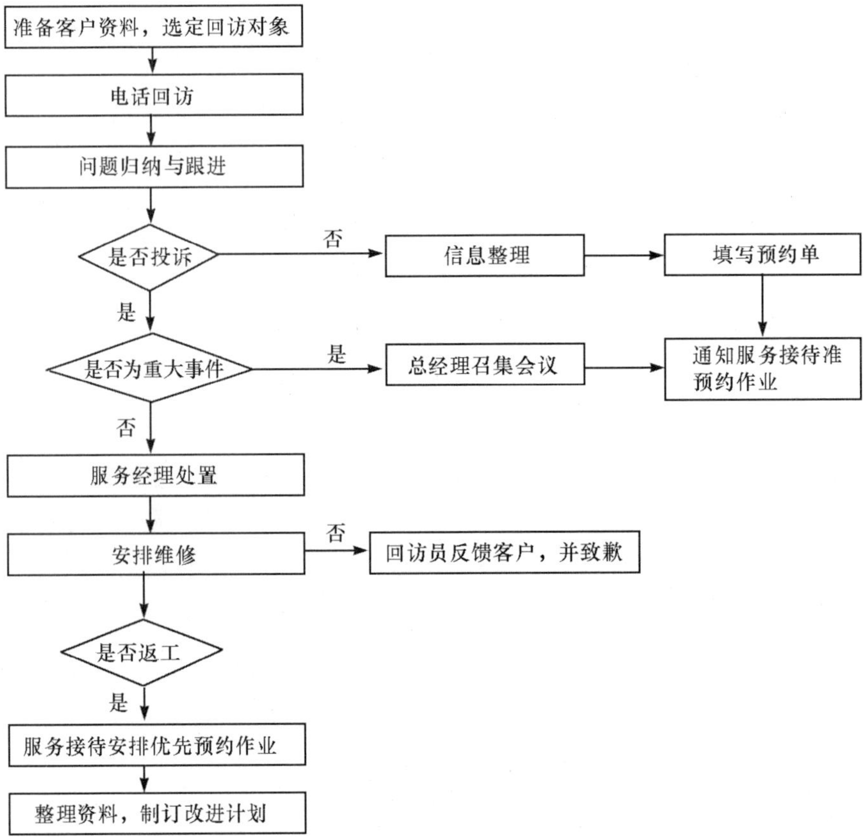

图 5-7 跟踪回访流程

(四)跟踪回访标准话术

1.三日后跟踪回访话术

您好:请问您是×先生/女士吗?我是潍坊××客服中心的宋××,很抱歉打扰您,请问您现在方便接听我们的回访电话吗?可以,是这样的我看到您在××月××日到维修站做过×

×公里的保养/维修了，是吧？我们是想跟踪回访一下，您最近几天的车辆使用情况还好吗？您对我们本次提供的服务还满意吗？麻烦您对我们的服务打个分：1～10 分制，您给我们的服务打几分呢？好的，非常感谢您对我们工作的肯定。请问×先生/女士，在您刚进维修站时，我们的工作人员有没有对咱这台车做一个环车检查呢？保养维修完毕后，我们的服务人员有没有陪同您一块检查一下咱们本次保养维修的成果呢？好的，谢谢您！那最后我们的服务人员有没有拜托您如果近期内接到一个 028 开头的回访电话时，请您帮个忙对我们的服务都打个满分 10 分或者回答是呢？如果车辆使用过程中有什么问题的话，请您随时拨打我们的 24 小时服务电话 8677188，好的，非常感谢您接受我们的回访，祝您愉快，再见！

2.保养到期提醒

×先生/女士：

您好，我是××客服中心的孙珊，很抱歉打扰您了，请问您现在接听电话方便吗？根据系统提示，是这样的，我们提醒您一下，您的爱车快 3 个月没保养了，现在跑了多少里程了？建议您近期到维修站进行保养；我们店现在推出预约服务，您如果预约的话可以享受到站零等待，另外在我们预约时间段预约进站可送原厂玻璃水一瓶；请问您最近几天有时间吗？那我帮您做个预约登记；您可以提前一天拨打我们的预约电话 8677288 进行预约。祝您生活愉快，再见！

3.流失客户提醒

您好！我是潍坊××客服中心的××，您是×先生是吗？很抱歉打扰您一下！我们系统显示您开着一辆××车，请问您的车最近使用情况怎么样？里程跑到多少了？近期有没有做保养？

A：如果没做。提醒保养时间到了，希望到站保养一下还可以顺便做一下检测。

B：如果做了。问一下在哪做的保养。

客户愿意再来保养维修的：可以告之客户预约电话。我们会安排好工位迎接您的到来，而且还会有礼品相赠。

4.新车首保提醒

您好！我是潍坊××客服中心的×××，请问您是×先生/女士吗？您现在方便接听电话吗？您在×月购买了一辆××车，现在使用情况挺好吧？行驶了多少公里了？我们提醒一下您新车首保时间是行驶 4 000～5 000 公里或 3 个月，两者以先到为准，您看最近两天有时间吗？我可以给您做一下预约，这样比较节省您的时间，也不用排队等待，我们将会预留好工位，请您带好保养手册和行驶证准时到站保养。感谢您接受回访！祝您愉快，再见！

如果这两天不做保养，我们的预约电话是 8677288，您可以提前预约，我们将会预留好工位迎接您的到来！感谢您接受回访，祝您愉快，再见！

(五)回访环节执行要点

(1)特约售后服务中心必须设立专职的回访人员和独立的回访电话。

(2)回访专员必须充分了解客户资料、维修信息后，根据业务接待和用户确定的回访时间进行回访，如客户不方便回访，应另约定回访时间有针对性地回访沟通。

(3)定期进行回访信息的整理和分析，确保落实后续回访中反映出来的问题进行工作改进及事后改进的督促和检查。

二、异议处理

能否有效地处理投诉事件，化解客户异议，使客户满意，直接反映企业的服务能力，也是考核服务顾问的重要能力指标。

（一）确定有异议问题处理对象

对出故障的客户进行跟踪；对大修车辆主动跟踪；对经历过服务失误的客户进行跟踪。

（二）跟踪回访中有异议处理流程

跟踪回访中有异议处理流程见图 5-8。

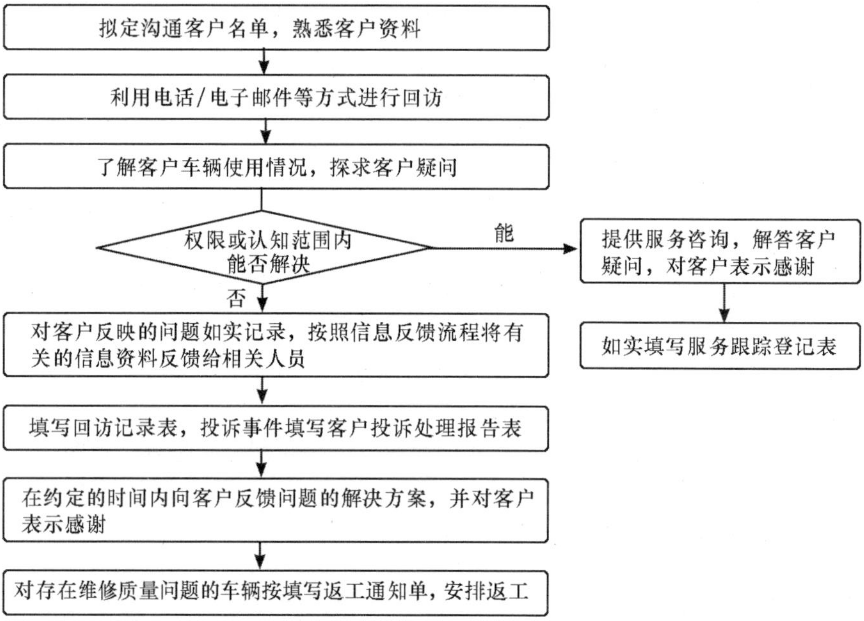

图 5-8　异议处理流程

（三）跟踪回访的技巧

（1）最好在维修一周之内打电话询问用户是否对服务满意。

（2）建议使用标准语言，发音要自然、友善。

（3）不要找借口搪塞，而要如实记录客户投诉内容，并告知客户反馈时间。

（4）不做职权外的承诺或答应客户职权外的条件。

（5）服务接待就要严格遵守约定时间。

（6）服务接待由于其他原因不能进行回访，需将客户信息告知客服人员，同时不要再以正常的回访话术回访客户。

(四)客户的抱怨处理

客户的抱怨处理对企业而言是一个更为经济和更为高效的了解客户期望和自身不足的途径。企业通过对客户抱怨处理前的调查和处理后的分析,可以准确把握客户抱怨产生的原因(期望和表现的差距原因),从而有机会和可能在体制、流程上采取必要的措施,以改善下一次对客户的服务表现。因此,客户投诉处理,不仅仅是一个解决客户抱怨的过程,它同样也是企业管理中的重要手段之一。

同时,通过对一个抱怨客户的妥善处置,一个不满意的客户完全有可能跨越式地成为企业的忠诚客户,这一点已经通过大量的证据和实例得到了证明。

客户投诉处理技巧:

(1)先处理心情,再处理事情。

(2)不回避。

(3)第一时间处理。

(4)找出原因,控制局面,以免节外生枝、事态扩大。

(5)必要时找领导参与,运用团队的力量解决问题。

(6)不要做职权外的承诺。

(7)诚意道歉,适当让步,合理赔偿。

【任务实施】

1.实施条件

(1)汽车售后理实一体化教室。

(2)一台性能良好或有故障的汽车。

(3)维修车间工作人员和顾客资料、回访话术资料。

(4)电话、电脑、文件夹、纸张等。

2.安全条件

注意电脑正确使用及开关。

3.工作思路

学生根据前面学习的知识点分小组进行,通过支持、分工、协作完成工作任务。

本环节是针对维修后跟踪回访和客户异议处理两种状况展开工作,注意话术演练。

4.任务实施方案工作记录

(1)小组领取任务工单,考核以模拟真实工作情境的形式进行,在规定时间内分角色模拟,完成任务过程。

任务工单:

顾客张先生的汽车车龄10年,出现发动机异响,经4S店大修后一个月再度出现异响。客户很是不满,大发雷霆。请分组进行模拟回访。

(2)教师展示作业过程的相关资料,并详细讲解考核要点和分值比例。

5.任务实施方案工作记录表

任务实施方案工作记录见表5-2。

【任务评价】

1. 作业过程质量评价

考核“10”注意

注意 1　打电话时为避免顾客觉得他的车辆有问题，建议使用规范语言，发音要自然、友善。

注意 2　不要讲话太快，一方面可给没有准备的顾客时间和机会回忆细节；另一方面避免顾客觉得你很忙。

注意 3　不要打断顾客的讲话，记下顾客的评语（批评、表扬）。

注意 4　交车一周之内打电话询问顾客是否满意。

注意 5　打回访电话的人要懂基本维修常识、沟通技巧。

注意 6　打电话时间要避开顾客的休息时间、会议高峰、活动高峰（9：00—11：00 和 16：00—18：30 比较合适）。

注意 7　如果顾客有抱怨，不要找借口搪塞，告诉顾客你已记下他的意见，并让顾客相信只要他愿意，有关人员会与他联系并解决问题。

注意 8　及时将跟踪结果向维修经理汇报，维修经理再与顾客联系，如属服务质量问题则将车开回进行维修，属服务态度问题的向顾客表示歉意，直至顾客满意。这样从预约开始到跟踪结束，形成一个闭环。总之要对顾客不满的原因进行分析并采取改进措施。

注意 9　对顾客的不合理要求进行恰当解释。

注意 10　回访后是否进行资料整理。

2. 以学习小组为单位，按照项目任务的评价内容与评价标准进行评价（任务评价表详见附录）

（1）评价项目：知识掌握占 40%，任务完成情况占 40%，职业素养占 20%。

（2）评价方式：组内自评占 30%，组间互评占 30%，教师评价占 40%。

【任务拓展】

某 4S 店 JDP 调查与服务顾问流程考核（表 5-8）

表 5-8　某 4S 店 JDP 调查与服务顾问流程考核表

1	在电话铃响 3 声内（音乐彩铃 10 s 内）接听电话
2	销售店人员主动问候、报出店名并主动询问您的电话来意
3	询问您希望预约到店的日期和时间
4	向您说明作业内容及所需时间
5	（主动）向您预估费用报价
6	复述到店时间并提醒您要准时到店
7	销售店人员在电话结束前使用恰当结束语，并且等您挂上电话后，销售店人员再挂电话
8	引导员佩戴工卡、胸牌或绶带
9	引导员礼貌地欢迎您的光临
10	引导员主动询问需要提供的服务类型
11	引导员引导您到正确的接待工位

续表 5-8

12	服务顾问立即出门迎接
13	服务顾问佩戴工卡或胸牌
14	服务顾问欢迎您的光临
15	服务顾问主动请您提供《保修手册》
16	服务顾问询问您的需求并在“施工单”上记录
17	服务顾问当您的面安装脚垫、座椅套及方向盘套
18	服务顾问引导您一起进行环车检查并进行书面记录(行驶里程、燃油标记、车身漆面有无损伤等)
19	服务顾问提醒您取走贵重物品
20	接待环节结束后,服务顾问锁好您车辆的门窗
21	服务顾问引导您到维修接待台前就座,并帮您开门和拉椅子
22	服务顾问名片后印了该店的地图
23	核对您的个人及车辆信息(包括姓名、电话、车牌号、行驶里程等)
24	服务顾问与您确认您以前的维修/保养情况
25	使用《保养项目及价格手册》将基本保养项目与养护项目分开向您说明
26	服务顾问使用施工单向您逐项说明本次保养需要涉及的项目
27	服务顾问使用施工单向您逐项说明本次保养的费用(工时和零件费分开说明)
28	服务顾问向您介绍定期保养项目及零部件价格公示板
29	服务顾问向您确认是否需要保留更换下来的旧零件
30	服务顾问复述您提出的每一项要求,并追问您是否有其他需求
31	服务顾问主动向您说明了预计的交车时间
32	请您确认是否清晰无疑问后,在“施工单-客户联”上签字并将施工单交给您作为提车凭证
33	服务顾问引导您到顾客休息区
34	服务员礼貌的向您问好,如您好等
35	服务顾问向您介绍顾客休息区的设施(简单介绍即可),如上网、杂志、电视、CS 看板等(必须介绍 CS 看板及用途,如您带有儿童,则必须介绍儿童休息区)
36	服务员或服务顾问及时为您提供四种茶水/饮料及免费餐食(如午餐、糖果、小点心等)
37	顾客在休息区时,有服务顾问去关怀您(至少一次),如倒饮料或提供茶点、水果等
38	服务顾问主动提醒车辆的保养和维修状态(必须当面提醒)
39	休息区的 CS 板有自己车辆的进度信息显示
40	服务顾问通知您的车辆已经完成保养
41	在约定的时间内完成保养的工作
42	向顾客强调在约定的时间内交车
43	服务顾问引导您到交车区向您展示维修保养效果
44	告知顾客您的保养需求全部完成,并且车辆故障(或提出的其他需求)全部解决或做出说明
45	服务顾问引导您到交车区告知您车辆内饰/外观已清洁

续表 5-8

46	车身整体无脏痕、无水迹
47	车内已吸尘
48	烟灰缸除尘清洁
49	地毯无灰尘油迹，且放置整齐
50	发动机舱整体已清洁干净
51	后备厢内无灰尘、水迹、油迹
52	轮胎已打蜡
53	服务顾问就车身钣金和油漆的状况与您复查确认
54	服务顾问向您展示旧件
55	您的车辆处于正确交车状态(停在交车区、车头朝外、门窗锁闭)
56	出示“施工单-车间联”背面的完工检查结果，施工单(背面)上有技师、组长、质检、服务顾问的签字
57	服务顾问使用“施工单”结合“实车(保养)检查表”，主动和逐项向您说明所完成的保养项目
58	出示“结算单”，说明每项作业费用明细及总费用
59	服务顾问向您说明结算单上的作业检查结果及建议
60	结算费用没有超过预估费用
61	服务顾问跟您约定方便联系的时间段，如上午、下午、随时等
62	服务顾问确认清晰无疑问后，请您在结算单上签字确认
63	服务顾问陪同您到收银处
64	服务顾问向收银员说明付款总额和付款方式
65	结算完成后，收银员或服务顾问将结算单副本、发票、维修保养手册放在保养提醒信封中，双手呈送交给您
66	服务顾问是否向您建议下次保养时间，并且在保养提醒信封上有保养建议时间
67	结算完成后，服务顾问引导您回到交车区
68	告知顾客座椅、空调、CD可能被调整，但已经恢复原状
69	《保修手册》相应位置有本次保养的记录
70	服务顾问当面撤去脚垫、方向盘套和座椅套
71	服务顾问引导车辆离开
72	服务顾问向您道别感谢并欢迎下次光临
73	服务顾问目送您离店

【思考题】

1. 跟踪服务对维修企业的好处有哪些？
2. 客户抱怨处理技巧有哪些？
3. 流失客户回访技巧与话术有哪些？

项目六　汽车维修企业车间管理

学习资料

【项目学习目标】

通过对汽车维修企业车间管理的学习，结合实际车间管理流程，培养学生良好的团队合作意识、自我管理思想，理解企业利益和个人利益密切相关，具备汽车维修企业车间管理者潜质。通过对本项目学习，能够更好地与同事配合，遵守劳动纪律，优质完成客户服务。

【项目任务】

任务1　汽车维修车间管理构架与“5S”质量控制

【任务分析】

为实施汽车维修质量全面管理，将管理工作的各项内容分别落实到一定的责任机构和责任人。本任务需达成以下任务目标：了解汽车维修企业车间管理构架；熟悉“5S”管理方法，分组对照工单布置实训车间；各组在布置好的实训车间分别设置“考验点”，互相考察按照“5S”管理方法布置车间的规范程度。

【相关知识】

到过丰田汽车公司的人，大多会被丰田的员工所震撼，因为丰田的员工不仅工作认真负责，还会为公司贡献各种小“点子”，以消除工作中的各种浪费、降低制造成本。人们不会被你的产品所感动，只会被你的员工感动。在丰田员工工作现场，就会看到丰田员工是那么认真地对待工作，那么投入地致力于每一个细节的改善。

为什么丰田员工这么认真与专注？为什么丰田员工这么致力于为企业付出？根源在于企业管理体系。正是高水平的管理体系改变、塑造、成就了高水平的员工。

维修车间可以说是汽车维修企业的最核心组成部分，维修企业的核心服务内容是通过在维修车间里的维修作业来实现的；业务接待对客户做的各种承诺都是通过维修车间来实现的；客户的满意度、汽车的维修质量、汽车维修企业的效益都是在车间里产生的，在维修生产管理中应当遵循以下三个导向，即以客户满意为导向，以维修质量为导向，以企业效益为导向。

一、提高客户的满意程度是汽车维修企业车间管理的首要导向

提高客户的满意程度是汽车维修企业全体员工的努力方向。客户满意意味着客户下次还会光顾维修企业，拥有大批满意的客户是一个维修企业长远发展的前提条件。因此，维修企业经营管理者首先应当充分了解客户期望，围绕客户的期望积极开展工作，争取实现客户充分满意。

一般来说，来店维修的客户对维修车间有下列基本期望：

(1)等待时间短，检查全面仔细，维修速度快，故障排除准确，配件质量可靠。

(2)维修费用要同预算的费用基本一致。

(3)服务态度热情、友好。

(4)车辆不要划伤车漆、弄脏内饰、遗失车内物品。

(5)维修车间要全面地实现业务接待对客户的承诺。

客户期望不能被满足就会失望、不满甚至抱怨、投诉，影响维修企业车间效益。维修企业车间管理人员应督促全体员工，充分理解客户的这些期望，树立让客户满意、确保维修质量的思想观念，并贯彻落实到具体的维修管理工作中去。

二、提高维修质量是汽车维修企业车间管理的基础导向

提供系统化的汽车售后服务并保证维修质量，越来越成为赢得市场、吸引客户的主要竞争力。研究表明：100 个满意的客户会带来 25 个新客户，每收到 1 次投诉意味着 20 个客户有同感，获得 1 个新客户的成本是保持 1 个满意用户成本的 5 倍。这就说明了保持较高维修质量的重要性。特约售后服务中心要以提高维修质量为己任，使每个维修都能得到客户的认可，进而带来更多的客源。

根据汽车维修企业的特点，企业的技术性与服务性贯穿于维修服务流程的始终，因而汽车维修企业的质量既包含产品质量又包含服务质量。汽车维修企业向客户提供的产品既是一种技术支持，又是一种服务的综合体，因此维修质量与服务质量密不可分，相辅相成。全面、系统、持续地追求维修产品质量至关重要，维修车间管理工作的出发点之一就是保证向客户提供合格的汽车维修服务产品，并且不断改进、提高维修质量水平。

三、增收节支、提高企业效益是汽车维修企业车间生存、发展的前提导向

维修企业在追求客户的满意和社会效益的基础上追求企业利益的最大化。企业没有必要的利润，提升客户满意和社会效益只是“海市蜃楼”，没有客户满意和社会效益，企业效益也不会长久，因此，以企业效益为导向是企业的发展要求。维修企业的效益与业务接待有直接关系，而整个工作是在维修车间实现的，维修车间的管理工作也必然以经济效益为导向。这就要求生产管理工作注重维修效率，注重合理的派工调度，避免窝工现象；注重各工种、各工序的合理衔接；注重工位的充分利用。

四、维修生产管理模式

如何从维修生产组织结构或者说管理模式上保证遵循客户满意导向、维修质量导向、企业效益导向的原则呢？在这里推荐两种维修生产管理模式，即传统管理模式和团队式管理模式。这两种管理模式在现代维修企业中都得到广泛采用，也各有其优势和不足。到底采用哪一种管理模式，如何发挥优势、抑制不足，可根据维修企业的管理习惯、人员素质、主修车型特点自定。

1. 传统管理模式

传统管理模式是一种出现比较早，时间比较长的模式，是从机械制造业维修车间的管理模式中衍化而来的一种管理模式。在这种模式下，维修企业的部门设置、部门内部的岗位设置、人员岗位分工比较细致，各有其职责范围。具体来说，前台业务接待与维修车间为两个部门，前台业务接待部门负责与客户接触的一系列接待工作，即预约、接车检查、开任务委托书、向车间传递维修任务、结算交车、跟踪回访等工作，维修车间负责接受前台的维修任务委托书，向各维修班组或维修技师下达维修任务（开派工单）、维修作业、质量检查、路试，并向前台进行维修生产信息反馈及技术质量信息反馈工作。车间调度员负责与维修人员有关的生产管理工作，前台业务接待与维修车间的任务传递是通过车间调度员来实现的，即业务接待将待修车辆以及任务委托书交由车间调度员，再由车间调度员根据任务委托书以及车间生产情况开具派工单，对各班组实行派工处理。在维修生产中，维修进度、各维修工序的衔接由车间调度员来进行统一协调、控制，车间调度员便是车间的控制中心。质检员负责维修车辆的中间检验、竣工检验以及维修质量的检查、监督、记录工作。试车员负责承修车辆的道路试验工作。

传统管理模式下的组织结构，如图 6-1 所示。

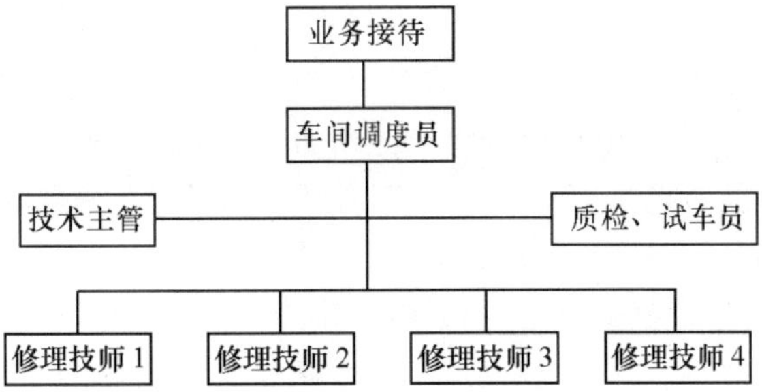

图 6-1　传统管理模式下的组织结构

2. 团队式管理模式

团队式管理模式是相对于传统管理模式而言的，团队式管理模式以前仅应用于小型维修企业。近年来，随着品牌专修企业的不断发展，维修企业服务意识的增强，为避免传统管理模式的一些弊端，后逐渐引入团队式管理模式，并赋予一些新的含义，这样使得团队式管理模式有了较大的发展。

团队式管理模式就是将维修人员分成几个大的班组，由 1 名业务接待带领 1 个班组组成 1 个维修团队。每个维修团队就像一个组织严密的小型维修企业，整个维修组织由这样的若干个维修团队组成。在团队式管理模式中，业务接待不仅负责与客户接触的一系列工作，即预约、接车检查/开任务委托书、结算交车、跟踪回访等，而且还担负维修生产派工、维修进度控制、各维修工序的衔接等生产管理工作。在这种模式中，取消了车间调度员岗位，由业务接待（也就是该维修团队的管理者）直接对维修班组进行生产管理。为简化派工手续，业务接待可直接向维修人员下达任务委托书进行派工，而不需再另开派工单。在维修生产中，维修进度、各维修工序的衔接由业务接待来进行统一协调、控制，业务接待便是维修车间的几个班组的核心。质检员负责对维修车辆的中间检验、竣工检验以及维修质量的检查、监督、记录工作。试车员负责承修车辆的道路试验工作。

团队式管理模式的组织结构如图 6-2 所示。

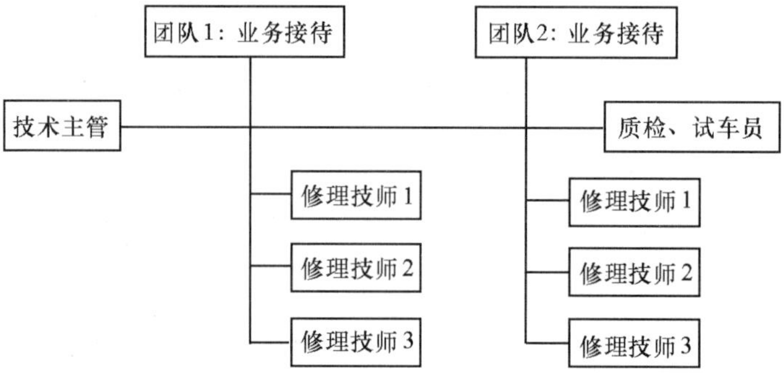

图 6-2 团队式管理模式下的组织结构

3.传统管理模式与团队式管理模式的比较

传统管理模式与团队式管理模式比较如下：

（1）与客户沟通方面：在传统管理模式中，业务接待与维修人员在一般情况下无直接接触，维修作业指令是通过车间调度员来实现的，维修进度信息、技术质量信息也是通过车间调度员向业务接待反馈的，因此信息传递渠道比较长，信息传递效率、准确性也就较低；而在团队式管理模式中，业务接待既与客户沟通，又与维修人员直接联系，能够及时地将客户的要求和意见传达到维修人员，能够及时地将维修生产进度、技术质量信息传递给客户。业务接待起着一个桥梁、纽带的作用。因此在与客户沟通方面，团队式管理模式有一定的优势。

（2）保证维修质量方面：在两种管理模式中，维修车间都需要配备技术主管、质检员和试车员，也都需要维修车间执行“三级检验制度”，即维修技师的自检、维修班组之间的自检互检、中间过程检验和质检员的最终检验。在团队式管理模式中，由于业务接待的技术素质较高，加上从客户到维修车间的信息传递通畅，这将有助于提高维修质量。

（3）维修服务效率方面：维修服务效率分为业务接待效率和维修作业效率。在团队式管理模式中，如果客户进厂时间比较集中，业务接待不仅要接待客户，还要处理维修班组的管理工作，如果处理不好将有可能出现不顾前后的现象，这样将影响接待效率，造成客户等待时间长的问题或维修班组出现窝工的现象。在传统管理模式中，维修车辆及维修指令的传递是通过车间调度员来完成的，在车辆进厂时间比较集中时，如果调度员处理不当也有可能出现“瓶颈”现象，即许多车等着调度员安排维修，许多维修班组等着维修任务，一旦由于调度员在某一事物的处理上耽搁一点时间，将会影响整个维修生产的效率。因此，在传统管理模式中，就维修生产效率而言，调度员是最关键的环节。

(4)维修车间的内部合作方面：团队式管理模式更加注重团队精神，有利于团队内部人员之间的密切合作。这种模式中的维修人员之间横向联系比较密切，如果有问题可直接由业务接待来进行协调调度。而传统管理模式中只是要求维修人员完成派工单的任务指令即可，维修人员之间的横向合作比较少。

(5)人员素质要求方面：团队式管理模式中业务接待不但充当接待的角色，还要负责管理自己所带的团队，进行生产管理，充当维修调度员的角色，对其综合素质要求较高。一名好的业务接待不但要懂得接待客户，具备汽车维修经验、故障诊断技能，还要具备生产管理、指挥调度的能力。在传统管理模式中，业务接待不需要具备生产管理能力，恰恰相反，要求调度员具备较好的生产管理能力，另外还要求调度员具备与业务接待、维修人员之间的良好内部沟通能力，有丰富的维修实践经验和计划协调能力等。

五、"5S"管理方法

传统"5S"是整理、整顿、清扫、清洁和素养这 5 个词的缩写。因为这 5 个词日语中罗马拼音的第一个字母都是"S"，所以简称为"5S"。"5S"起源于日本，是指在生产现场对人员、机器、材料、方法等生产要素进行有效管理，这是日本企业独特的一种管理办法。开展以整理、整顿、清扫、清洁和素养为内容的活动，称为"5S"活动。"5S"活动的对象是现场的"环境"，它对生产现场环境全局进行综合考虑，并制订切实可行的计划与措施，从而达到规范化管理。随着越来越多的外资企业进入，"5S"管理"逐渐被国人所了解，并在国内部分企业中开花结果。

现代管理引入安全(safety)和速度/节约(speed/saving)的概念，成为新的"7S"概念。

本书要介绍的"5S"：筛选(sift)、分类(sort)、清洁(sweep)、保持(sustain)、自律(self-discipline)，是汽车维修企业基于日本"5S"管理方法改进而来，管理方法的精神核心并未改变。

六、影响维修质量的 6 个因素

影响维修质量的 6 个最主要因素是：①维修技工；②维修设备；③车辆；④维修场地；⑤维修方法；⑥测量方法。

七、"5S"管理方法对维修质量的影响

■ 筛选(sift)

把必要的东西与不必要的东西明确地、严格地区分，不必要的东西要尽快处理。维修过程中经常会有一些废件、报废工具、残余物料滞留在现场，如不及时清除，不仅使现场环境变得凌乱，造成安全生产隐患，也易造成工具、物料的误用，从而影响维修质量。

■ 分类(sort)

对整理之后留在现场的必要物品分门别类放置，排列整齐，明确数量，有效标识。分类明确后，能够准确取用到需要的物品，保证一切工序符合《维修手册》规范。

■ 清洁(sweep)

将工作场所清扫干净,消除脏污,防止垃圾或灰尘的污染导致零部件品质不良。

■ 保持(sustain)

维持之前的3个“S”,保证维修质量的稳定。

■ 自律(self-discipline)

培养员工按规定行事的工作习惯,提高员工团队意识。通过符合规定的行为,促成稳定的、符合规范的维修质量。

八、通过“5S”管理方法对维修质量进行管理

“5S”管理是车间管理的基本原则,影响维修质量的6个因素均应采取“5S”理念进行管理。其中维修方法、测量方法基于各个车型的《维修手册》规定执行,其他因素管理规定如下:

1. 维修技工

■ 自律(self-discipline)

维修技工严格按照各车型的《维修手册》使用规范和合格的维修工具。

维修技工在使用前必须经过培训,具备“三好”(管好、用好、维护好)、“四会”(会使用、会维护、会检查、会排除故障)的基本功。

维修设备应在明显位置标示安全操作规程,内容包括:设备的使用范围和操作要点、设备的维护事项、严禁事项和事故紧急处理步骤等。维修技工要严格按照安全操作规程操作。

2. 维修设备

■ 分类(sort)

特约售后服务中心所有设备必须登记注册,并派专人实行计算机管理,保管、存放及领用均有专人负责。

工具箱要统一编号,各个工具箱内的工具用不同颜色区别,以防工具箱互用工具而混乱,放置工具的面板或格栅漆成白色,便于查找工具。

■ 自律(self-discipline)

采用定人、定机的设备管理制度,按照维护时间要求对设备进行维护,保持最佳工况定期检查基本工具,以确保工具齐全、完好有效。

专用工具应有专人保管并存放于专用工具间内,并由专人负责。

■ 清洁(sweep)

保持工具及工具存放区的干净、整洁有序。

专用和基本工具、设备使用后必须保证干净,应及时清洁和整理好,并有序地摆放在特定位置。

■ 保持(sustain)

定期检测标定所有测试装置,以确保测试装置可提供精确的诊断。

有专人负责维修设备的维护,保持设备的干净、整洁、有序。

对精密工具、设备必须在车间主管的领导下根据仪器的调校要求定期进行润滑、调校等工作。

3. 车辆维修状态

■ 分类(sort)

车辆的维修状态主要分为正在修理、待修、待配件、待答复、返修5种情况。

车间使用不同颜色的标识牌来区分车辆的各种维修状态。此标识牌应带有弱磁性,可吸附在车顶。

4. 维修场地

■ 分类(sort)

应将车间所有的物品归类:把永远不可能用到的物品清理掉,把长期不用,但有潜在可用性的物品于指定地方放置,把经常使用的物品放在容易取到的地方。

车间内区域划分应有标识,快修区、一般修理区、钣金区、油漆区应有相应的标识牌。

维修工位标出号码,号码标在地面上,属于该工位的各类箱子也标出号码,号码和工位号码一致。

每个工位的举升机地面凸起部位均以黄色边框警示,相邻工位间隔0.7米为宜,在相邻通道间以黄色分区边框标志出工具车停放位置,在每个工位底线处,以黄色分区边框标志出3个配件箱(新件、废件、待处理件)放置处。

垃圾箱配备:按车间布局,工位就近放置"废纸""金属体""橡胶、塑料"3种垃圾桶,并注明标记。

■ 保持(sustain)

车间通道要通畅,无阻碍物。每个工位必须配备一辆工具小车和一套常用工具。工具车的工具摆放应符合要求,工具小车内不得摆放配件。

九、案例级别分类

(一)案例级别分类原则

根据车辆问题的性质、危害程度和发生频率,对车辆在使用过程中出现的故障、缺陷及其他现象进行优先级别的分类。主要涉及产品设计、制造工艺、装配质量、零部件质量、车辆使用等范畴。

(二)案例级别分类对象

对象:在索赔期限内出现的,以及在索赔期限外出现的、非正常的车辆问题或现象。

(三)案例级别分类的具体级别及定义

■ A类:危害性或批量性质量问题

1. 危害性质量问题

该问题可能由于产品设计、制造工艺、装配质量、零部件(或售后配件)质量等因素引起,并且可能或已经引起重大安全事故及人身伤害的情况。

重大或涉及安全方面的质量问题和潜在隐患。例如,发动机严重损毁、制动失效、底盘部件断裂、车身(底盘)结构变形或松脱、线路或执行部件异常过热等情况。

已经或可能发生重大财产及人身伤亡事故。例如，由于交通事故、车辆烧毁等引起的有关产品质量的投诉。

客户有过激行动的投诉。

公关媒体、政府相关部门已介入的客户投诉。

2.批量性质量问题

该问题可能由于产品设计、制造工艺、装配质量、零部件（或售后配件）质量等因素引起，且发生频率超出正常概率，或者发生该类问题的地域波及全国范围，修复所需的配件数量（或金额）超出特约售后服务中心售后正常库存数量（或权限）。

异常发生频率的主要评价指标意为，当特约售后服务中心发现同一车型在以下情况中发生相同的问题时，可视为A类。

在一周内累计的数量超过3台/次。

在一个月内累计的数量超过10台/次。

或者在以下情况也可视为A类：

在某一特定地区产生的超出正常概率问题。

在某一特定季节/时间段产生的超出正常概率问题。

在某一特定客户群中产生的超出正常概率问题。

在某一特定环境/条件下产生的超出正常概率问题。

■ B类：重大质量问题

因制造工艺、装配质量、零部件质量引起的车辆故障或问题。并且无论数量多少，该问题可能或已经导致车辆无法正常使用。以下情况视为B类：

新车型上市后，在前3个月内发生的所有产品质量问题。

在特约售后服务中心首次出现的车辆故障或质量问题。

该问题以前曾经发生过，虽然通过质量改进得到解决，但同样的问题现在再次发生。

同一车辆的质量问题或故障在特约售后服务中心两次以上无法修复的疑难杂症。

■ C类：普通质量问题

由于制造工艺、装配质量、零部件质量及客户使用过程中，产生的一般概率的车辆故障或问题，并且不涉及人身安全或不影响车辆正常使用，但可能会引起用户不满。此类故障或问题可以通过特约售后服务中心进行更换零部件、软件程序更新、适当的调整等工作得到解决。

■ D类：影响客户满意度的问题

客户在车辆使用过程中，其质量表现低于客户预期，引起客户抱怨，并且抱怨问题属于调查范围内的问题，需要通过特约售后服务中心维修解决。

【任务实施】（任务实施条件、安全要求、工作思路、过程记录）

1.实施条件

（1）汽车检修实训中心。

（2）维修部工作人员、安全监理责任人员、顾客等。

（3）各类汽修设备、车间管理制度。

（4）工单、文件夹、纸笔等。

2. 安全要求

(1)按照“5S”管理原则进行车间布置，须符合“5S”检查总表要求。

(2)出入车间需穿着工装，佩戴安全帽。

3. 工作思路

(1)学生根据前面学习的知识点分小组进行，通过支持、分工、协作完成工作任务。

任务工单：

考核以模拟真实工作情境的形式进行，在规定时间内分角色模拟，完成任务准备过程，本任务实施范围涵盖了车间设备、车间地板、工作间(总成修理间、工具房、员工休息室和更衣室)、车间内外墙(主要指车间门窗玻璃、各种外露水管和气管等)以及车间用卫生间等部分，并对各部分均作了不同的要求。小组实施注重规范性和对细节的把握。

(2)教师展示作业过程需要查阅的资料，并粗略地分析此项任务的质量评定要点。

4. 任务实施方案工作记录

任务实施方案工作记录见表 6-1。

表 6-1　任务实施方案工作记录表

<table>
<tr><td>姓名</td><td></td><td>班级</td><td></td><td>学号</td><td></td><td>日期</td><td></td></tr>
<tr><td colspan="8">工作组</td></tr>
<tr><td>序号</td><td>姓名</td><td>学号</td><td colspan="3">工作任务</td><td colspan="2">备注</td></tr>
<tr><td></td><td></td><td></td><td colspan="3"></td><td colspan="2"></td></tr>
<tr><td></td><td></td><td></td><td colspan="3"></td><td colspan="2"></td></tr>
<tr><td></td><td></td><td></td><td colspan="3"></td><td colspan="2"></td></tr>
<tr><td></td><td></td><td></td><td colspan="3"></td><td colspan="2"></td></tr>
<tr><td colspan="8">任务方案：(环境保护、可行性、工作效率、经济性分析等)</td></tr>
<tr><td colspan="8">任务实施记录</td></tr>
<tr><td>步骤序号</td><td colspan="3">操作过程描述</td><td colspan="3">结果记录</td><td>结论</td></tr>
<tr><td></td><td colspan="3"></td><td colspan="3"></td><td></td></tr>
<tr><td></td><td colspan="3"></td><td colspan="3"></td><td></td></tr>
<tr><td></td><td colspan="3"></td><td colspan="3"></td><td></td></tr>
<tr><td></td><td colspan="3"></td><td colspan="3"></td><td></td></tr>
</table>

续表 6-1

【任务评价】

依据表 6-2“5S”管理检查总表，分组设置“考验点”并进行演练，教师和学生共同完成评价。

表 6-2 “5S”管理检查总表

项目		序号	评价标准	标准分	处罚/每次	评分	改善要求	责任人
售后车间	工具箱	1	工具箱内工具分类摆放，明确规格、数量	1	10			
		2	工具箱定位清晰，维修完毕都置于线内，无压线	1	10			
		3	箱内工具应保持完好、清洁、保证使用性（无备件、旧件）	2	20			
		4	箱内工具使用后及时归位	1	10			
		5	箱顶不放置杂物、箱身保持清洁	1	10			
	清洁用具	6	洁具定位存放、不堆放外观完好	1	10			
		7	垃圾不超出容器口（及时清理）	1	10			
		8	收油器及时清理外观无油污	1	10			
	通道	9	通道划分明确、保持畅通，无障碍物，不占道作业	1	10			
		10	两侧物品不超过通道线	1	10			
		11	占用通道的标志保持清晰完整	1	10			
		12	通道线及标志保持清晰完整	1	10			
	墙身	13	墙身无破损、无蜘蛛网、积尘	1	10			
		14	贴挂墙身的各种物品应整齐合理	1	10			
		15	墙身保持干净，无不要物（如过期标语、封条等）	1	10			
		16	生产区域、房间应有标志铭牌及布局图	1	10			

续表 6-2

项目		序号	评价标准	标准分	处罚/每次	评分	改善要求	责任人
售后车间	呆料	17	有明显的摆放区域,并隔离摆放	1	10			
		18	有明显标志	1	10			
		19	做好清扫工作,保持干净及原状态,防止二次损伤	1	10			
	油类	20	有明确的摆放区域,分类定位、标志明确	1	10			
		21	油类的存放区域应有隔离防污措施	1	10			
		22	按要求统一摆放,加油器具定位放置,标志明显,避免混用	1	10			
	资料等	23	应有固定的摆放位置、标识明确	1	10			
		24	作业指导书、记录、工具书摆放整齐、保持干净整洁	1	10			
		25	标牌、资料记录正确具有可参考性	1	10			
	看板	26	车间看板随时更新,无过期信息(钣金车间管理看板由各组长根据自己工作实际情况填写)	2	20			
		27	看板内容清晰,明确责任人	1	10			
		28	要求有进场时间、预计交车时间、现维修技师(责任人)、现维修状态(是维修中还是待件中并有预计到件时间)	2	20			
	车间休息室	29	现场桌面无与工作无关的杂物	1	10			
		30	物品摆放应有明确位置、不拥挤凌乱	1	10			
		31	桌面干净,无明显破损	1	10			
	开关线路	32	电器开关控制对象明确、无安全隐患(夜间值班记录登记表)	2	20			
		33	开关保持干净,并保证能够正常使用(夜间值班记录登记表)	2	20			
		34	电线布局合理、整齐美观,不影响生产,无隐患(夜间值班记录登记表)	1	10			
		35	电器及电路检修时要有警示标识(夜间值班记录登记表)	1	10			
	消防器材	36	摆放位置明显、标识清楚	1	10			
		37	填写检验记录单(夜间值班记录登记表)	5	50			
		38	状态完好,按要求摆放,干净整齐	1	10			
	辅助设施	39	风扇、照明灯、烤灯等按要求放置,清洁无杂物,无安全隐患(夜间值班记录登记表)	2	20			
		40	日用电器无人时应关闭,无浪费现象(夜间值班记录登记表)	2	20			

续表 6-2

项目		序号	评价标准	标准分	处罚/每次	评分	改善要求	责任人
售后车间		41	门窗及玻璃等各种公共设施干净无杂物(夜间值班记录登记表)	3	30			
		42	废弃设备及电器应标识状态,及时清理	1	10			
		43	保持设施完好、干净	1	10			
		44	车间管道及设备上不得放杂物	1	10			
	保修旧件室	45	地面干净整洁,无油渍	1	10			
		46	保修旧件摆放整齐,保证每个旧件都有保修卡	1	10			
		47	禁止摆放与保修件无关的物品	1	10			
	工具室	48	地面干净整洁,无油渍	1	10			
		49	工具摆放整齐	1	10			
		50	工具支领表填写完整(要求借工具时自行登记,如未自行登记者月超过 5 次将给予借工具者 100 元罚款)	10	100			
	拆件及总成大修	51	地面干净整洁,无油渍	1	10			
		52	拆件摆放整齐,定期清理废件	1	10			
	旧件管理	53	旧件按照旧件管理办法执行谁修谁保管原则(主要件可以入库封箱管理、旧件贴上车辆信息标签,由责任技师保管)	3	30			
		54	旧件拆解有拆解记录单(包含车辆信息、拆解备件各件状态、保管记录、旧件去向)	5	50			
	维修培训	55	技术培训每月不少于两次,有培训计划表、培训记录、签到表、试题(考核车间技术经理每月月底 30 号前上交)	20	200			
	设备维护登记表	56	设备维护登记表分别挂在各自负责的设备上,每天逐项检查登记	5	50			
	维修实例录入	57	每位组长每月分别录入不少于一次,并有文档记录交客服中心建档保管	10	100			
	个人业绩统计表	58	维修车辆信息、备件、工时、内返、外返、时间等情况说明	10	100			
	24 小时值班表	59	有值班记录、责任人、检查项目	2	20			

【任务拓展】

某修理厂管理混乱，物品随意摆放，就连顾客的车钥匙也随意乱放。一天，一辆丰田佳美轿车来厂大修，一连几天车钥匙都放在桌上。这事被一个近几天常来的大宇车司机发现了，他趁人不备拿着钥匙出去配了一把。丰田佳美车大修出厂的第二天就被盗了。公安局组织人力、物力侦察此案，三天下来一点线索也没有。后来，一位民警分析，车晚上停在居民区内，日夜警卫值班，佳美车的车门锁、点火开关锁都很坚固，若是破锁不大可能，民警认为此案还应从车钥匙入手，于是一边查找开锁高手，一边查找配钥匙的商户。公安人员拿着佳美车的钥匙进行调查，最后在一个配钥匙店找到了线索。该店主说前几天有一人开着大宇车来配过钥匙，车号记不清了。公安局查到配钥匙的日期正好车辆在某大修厂大修，于是找到了修理厂，很容易就查到了大宇车车主，侦破此案。修理厂管理混乱给了不法分子可乘之机，此事引起周围人议论，该修理厂信誉受到影响，客户数量锐减。

【思考题】

据此案例，小组展开分析：

1. 针对此情况，车间管理人员需采取哪些措施扭转不利局面？

2. 修理厂如何尽快重新取得客户信任？

【项目任务】

任务2　汽车维修车间设施管理与生产安全控制

【任务分析】

本任务需达成以下任务目标：了解汽车维修企业设备工具、维修车间工具管理模式。熟悉汽车维修车间生产安全控制措施；分组依据汽车维修企业汽车安全原则布置车间，在布置好的实训车间分别设置“考验点”，互相考察按照汽车维修企业汽车安全排查表考察车间安全措施规范程度。

【相关知识】

一、设备工具的种类

按照设备与工具的特点划分为：固定式设备、移动式设备、专用工具、个人工具、设备工具的管理要求。

（一）固定式设备

固定式设备包括：两柱举升机、刹车试验器、侧滑试验器、轮胎平衡机、空气压缩机、故障诊断仪、示波器、车身校正架、烤漆房、润滑设备等。指派专人负责固定式设备的维护保养,负责人将铭牌挂于每个设备的明显之处,详细标注设备名称与编号、保管人员姓名,以区分保管责任。固定式设备均记录在工作计划中,依照规定实施周期保养,填列各次维护保养的时间及内容,并由维修主管核阅。设备需要保持清洁、润滑,设备遇有生锈、漆面脱落、褪色等情形,视情况,重新予以油漆。依据制造厂商提供的技术手册或保养手册规定,由指定专人定期检查其性能,并依照手册规定实施定期保养及维护事宜。

如设备发生故障,迅速呈报修护,如汽车维修企业无法修护时,通知生产厂家修护。

(二)移动式设备

移动式设备包括:废气排放分析仪、变速箱千斤顶、四轮千斤顶、钣金二氧化碳焊接机、气动研磨机组等。移动式设备设置专人管理。移动式设备使用后,放置于指定的存放地点,妥善保管。

(三)专用工具

专用工具设备包括:故障诊断仪、发动机专用拆装工具组、变速箱专用拆装工具组、减震器专用拆装工具组、机油拆装工具、音响拆卸器等。

专用工具使用说明资料由对应车型相关部门编制,提供给汽车维修企业使用,汽车维修企业依照使用说明资料安排培训,确保专用工具正确使用。

汽车维修企业的专用工具,依照各车系列的修护区设置吊板式专用工具储存区。

吊板式专用工具储存区是一种专用工具储存区,将专用工具的编号及形状,注明于吊板上,以利取用及保管。清洁作业常用专用工具由各车系维护指定专人管理。不常用专用工具,由专用工具间的人员负责管理,维修人员借用专用工具使用完毕后,应擦拭清洁并立即归还,如借用未能当日完成作业,至次日仍需借用时,亦应于当日下班前先行归还,待次日再办理借用。

工具保管人员于每日下班前,盘点借出的专用工具是否全数归还,如遇未归还,督促办理归还。

(四)个人工具

个人工具为维修人员执行修护工作的一般工具,如各规格扳手、标准套筒等。工作完毕后,将使用的工具擦拭清洁,整齐放置工具车内。工具车放置在适当位置设置工具车存放区,以供维修人员工具车存放。

每日下班前,清点并维护个人保管的工具,工具管理人员每月定期实施清点工具车。个人工具的配置、补充由汽车维修企业自行决定购置。

(五)采用定人、定机的设备使用岗位责任制

对固定位置的设备建立岗位责任制,由专人负责维护设备。

砂轮机、换胎机、动平衡机等固定设备须以黄色分区边框隔离。

专用工具由专人保管并存放于专用工具室内。

(六)明确标识

制作设备维修记录卡片,记录日常设备保养情况及保养责任人,粘贴或悬挂在设备上。

工具箱要统一编号,编号与举升机编号一致。各个工具箱内的工具用不同颜色区别,以防工具箱互用工具而混乱。

(七)设备与工具的借用

所有移动式设备、专用工具使用后,需立即归还。当日未使用完,也需归还,第二日再次登记借用。移动式设备、专用工具、个人设备,非公务需要,不得擅自在售后服务中心外使用。这些设备也均不能外借。如果公务需要必须外出时,则须由售后服务中心人员操作或在场。

(八)设备与工具的保养

设备维护保养级别与实施作业范围包括:

■ 一级保养:日常性设备的清洁保养维护

晨会前对设备进行检查、润滑,工作间隔期间按操作规程进行操作,离开前对设备进行清扫、擦拭,定期检查工具(每月至少一次),确保工具齐全、完好有效。

■ 二级保养:周期性设备的润滑保养维护

以设备操作人员为主,设备管理员为辅,对维修设备进行局部拆卸和检查,特别是对安全件进行检查,疏通油路、调整各部件间隙、紧固各部位螺栓螺母等。

■ 三级保养:定期性设备的安全性能维护保养检查

以设备管理员为主、设备操作人员配合对设备进行全面检查和修理,更换或修复磨损件,清洗、换油,检查修理电器部分。

通用类测量工具及测试仪器(如游标卡尺、千分尺、扭力扳手、压力表、子测试仪等量具),需委托有资质的鉴定机构进行校验。

维修专用的测量工具及测试仪器(如制动力测试设备、灯光测试设备、四轮定位仪、废气分析仪等)需委托供应商或生产厂家进行校验。

仪器在校正后,符合规定的,粘贴“合格”标贴,注明下次检查日期,将此次测试明细登录在档案中,不符合规定的,请于此仪器上粘贴“禁止使用”标贴,并移出工作区域,同时在档案上记录“损坏”。

(九)设备与工具的维护管理职责

1.汽车维修企业维修人员

(1)负责其指定保管设备的维护保养。

(2)负责指定个人区域内设施清洁及维护。

2.汽车维修企业设备管理员

(1)全部设备保管维护。

(2)全部设备借用管理。

(3)全部设备效能确保。

(4)全部设备清点补充。

3.汽车维修企业维修班组长

(1)设备的操作及维护指导。

(2)设备维护情况检查。

(3)设备定期清点检查。

4.汽车维修企业技术主管/车间主管

(1)设备维护情况的考核及改进。

(2)设备简易故障维修的执行。

(3)设备损坏修理送修作业管理。

5.汽车维修企业站长

(1)设备维护管理。

(2)设备的定期检查作业掌握。

(3)设备安全、效能的确保及掌握。

(4)制订设备改善计划。

(十)设备与工具的遗失、损坏

设备、专用工具、个人工具因保管不当而导致遗失、短缺时,有关保管人员均需主动申报补充。

设备、专用工具、个人工具(未列有财产账目者),因使用年久而致磨损的正常损坏,经维修主管及单位主管同意后,申请更换新品。

设备、专用工具、个人工具(列有财产账目),因使用年久而致磨损的正常损坏,须呈报,经批准后,得以报废,申购新品。

设备、专用工具、个人工具(未列有财产账目),因工作方法不当或故意破坏,经确认其为不正常损坏,经车间主管批准后,申请更换新品。

设备、专用工具、个人工具(列有财产目录),因工作方法不当或故意破坏,经确认其为不正常损坏,其旧品需报废,呈报后经有关部门批准后,方可报废,申购新品。

二、安全制度保障

汽车维修企业建立安全生产责任制度,所有员工熟知安全制度,并将安全责任落实到岗位,签署安全生产责任书。

三、培训教育保障

通过新员工入职教育和日常晨会教育两个方式,对汽车维修企业全体人员进行安全教育。

(一)新员工入职教育

建立新员工三级安全教育制度,各级教育完成后,由各级负责人及新员工签字确认:

第一级责任人:站长

第二级责任人:车间经理

第三级责任人:班组长

入职安全教育内容包括操作规范、安全注意事项、紧急救助知识。新入职员工未经安全教育,不得进入车间从事任何类型的工作。

(二)晨会安全教育

每周一晨会,对可能发生的安全事故,进行预防式教育。每日晨会,以近期发生在本汽车维修企业或其他汽车维修企业的安全事故作为案例,进行安全性教育。

四、防护及环境保障

车间工作人员须穿戴统一工服后,方可进入车间工作。每日晨会,进行劳防用品的自检、互检,由车间主管进行监督。油漆、电焊作业时,须佩戴防毒面具、防护罩等保护用具。防护装备按照产品规定,定期进行检查,发现不能满足防护时,及时更换。

五、车间环境

客户进入车间需有工作人员陪同。严禁儿童进入车间。车间工作必须严格执行"5S"管理,并以之为中心开展工作。

(一)维修车间的整体布局和要求

车间的外观形象符合设施要求,按照维修汽车实际需求进行布局。车间保证明亮有序、布局合理、清洁整齐。车间需要尽量多的自然采光,并布置足够的人工照明。车间内设置限速警令标志。

(二)车间场地要求

车间入口处的地面设置单行道指示箭头,大门上方标明"入口" 或"ENTRANCE"等标志,并设置栏杆,由专人负责升降,非汽车维修企业的人员、车辆不得入内。一般维修、钣喷车间互相独立分隔,维修车间又分为快修区和一般维修区两大部分,在可能的情况下,快修车间最好有绿化带。车间地面强度能满足长期使用的要求。地面涂饰必须使用统一的色彩形象、统一的色号。车间地面使用绿色环氧涂料,各分隔线使用黄色环氧涂料,分隔线一般宽为100毫米,在维修场地上做好维修区域和通道的标记,保持通道畅通、标志规范清晰,并使维修车辆总是正确地置于维修工位内进行维修。车间有两个门,车行道设为4米,车间只一个门,车行道为7米，通道中漆圆形黄色限速标志。每个工位的举升机地面凸起部位均以黄色边框警示，相邻工位间隔0.7米为佳，在相邻通道间以黄色分区边框标志出工具车停放位置。在每个工位底线处，以黄色分区边框标志出三个配件箱(新件、废件、待处理件)放置处。

(三)车间管线合理架设

每个工位配备一个压缩空气和电气出口。各种不同的管线用不同的颜色分开标识。

车间环保要求：车间保证良好的通风，使臭气、排出的烟气和热量等不聚积。各工位都确保空气流通。维修工位的地沟不能直通下水道。修理车间确保有足够的清扫工具(擦布及垃圾箱)，保证工作台面、地面无油及脏物，并标出放置位置。车间内设置足够的木屑桶以便于清除地面积油，空木屑桶以便盛放含有机油的木屑，并标出放置位置。

所有维修人员须穿戴安全鞋等劳防用品。维修技工统一工作鞋、帽，不得穿拖鞋、凉鞋等不具有劳动安全保护功能的鞋类进入维修车间等工作场所。

油漆工、钣金工等特殊工种在进行油漆、电焊作业时佩戴防毒面具、防护罩等劳动保护用品或用具。

(四)车间防火要求

配备充足的消防器材，符合当地消防规定，消防器材附近不得放置任何影响使用的物品，设置足够的盛放废机油的桶和废机油收集桶，并在附近设置“禁止明火操作”标志，合理架设车间内的电路管线，并确保约束、固定机构稳固，各种不同的管线应用不同的颜色分开标识，易燃物品存放于危险品仓库，以确保安全。

(五)车间工位要求

1.一般维修车间

(1)预检工位。配置1～2个预检工位，面积要求在3.5米×7米以上。预检区布置在车间的入口或离接待区近的地方，有专门的预检工位，预检工位配有车辆举升装置，同时有蓝底白字的“预检区”字样的醒目标识牌。

(2)快速保养工位。配备3～6个快速保养工位，尺寸要求在3.5米×7米以上。快速保养工位最好设置在靠近业务接待大厅，从客户休息区能够很方便地看到快速保养工位及快速保养工作。快速保养工位需表示有“快速保养”字样的醒目标识牌。

(3)一般维修工位。面积要求在3.5米×7米以上。根据汽车维修企业的业务量配备一定数量的举升机。

(4)四轮定位工位。面积要求在4米×7米以上。配备液压提升装置和测试仪，检查大桥校正、前大灯对准等情况。配备发动机分析仪、四轮定位仪对于较为复杂的诊断更为有效。

(5)总成修理室。有条件的汽车维修企业配备总成修理室，必须相对靠近一般维修工位。其面积在30米^{2}以上。地面和工作凳必须用易于清洁的材料制成，或覆盖有易于清洁的材料，配置各总成修理所必需的工具、工作凳、工作台、可移动式机械提升装置、发动机支撑和液压冲压装置、测量仪及零件冲洗机器等其他装置,同时充分通风与照明。

(6)电工修理间。面积在 15 米^2 以上。配备电工修理所必需的必要工具、测量仪表和工作凳。

(7)专用工具间。专用工具间用于存放特种维修工具、测量仪器和维修手册,维修企业需要指派一名人员负责保持该工具间的整洁工作。

2.钣喷修理车间

比较特殊,需要配置:

(1)损坏检验工位。面积要求在 3.5 米×7 米以上,设置入口处,便于运输损坏严重的车辆,配备至少 2 台举升机。

(2)零件拆卸和重新安装工位。面积要求在 3.5 米×7 米以上,配备气动工具的空气出口及辅助照明的电源插座。必要时配置一台等离子切割机,配备 2～4 台举升机。

(3)一般钣金工位。根据汽车维修企业维修量的情况,确定一般钣金工位的数量,面积要求在 3.5 米×7 米以上。

(4)车体维修工位。配备大梁校正仪。

4.5 米×8 米以上适用于地坪式大梁校正仪(不包括工具和附件存放处)。

5.5 米×8 米以上适用于一般大梁校正仪(不包括工具和附件存放处)。

(5)油漆工位。根据维修量配备一定数量的油漆工位,面积要求在 3.5 米×7 米以上。油漆车间设立专门的打磨池,避免产生水渍、灰尘。

(6)烤漆房。屋顶和墙上配备荧光灯,确保亮度在 1 500 勒克斯以上。

确保加热装置、进气和排气口满足环境要求,并遵守减噪措施。

如果油漆间与建筑物墙壁相邻,墙壁和油漆间之间有充分的空间,给壁挂式荧光灯留出空间,并留出进行维修服务的空间。

严格遵守消防和相应的危险材料规章。

(7)调漆房。面积在 3 米×6 米以上。引入自然光线,开侧窗,避免阳光直射。如果阳光直射妨碍了配色工作,须配备窗帘,配备与所用设备相配套的电气插座和空气出口。

3.车间辅助房间

可配置:

(1)轮胎工作室。面积在 15 米^2 以上,配备车轮平衡仪和剥胎机。

(2)资料室。设有资料室,用于存放《维修手册》、维修数据表和维修通信等资料,资料室方便维修技工借阅、参考,保持室内整洁、有序。

(3)技工休息间。技工休息间可恢复精力,提高劳动效率,面积在 50 米^2 左右。技工休息间有足够的清洁用品,并保持室内整洁、有序。在技工休息间的旁边设 3～4 米^2 的吸烟室,配备空调和暖气。

(4)更衣箱和淋浴间。根据技工人数配备适当的更衣箱。

有条件的汽车维修企业配备相应数目的淋浴间。

(5)车间培训室。提供的空间足以容纳 10 人接受培训,并能够进行发动机等零部件的动手维修培训课。必须设置在培训材料可方便运到的地方，配备空调和暖气。在使用维修设备前，全体员工必须学习过相应设备的安全操作规程。

（六）车间车辆管理

车辆停放区域是汽车维修企业的重要组成部分，客户能深切地体会到汽车维修企业的规范。同时停放场地的合理布局也能够减少汽车维修企业交通的混乱，提高场地利用率，给客户带来方便、有序的好感。

车辆停放区域的标志应清晰规范，应清楚划分客户停车区、接待停车区域（接车区域）、待修停车区域、竣工交车区域。

停车区应保持干净、整洁，车辆摆放有序。需要长时间停放的事故车应加车罩。应保持路面完好，有任何损坏都要修理，确保良好的排水系统。

在每一停车区的入口处应设置醒目标示板，标示出该停车功能区。标示板的制作格式统一，用白底金字，摆放高度约 2 米为宜。以待修区域为例：树立“待修区”的醒目标示板。

各停车位都应在地面上用油漆画出，除接待车位的油漆颜色与车位面积大小，其他停车位的油漆颜色与车位面积大小均统一设置。这有利于各停车场地根据当日维修量，通过移动各停车区的标示板来调整各种停车位的数目。汽车维修企业的停车位数最好为工位数的 1 倍。

各类停车位（除接待车位外），接车区区域内宜为黄色，接车区边框宜为白色。

1. 客户停车区

汽车维修企业可以根据自己场地的实际情况选择设置客户停车区，客户停车区应该设置在一个容易进入的地方，连接客户停车区或业务接待厅入口的人行道应该正确布置，有清楚的路面标志和方向标志，客户停车区与员区内部停车区应区分开，要有“客户停车区”的醒目标示板。

2. 接待停车区

汽车维修企业设有专门的接待停车区，每家汽车维修企业应有 4～8 个接车位，接车位应位于离业务接待大厅较近的地方，最好是接待厅门口。尺寸要求在 40 米×50 米以上为宜。接车区区域内为绿色，接车区边框宜为黄色。

要有“接车位/区”的醒目标示板，标示板用白底金字，摆放高度为 2 米为宜。建议配备屋顶和照明，使客户的车辆即使在下雨的情况下也能进行诊断。车辆摆放规范，客人开车到此，以方便客人为主。要有醒目的方向标记，使客户能够直接从接待工位前往客户接待大厅。

3. 待修区域

汽车维修企业应有根据本汽车维修企业的维修业务量情况设置一定数量的待修停车位。要有“待修区”的醒目标示板。

4. 竣工交车区

汽车维修企业应有专门的竣工交车区，交车区应离接待大厅较近的地方，要有“竣工交车区”的醒目标示板，车辆摆放于此必须是清洁过的、里外都是干净的，对于当日内客户因某种原因暂不接车的竣工车辆，放置车罩将车辆盖好，对车辆进行保护。车头应朝方便客户离开的方向。

（七）移动作业车辆管理

汽车维修企业应建立内部移动作业车辆管理规定，以确保车辆财产及人身安全。汽车维修企业场地内驾驶车辆，需要设立明显的限速标志，必要时可以安装减速装置或安全凸面镜。除经过公司认定的人员可以驾驶车辆进入车间外，其余任何人均不得在车间内移动车辆。如需外出试车，最好由客户驾驶，维修技工跟随。如客户无法驾驶，则必须由公司认定的专业人员外出试车，驾驶过程中要严格遵守交通规定。下班后，对未完成维修作业的车辆，在确保车辆停放安全后，将车钥匙统一妥善保管，任何人不得随意挪动车辆。

【任务实施】（任务实施条件、安全要求、工作思路、过程记录）

1．实施条件

（1）汽车检修实训中心。

（2）维修部工作人员、安全监理责任人员、顾客等。

（3）各类汽修设备、服务台。

（4）工单、文件夹等。

2．安全要求

（1）出入车间需穿着工装，佩戴安全帽。

（2）维修操作、用电安全。

3．工作思路

（1）学生根据前面学习的知识点分小组进行，通过支持、分工、协作完成工作任务。

任务工单：

实现车间运行安全、技师操作便捷、客户满意安心。

填写以下系列表格，完成评价。

任务工单1：

维修车间消防设施安全检查表（表6-3）。

任务工单2：

维修车间水电设施安全检查表（表6-4）。

任务工单3：

维修车间主要设备安全检查表（表6-5）。

表 6-3 维修车间消防设施安全检查表

单位　　　　　　　　　　　　　　　　　　　　检查时间：　　年　　月　　日

序号	检查内容	检查结果	整改意见
1	有无消防标识和平面图		
2	消防栓和灭火器是否完好，有无缺损和过期失效		
3	消防设施、器材是否挪位或被挪用，消防通道是否被堵塞占用		
4	是否有专人定期检查		
5	员工是否熟悉消防设施及其使用		

检查人：　　　　　　　　　　　　　　单位责任人：

表 6-4 维修车间水电设施安全检查表

单位　　　　　　　　　　　　　　　　　　　　检查时间：　　年　　月　　日

序号	检查内容	检查结果	整改意见
1	电线、保险、电源开关、稳压器和变电器以及附属电器设施等，有无老化、开裂、损坏、乱接乱拉等安全隐患		
2	水管、水龙头、开关等是否漏水		
3	重要场所、部门的监控设备、报警装车是否完好无损		
4	避雷设施是否完好		

检查人：　　　　　　　　　　　　　　单位责任人：

表 6-5　维修车间主要维修设备安全检查表

单位　　　　　　　　　　　　　　　　　　　　检查时间：　　年　　月　　日

序号	检查内容	检查结果	整改意见
1	检查《维修设备设施点检查表》落实情况		
2	主要设备的安全性能状况，操作人员是否熟悉安全操作规程		
3	工作场所和员工个人安全防护		
4	油类、化学类等易燃易爆物品是否按规定管理		
5	备件的“六防”：防锈、防冻、防腐、防潮、防热、防混		

检查人：　　　　　　　　　　　　　　　　　　单位责任人：

(2)教师展示作业过程需要查阅的资料，并粗略分析此项任务的质量评定要点。

4. 任务实施方案工作记录

任务实施方案工作记录见表 6-6。

表 6-6　任务实施方案工作记录表

姓名		班级		学号		日期	
工作组							
序号	姓名	学号	工作任务			备注	
任务方案：(环境保护、可行性、工作效率、经济性分析等)							

续表 6-6

任务实施记录			
步骤序号	操作过程描述	结果记录	结论

【任务评价】

1. 作业过程质量评价

(1)填写工单不规范、模糊。

(2)未按照合理顺序进行检查。

(3)漏检。

(4)其他不规范行为。

2. 以学习小组为单位,按照项目任务的评价内容与评价标准进行评价(任务评价表详见附录)

(1)评价项目:知识掌握占 40%,任务完成情况占 40%,职业素养占 20%。

(2)评价方式:组内自评占 30%,组间互评占 30%,教师评价占 40%。

【任务拓展】

某修理厂的一名维修工,在晚上更换一辆奥迪 A6L 轿车的汽油滤芯时,使用一只 220 伏的白炽灯照明,结果拆汽油滤芯时飞溅出的汽油喷到灯泡上,引起火灾,导致汽车当场烧毁。

【思考题】

请根据该案例思考维修企业可以通过哪些措施确保安全生产。

项目七　汽车维修企业质量担保与索赔管理

学习资料

【项目学习目标】

通过对汽车产品的质量担保要求和索赔管理的学习，依据汽车生产企业及维修企业对售后工作人员的岗位要求，培养学生具备扎实的专业素质和索赔管理能力。

通过对本项目的学习，学生能够了解整车和备件的质量担保要求；熟悉汽车索赔条例、汽车索赔原则及备件索赔原则；掌握零件索赔流程。

【项目任务】

任务1　汽车产品质量担保管理

【任务分析】

完成汽车产品质量担保管理任务，必须熟悉整车和配件的质量担保要求，并了解不同汽车生产企业的汽车产品质量担保规定。

【相关知识】

一、汽车产品质量担保

现在市场上的所有商品都有质保期，也即商品的质量担保期。汽车产品也一样，汽车产品质量担保指的是汽车产品销售商、制造商、修理商在质量担保期内保证产品持续符合国家相关质量要求，并满足需求方需要的义务。所有的汽车生产企业一般都会给出行驶时间和行驶里程两个质量担保期的限定条件，以先达到者为准。

二、汽车三包

汽车三包是指汽车产品销售商、制造商、修理商在质量担保期内对汽车的免费修理、更换、退货责任及行为。为了维护汽车产品消费者的合法权益，明确家用汽车产品修理、更换、退货（以下简称三包）责任，根据有关法律法规，国家市场监督管理局发布了《家用汽车产品修理、更换、退货责任规定》(以下简称《规定》),明确了家用汽车产品三包责任由销售者依法承担。同时明确了生产者、销售者和修理者的义务。该《规定》自 2022 年 1 月 1 日起实施。

《规定》明确了在我国境内生产、销售的家用汽车产品,三包责任由销售者依法承担。销售者依照规定承担三包责任后,属于生产者的责任或者属于其他经营者的责任的,销售者有权向生产者、其他经营者追偿。鼓励家用汽车产品经营者做出更有利于维护消费者合法权益的严于本《规定》的三包责任承诺,承诺一旦做出,应当依法履行。家用汽车产品经营者不得故意拖延或者无正当理由拒绝消费者提出的符合《规定》的三包责任要求。

《规定》明确了三包责任。家用汽车产品包修期限不低于 3 年或者行驶里程 6 万公里,以先到者为准;家用汽车产品三包有效期限不低于 2 年或者行驶里程 5 万公里,以先到者为准。家用汽车产品包修期和三包有效期自销售者开具购车发票之日起计算;以下 5 种质量问题可退换车:

(1)从销售者开具购车发票 60 天内或者行驶里程 3 000 公里之内,出现转向系统失效、制动系统失效、车身开裂、燃油泄漏。

(2)在三包有效期内,严重的安全性能故障累计做 2 次修理仍然没有排除故障,或出现新的严重安全性能故障。

(3)在三包有效期内,发动机变速器累计更换 2 次,或它们的同一主要零件累计更换 2 次,仍然不能正常使用。

(4)在三包有效期内,转向系统、制动系统、悬架系统、前后桥、车身当中的同一主要零件累计更换 2 次,仍然不能正常使用。

(5)在三包有效期内,因产品质量问题修理时间累计超过 30 日的,或者因同一质量问题累计修理超过 4 次的,消费者可以凭三包凭证、购车发票,要求销售者负责更换。

《规定》表明,生产者应当严格执行出厂检验制度,未经检验合格的家用汽车产品,不得出厂销售;销售者应当建立并执行进货检查验收制度,验明家用汽车产品合格证等相关证明和其他标志。销售者销售家用汽车产品,应当符合向消费者交付合格的家用汽车产品及发票等要求;修理者应当建立并执行修理记录存档制度。书面修理记录应当一式两份,一份存档,一份提供给消费者。

《规定》对退换的车辆还作了以下规定:

(1)退换车按二手车销售。汽车三包实施后,一旦消费者退车成功,商家是否能将退还后的车辆修复后再销售?对此,质检总局相关负责人解释:对于三包退换车,可以在修复之后按二手车销售。再次销售时应当向购买者明示该车为三包退换车,并且应当说明退换的原因,其三包责任可以由双方协商后在购车合同中确定。

(2)退换车信息三包网站可查。在美国,消费者退换的瑕疵车被称为"柠檬车",再次出售时所有权证书上必须标记"柠檬法买回"标记,而且流通过程永远带有这一标记。我国汽车三包后产生的"柠檬车"会不会逐渐隐藏身份信息当作普通二手车售卖?国家质检总局相关负责人表示,三包信息的公开透明是保护消费者的最佳途径。目前,正在建立汽车三包备案信息管理系统。车企需要备案的信息有生产者基本信息、车型信息、约定的销售和修理网点信息、产品使用说明书、三包凭证、维修保养手册、车辆识别代码(VIN)编制规则等。更重要的是,各级质监部门、消费者权益保护组织参与处理的汽车三包争议信息、仲裁和诉讼信息,汽车产品更换、退货信息,汽车产品质量担保相关统计信息等,也将在备案信息系统中发布,消费者可以通过汽车三包网查询，这样退换车的真实身份将难以被隐藏。

中国汽车三包网已投入试运行，向消费者提供汽车三包政策法规和知识查询的同时，会陆续发布汽车厂商的三包备案信息。此外，关于退换车产生的税费问题，国家税务总局已发布《关于车辆购置税税收政策及征收管理有关问题的补充通知》，因质量问题退车的，已缴税每满一年扣减 10%计算退税额，未满 1 年按已缴税额全额退税。如图 7-1 所示为北京汽车三包服务退换车流程。

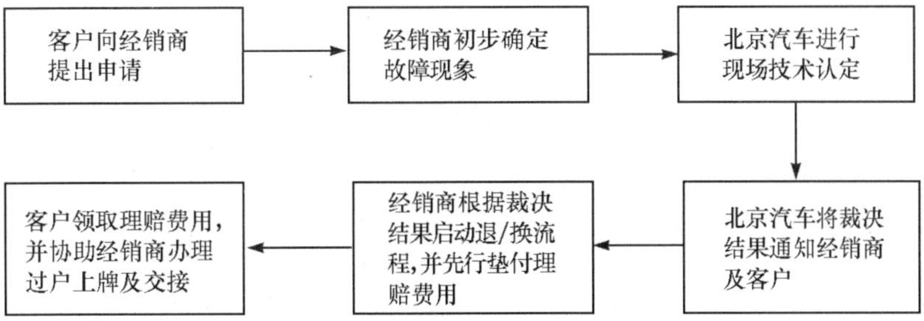

图 7-1　北京汽车三包服务退换车流程

1.整车的质量担保要求

(1)从公司正常售出的家用产品新车的包修期限为 3 年或行驶里程 6 万公里，以先到者为准；三包有限期为 2 年或者行驶里程 5 万公里，以先到者为准。

(2)整车的质量担保期是从汽车购买之日算起，汽车购买日以购车发票上的日期为起始时间。

(3)三包凭证须经经销商正确填写相关信息并签章后生效。

(4)对于出租营运用途的新购汽车的质量担保期为 12 个月或行驶里程 10 万公里，以先到者为准。

(5)除了出租营运用途外的所有其他用途的新购汽车，质量担保期为 3 年或行驶里程 6 万公里，以先达到者为准。

(6)在质保期内，如果用户变更了所购买的轿车的用途，所购买的轿车仍然享受原来的质量担保期，质量担保的期限和里程不作变更。

(7)如果处于质量担保期内的汽车出现了质量问题，由相应品牌经销商予以免费修理。质量担保期内，生产质量问题经公司确认技术上无法修理时，予以更换车辆。如用户购买车辆符合国家《家用汽车产品修理、更换、退货责任规定》所规定的条件，则车辆质量担保期限以及质量担保内容和范围按该规定执行。

2.汽车主要总成或系统及备件的质量担保要求

国家标准《家用汽车产品三包主要零部件种类范围及三包凭证》(GB/T 29632—2021)规定了家用汽车产品三包涉及的主要总成和系统的主要零部件、易损耗零部件的种类范围以及三包凭证等内容。

(1)发动机、变速器、动力蓄电池、行驶驱动电机总成的主要零部件种类范围 。汽车产品具备表 7-1 所列出总成和主要零部件的，应由生产者明示在三包凭证上，不具备表 7-1 所列出总成和主要零部件的，不需要明示在三包凭证上。例如：纯电动汽车产品不具备发动机，不需要明示表 7-1 中发动机及其主要零部件种类范围。

汽车在售出后 30 日之内,制造商在三包凭证中明示的发动机、变速器等主要零部件发生质量问题的,消费者可选择更换总成。

表 7-1 发动机和变速器的主要零部件

总成	主要零部件种类范围
发动机	曲轴、主轴承、连杆、连杆轴承、活塞、活塞杆、活塞销
	气缸盖
	凸轮轴、气门
	气缸体
变速器	缸体
	齿轮、轴类、轴承、箱内动力传动元件（含离合器、制动器）
动力蓄电池	电芯
	动力蓄电池箱体
行驶驱动电机	定子组件、转子组件、轴承
	壳体

（2）汽车系统的主要零部件种类范围。在整车三包期内，制造商在三包凭证中明示的汽车系统的主要零部件产品质量问题更换 2 次后，仍不能正常使用的，消费者可以选择退货、更换、修理。其中，制造商应明示的汽车系统的主要零部件应至少包括表 7-2 所列出的内容。

表 7-2 汽车系统的主要零部件种类范围

汽车系统	主要零部件种类范围
转向系统	转向机总成
	转向柱、转向万向节
	转向拉杆（不含球头）
	转向节
制动系统	制动主缸
	轮缸
	助力器
	制动踏板及其支架
悬架系统	弹簧（（螺旋弹簧、扭杆弹簧、钢板弹簧、空气弹簧、液压弹簧等）
	控制臂、连杆

续表 7-2

汽车系统	主要零部件种类范围
传动系统	桥壳、主减速器、差速器
	传动轴、半轴
	减速器（连接行驶驱动电机）
污染控制装置	颗粒捕集器
	催化转化器（三元催化转化器、稀燃型氮氧化物催化转换器、SCR 催化器、氧化型催化转换器）
车身	车身骨架
	副车架
	纵梁、横梁
	前后车门本体

（3）易损耗零部件种类范围。易损耗零部件的质量担保期达不到整车三包有效期的，其所属的总成或系统、零部件名称和质量担保期等三包条款由制造商明示在三包凭证上。制造商明示易损耗零部件的种类范围不应超出表 7-3 所列出的范围。

表 7-3　易损耗零部件种类范围

序号	种类范围
1	空气滤清器
2	空调滤清器
3	机油滤清器
4	燃油滤清器
5	火花塞
6	制动衬片
7	离合器片（手动变速器）
8	轮胎
9	蓄电池（12V）
10	遥控器电池
11	灯泡
12	刮水器刮片
13	保险丝及普通继电器（不含集成控制单元）

3.质量担保条件

在三包有效期内，汽车产品出现产品质量问题，消费者可按国家有关规定办理免费修理、更换、退货等质量担保事宜，但下列情况除外：

——未按产品说明书或维修技术要求进行定期检查、保养和调校造成的故障；

——由于擅自对车辆进行的加装、改装以及改变车辆用途导致车辆的故障；

——因未使用原厂零部件、油液及辅料所产生的故障或使用对汽车有损害的用品导致的故障；

——超出产品中指定之外的驾驶方法(赛车或汽车拉力赛等)或超出产品技术规格许可范围(如最大容许质量、允许汽油标号、允许胎压范围等)造成的故障；

——因使用者未按使用说明书要求存放、保管、使用或因环境因素(如烟尘、污染腐蚀物、鼠害)造成的故障；

——由于自然磨损引起的零部件消耗；

——因自然灾害、火灾、车祸，以及基于这些因素引起的二次损伤而造成的损坏或故障；

——超出担保期限的故障。

4.更换零部件担保

更换零部件的担保期限以制造商和销售商提供的三包凭证明示为准，制造商和销售商可根据更换零部件的各种情况制定不同的更换零部件担保期限，但不可不提供更换零部件担保。

在整车三包期内，更换零部件担保的执行应满足以下要求：

——若只发生一次零部件更换，则更换零部件质量担保根据更换零部件担保期限和三包担保期限中，取有利于消费者的期限原则执行，即发生更换零部件担保期执行完毕期限已经超过整车三包期限的情形，以该更换零部件担保期为准；

——若发生两次及以上零部件更换，且第一次更换零部件担保期执行完毕期限已经超过整车三包期限，以第一次更换零部件担保期结束时间为准，更换零部件担保期不再顺延。

【案例 7-1】

河南省某消费者购买车辆使用 9 个月，行驶 15 000 公里，因为车辆的雨刷控制失灵、倒车影像无法显示、车辆在正常行驶中出现自动刹车抱死等故障，先后到 4S 店维修多次。但 4S 店始终没有给消费者相应的维修记录单据，并以相关检查是对系统进行升级为由，拒绝提供修理记录。

分析处理意见

《家用汽车产品修理更换退货责任规定》第十七条规定：修理者应当建立修理记录存档制度。修理记录保存期限不得低于 6 年。修理记录应当包括送修时间、行驶里程、消费者质量问题陈述、检查结果、修理项目、更换的零部件名称和编号、材料费、工时及工时费、车辆拖运费用、提供备用车或者交通费用补偿的情况、交车时间、修理者和消费者签名或者盖章等信息，并提供给消费者一份。消费者因遗失修理记录或者其他原因需要查阅或者复印修理记录，修理者应当提供便利。

《家用汽车产品修理更换退货责任规定》第三十七条规定：未按照本规定第二章规定履行经营者义务，法律、法规对违法行为处罚有规定的，依照法律、法规执行；法律、法规没有规定的，予以警告，责令限期改正，情节严重的，处一万元以上三万元以下罚款。

【案例 7-2】

浙江省某消费者在购车 5 个月、行驶 8 000 公里左右时，发现右后轮胎和左前轮胎胎侧出现起包的现象，消费者认为这是质量问题并要求 4S 店免费更换两条轮胎。4S 店将轮胎寄到轮胎厂家进行检测，检测报告判定为外力导致，非质量问题，拒绝消费者的保修要求。

分析处理意见

作为易损件的轮胎比较容易产生三包争议，一般汽车厂家的质保期为 3～6 个月或者 5 000～10 000 公里不等。此争议车辆轮胎型号为 225/40 R 18，轮胎高度相对比普通轮胎较低，对路面进行缓冲时容易造成损伤。通过检查发现轮胎外侧鼓包位置上没有明显的剐蹭痕迹，但内侧有 5 厘米左右的裂口，且轮胎帘线已经断裂。与消费者核实后了解到车辆经常上马路边上的"高台儿"，综合分析后基本认定轮胎鼓包的现象是由消费者使用造成的，尤其是轮胎与"高台儿"角度越小，车速越快的情况时，对轮胎伤害就越大。

【任务实施】（任务实施条件、安全要求、工作思路、过程记录）

1. 实施条件

(1)所在地区汽车维修企业。
(2)电脑若干台。
(3)文件夹、纸笔、耳麦等。

2. 安全要求

(1)电脑正常使用与开关。
(2)注意调研过程中的人身财物安全。

3. 工作思路

(1)学生根据前面学习的知识点分小组进行，通过支持、分工、协作完成工作任务。
任务工单：
调查不同汽车品牌整车及备件的质量担保规定，小组完成 PPT 制作。
(2)教师展示作业过程需要查阅的资料，并粗略分析此项任务的质量评定要点。

4. 任务实施方案工作记录

任务实施方案工作记录见表 7-4。

表 7-4　任务实施方案工作记录表

姓名		班级		学号		日期	

工作组				
序号	姓名	学号	工作任务	备注

任务方案:(环境保护、可行性、工作效率、经济性分析等)

任务实施记录			
步骤序号	操作过程描述	结果记录	结论

【任务评价】

1. 作业过程质量评价

(1)不同品牌的整车质量担保规定。

(2)不同品牌的汽车备件质量担保规定。

(3)调查报告包括前言、正文、附件三部分,正文主要从整车质量担保、备件质量担保等方面完成。

(4)以小组为单位制作 PPT。

2. 以学习小组为单位,按照项目任务的评价内容与评价标准进行评价(任务评价表详见附录)。

(1)评价项目:知识掌握占 40%,任务完成情况占 40%,职业素养占 20%。

(2)评价方式:组内自评占 30%,组间互评占 30%,教师评价占 40%。

【任务拓展】

捷达车特殊件的质量担保期

特殊件	质保期
控制臂球头销	12 个月或 6 万公里
前后减振器	12 个月或 6 万公里
等速万向节	12 个月或 6 万公里
喇叭	12 个月或 6 万公里
蓄电池	12 个月或 10 万公里
氧传感器	12 个月或 7 万公里
防尘套(横拉杆、万向节)	12 个月或 6 万公里
三元催化转换器	24 个月或 5 万公里

捷达车易损件的质量担保期

易损件	质保期
灯泡	6 个月或 5 000 公里
轮胎	6 个月或 5 000 公里
火花塞	6 个月或 5 000 公里
全车玻璃件	6 个月或 5 000 公里
前制动摩擦衬片、后制动蹄片	6 个月或 5 000 公里
风窗雨刮片	不予索赔

【思考题】

1. 什么是质量担保?

2. 什么是汽车三包?

3. 整车的质量担保要求是什么?

4. 汽车主要总成或系统及备件的质量担保要求是什么?

任务2 索赔管理

【任务分析】

完成汽车产品索赔任务，必须熟悉索赔岗位，了解索赔原则，熟悉并掌握索赔条例、程序和流程。

【相关知识】

一、索赔概述

汽车索赔是汽车生产企业对所生产的汽车产品为客户提供的一种质量担保形式。在质量担保期内，由于产品质量问题导致的车辆故障，由汽车生产企业委托经销商为客户提供的车辆服务或者整车退换服务。

索赔管理是汽车维修企业非常重要的一部分业务，企业可以利用索赔这项服务措施满足客户的合理要求，维护汽车产品品牌形象和提高汽车维修企业的服务满意度。

在质量担保期内，客户在规定的使用条件下使用车辆，由于车辆制造、装配及材料质量等原因所造成的各类故障或零部件的损坏，经过特许经销商检验并确认后均由汽车生产企业提供无偿维修或更换相应零件的费用（包括工时费和材料费），这就是索赔。

索赔对于汽车企业有着非常重要的意义：

（1）使客户对汽车企业的产品满意。

（2）使客户对汽车特约经销商的售后服务感到满意。

二、索赔管理与索赔员岗位

客户购买了某品牌汽车产品，也就意味着他要享受该品牌生产企业所提供的售后服务，其中就包括企业为客户提供的索赔服务。汽车生产企业及经销商索赔员的职业素质体现了汽车生产企业售后服务的品牌形象，也关系到汽车生产企业的产品声誉。

1.索赔员的工作内容

（1）首保免费保养。

（2）处理索赔业务。如果遇到了突发的批量索赔，索赔员需要将信息通报给经销商的技术经理，由技术经理确认故障问题，并在索赔网络系统中填报“车辆信息反馈单”。

（3）索赔件管理。

2.索赔员的岗位要求

（1）接受过汽车生产企业的技术基础培训、索赔培训，经过汽车生产企业的售后服务部门批准才能从事索赔业务。

（2）认真检查索赔车辆，严格执行质量担保条例及有关规定。

(3)坚持索赔原则,秉公办事,讲究效率,保证质量,廉洁服务。

(4)严格按照产品的技术规范要求对产品质量进行检查、测试和分析,准确判断故障原因,正确填报"索赔申请单"。

(5)了解掌握在使用、维修、保养中出现的问题。重大、疑难、特殊质量问题要在规定时间内向汽车生产企业反馈。

(6)向客户宣传汽车生产企业的产品及维修、保养和正确使用的常识。

3.汽车生产企业对经销商索赔工作的要求

(1)索赔业务量每年在2 000台次(不同的品牌有不同的规定)以上的经销商,必须设2名索赔员。

(2)对每月申报"索赔申请单"错误率高于30%(不同品牌的经销商有不同的规定)的经销商,在对其索赔员重新培训后,才可以办理索赔业务。

(3)为了使各个经销商索赔工作能够顺利开展,各个经销商的服务总监应该优先考虑让索赔员参加技术培训。

(4)判断是否给用户办理索赔,只能由取得索赔员业务培训证书的索赔员或者由取得索赔员业务培训证书的服务顾问、服务经理、服务总监进行鉴定。凡违反以上规定,汽车生产企业将会对经销商采取相应的惩罚措施。如将发现的此次索赔费用由经销商自行承担,停止该经销商索赔业务3个月,并在全国服务网对该经销商进行通报批评等。

(5)索赔员一经培训,2年内不得更换。

4.索赔员的培训流程

(1)经销商索赔培训要提前1~2个月提出培训申请。

(2)汽车生产企业的索赔部门接到经销商培训申请后,进行资格审核 。

(3)审核合格后需根据各经销商所提出的索赔培训申请统一制订培训计划并安排培训时间,通知经销商安排索赔员按时参加培训。

(4)培训合格后的索赔员,汽车生产企业的售后服务部门将发给培训合格证书。

三、索赔条例

各汽车生产企业在产品文件上规定的质量担保期的基础上,还会提出一系列的条件来限制一些不合理的索赔要求。不同的汽车生产企业或者是相同的汽车生产企业在不同的时期制定的索赔条例可能都会有不同,但大的原则不会改变。以下是某企业所制定的索赔条例和原则。

1.索赔条例

索赔是汽车生产企业为消费者提供的一种质量担保,但由于以下原因造成的损坏不在索赔范围之内。

(1)由于汽车正常行驶而造成的零部件的正常磨损。

(2)由于客户未按《使用说明书》和《保养手册》上的规定使用汽车,或超负荷使用车辆(如用作赛车),或驾驶习惯不当给汽车零部件造成的损坏。

(3)车辆装上未经汽车生产企业许可使用的零部件,或车辆未经生产企业许可改装过,汽车生产企业有权拒绝客户的索赔要求。

(4)车辆在非汽车生产企业授权的维修站/处保养、维修过。

(5)因为发生交通事故造成汽车的损坏。

(6)由于经销商本身操作不当造成的损伤,经销商应承担责任并进行必要的修复。

(7)汽车生产企业的售后服务网络必须使用汽车生产企业备件部门提供的原装机油(带有专用包装桶),否则不给予首保费用及办理发动机和相关备件的索赔。

2.索赔原则

(1)索赔期间的间接损失(包括车辆租赁费、食宿费、营业损失等)汽车生产企业不予赔偿。

(2)索赔包括根据技术要求对汽车进行的修复或更换,更换下来的零部件归汽车生产企业所有。

(3)经销商从汽车生产企业的备件部门订购的备件在未装车之前发生故障,可以向汽车生产企业的备件部门提出索赔。

(4)关于常规保养,汽车生产企业或客户已经支付给维修企业的费用,维修企业有责任为客户的车辆做好每一项保养工作。如果客户车辆在维修企业保养后,对保养项目提出索赔要求,应由维修企业自行解决。

(5)严禁索赔虚假申报,若发生此种情况,责任由经销商承担。

(6)严禁使用非原厂备件办理索赔,若发生此种情况,责任由经销商承担。

(7)空气滤清器、机油滤清器、燃油滤清器不予索赔。

(8)对于汽车使用维护过程中需要进行的调整项目,各汽车生产企业不单独为客户办理索赔,具体的调整项目如下:发动机 CO 值调整;发动机正式齿带、压缩机皮带张紧度调整;轮胎动平衡检查调整;发动机控制单元基本设定;发动机燃油消耗测定;需要使用检测仪器进行的检测调整;车轮定位参数的调整(前束、外倾);大灯光束调整;汽车行驶超过首保里程,如果空调系统需要加注 R134a 的情况。

3.备件索赔原则

(1)从客户在维修企业购买零件并在维修企业更换之日起(日期以发票为准),如果所购买的备件在 1 年内且汽车行驶里程不超过 10 万公里(一汽大众的规定,不同的汽车生产企业规定可能不同),出现质量问题,客户有权向汽车生产企业的特许维修站提出索赔(特殊件和易损件按相关规定执行)。

(2)关于备件索赔的有关规定说明。

①对于蓄电池的索赔:有的汽车生产企业对于在中转库存储的车辆,需要检查商品车的出厂日期,如果蓄电池发生故障的日期距离出厂日期超过 1 年,只有蓄电池断路故障才可以向汽车生产企业提出索赔申请,对于蓄电池电量不足的情况,不能向汽车生产企业提出索赔申请。

②对于传动轴总成、空调系统及后桥总成的索赔,汽车生产企业原则上不予受理。如果有特殊原因需要索赔,经销商必须做出对索赔原因的书面说明,并传真至售后维修部门的负责人,审核通过后才能办理传动轴总成、空调系统及后桥总成的索赔。

四、索赔程序

客户在汽车产品的质量担保期内,因为产品质量问题向经销商提出索赔时,经销商应按照汽车生产企业的规定按照一定的流程完成索赔工作。

(一)零件索赔流程

1.客户向经销商索赔

(1)客户在使用车辆的过程中,发现车辆出现故障或者存在缺陷,应当向汽车生产企业的特许经销商或维修站提出索赔要求。

(2)特许经销商或维修站的服务顾问查看客户的行驶证和保养手册,验车校对发动机号、底盘号及行驶里程,对故障车辆进行鉴定。在质保期内,符合质保条例的车辆给予索赔,维修工时费、材料费不与客户结算。

(3)特许经销商或维修站的服务顾问询问并确定车辆的故障部位、原因,初步确定是否符合索赔原则,如判断符合,则由服务顾问开具"任务委托书",客户签名,第一联"任务委托书"由客户保存,如判断不符合,则由服务顾问向客户说明原因,经客户同意后开具"任务委托书",进行正常的维修处理。

(4)对于索赔车辆,服务顾问派工并将"任务委托书"的第二联交给维修技师。维修技师依照《任务委托书》的要求对索赔车辆进行拆修检查,确定损坏的零部件。

(5)特许经销商或维修站的索赔员对索赔件进行真假件的鉴定,根据索赔原则判断是否符合索赔条件,如不符合则交给服务顾问处理。

(6)如确定客户车辆符合索赔原则,特许经销商或维修站确认同意为客户索赔,还要视索赔件金额的大小执行不同的索赔程序。不同的汽车生产企业对索赔的管理不同,所以对索赔件金额的限定值也不同。有的汽车生产企业规定索赔金额在5 000元以下的,由特许经销商或维修站索赔员依照索赔原则处理;索赔件价值超过5 000元的,特许经销商或维修站要请示现场服务代表,并在索赔软件管理系统中录入"车辆故障信息报告",现场服务代表批准后,特许经销商或维修站才可以为客户办理索赔业务。

(7)对于经过索赔员或者是汽车生产企业的现场服务代表确认可以索赔的车辆,索赔员在《任务委托书》上签字,并且要在《任务委托书》上填写索赔件的名称及故障现象。

2.特许经销商或维修站向汽车生产企业索赔

(1)索赔软件管理系统每月4次将确认的《索赔申请单》转入索赔结算库,特许经销商或维修站根据索赔软件管理系统中"特许经销商或维修站月结算"信息开具增值税发票,并将发票按要求录入索赔软件管理系统,每月按规定为特许经销商或维修站进行索赔结算。

(2)发票经过汽车生产企业的财务人员审核无误后,汽车生产企业的财务部门通过索赔软件管理系统直接将索赔款转为备件款,如特许经销商或维修站有特殊需求,可以写书面申请直接返款。

3.汽车生产企业向零部件生产企业索赔

(1)汽车生产企业的售后服务部门把审核后的"索赔申请单"按协作厂分类,并打印"售后服务外协件索赔单"。

(2)通知财务部将索赔款从协作厂货款中扣除。

(3)通知协作厂,在规定时间内取回索赔件,如没按规定领取,将做销毁处理。

(二)整车索赔流程

(1)客户提出整车索赔的要求后,特许经销商或维修站服务总监填写“整车索赔申请表”(表7-5),上报汽车生产企业区域负责人。

(2)汽车生产企业的现场服务代表初步判断是否符合整车索赔原则,技术经理进行技术鉴定并向售后产品责任部及现场服务代表反馈鉴定结果。

(3)特许经销商或维修站将汽车生产企业区域负责人批复的《整车索赔申请表》和情况说明报给售后产品责任部。

(4)产品责任部门负责上报各级领导审批并将审批结果反馈给区域相关人员,由现场服务代表和特许经销商或维修站共同为客户办理相关手续。更换整车原则上应该在客户原来购车的经销商处进行,特殊情况可在区域现场服务代表指定的经销商处进行。特许经销商或维修站向客户收取折旧费用(按《整车索赔申请表》中汽车生产企业审批批注的数目)。

表7-5 整车索赔申请表

特许经销商代码:				编号:	
客户单位				联系人	
地址				电话	
车型		底盘号		发动机号	
领证日期		里程数		变速器号	
故障现象:					
检查分析结果(必要时提供数据、图示和照片): 鉴定人: 电话: 公章: 日期:					
售后服务部门处理意见: 科长: 日期:					
售后服务部门处理意见: 部长: 日期:					

续表 7-5

<table>
<tr><td colspan="5">主管总经理意见：

总经理：　　　　　　　　　　　　　　　　　　　　　日期：</td></tr>
<tr><td colspan="5">提车各部门程序</td></tr>
<tr><td colspan="2">售后服务：</td><td colspan="2">储运部门：</td><td>经销商：</td></tr>
<tr><td rowspan="5">经办人：

日期：</td><td rowspan="5">经办人：

日期：</td><td>底盘号</td><td colspan="2"></td></tr>
<tr><td>发动机号</td><td colspan="2"></td></tr>
<tr><td>颜色</td><td colspan="2"></td></tr>
<tr><td>经办人</td><td colspan="2"></td></tr>
<tr><td>日期</td><td colspan="2"></td></tr>
</table>

(5)经销商凭"整车索赔申请表"到区域商品车中转库提车，同时将旧车发送到区域商品车中转库，区域的相关人员将《整车索赔申请表》转给订单管理部门和财务部门，由财务部门负责在经销商的购车款中扣除车辆折旧费用。

(6)经销商负责与客户办理车辆的交接手续。经销商负责支付换车过程中发生的相关费用，准备相关材料，经过区域现场服务代表确认后，传给售后的产品责任部门，客户将原来的购车发票退还经销商，同时经销商为客户开具新的购车发票。

【案例 7-3】

张先生于 2012 年 1 月购买某品牌轿车，同年 6 月车辆行驶约 10 000 公里时车辆右侧 A 柱出现异响。在 4S 店进行 10 000 公里保养时对异响进行了维修，问题没得到解决，同时左侧 A 柱也出现异响。后在 4S 店数次维修，但均没有任何起色，轿车的生产企业也没有给他任何答复，所提出的要对维修方案有一个书面保证的要求也被 4S 店断然拒绝。张先生对此事无法认同，希望能通过媒体的力量帮他获得一个合理的解决方案。

事件处理：在接到张先生的投诉申请后，工作人员即刻便与其取得了联系，就此事做了进一步的沟通了解。张先生因为异响问题没有解决而多次去 4S 店检查维修，花费了诸多的燃油费及交通费，耽误了大量的精力和时间。4S 店目前给他的维修方案是将整个中控台全部拆除，在大梁和加强板的位置上打胶，但对维修之后的效果没有保证，也就是异响问题能不能因此彻底修复不明确，如修不好也没有进一步的方案。对此，张先生表示无法接受，他认为，如果再修不好，4S 店应该对自己出售的商品负责，车辆应退换。

4S 店售后服务部门负责人表示，客户所描述的情况基本属实，目前 4S 店的方案是先对车辆进行修理，依然无法解决就申请厂家的技术援助，看厂家有没有进一步的答复，至于客户提出的书面保证，则无法满足。

汽车生产企业的客服中心还是千篇一律地记录并反馈给有关部门处理。

事件分析：

一般来说，车辆故障大致可分为3类：

(1)人为损坏及外力(包括雷击)因素造成的故障。

(2)零件达到疲劳值或使用年限的老化。

(3)产品质量缺陷(包括设计缺陷、装配缺陷及材料本身的质量缺陷等)。

就本案例中的车辆来说，从买车到现在总计5个多月的时间，期间也没有发生任何撞击事故，所有的保养及检修也都是在4S店做的，在车主报修该故障之前，4S店方面也没有对A柱相关的部位进行过拆装。那么很明显，车辆的故障属于产品本身的质量缺陷，在车辆投入市场流通环节之前就已经存在了。作为生产企业，有着不可推卸的责任，在多次维修不好的情况下应该为张先生换车。

【任务实施】(任务实施条件、安全要求、工作思路、过程记录)

1.实施条件

(1)汽车营销实训室(服务台、工作牌等)。

(2)一台前照灯灯罩有水珠凝结故障的汽车。

(3)索赔员、维修车间工作人员和顾客。

(4)电话一部。

(5)文件夹、纸张等道具。

2.安全要求

(1)电脑正常使用与开关。

(2)注意用电安全。

3.工作思路

本环节是针对客户索赔展开工作。

学生根据前面学习的知识点分小组进行，通过支持、分工、协作完成工作任务。

(1)小组领取任务工单。任务工单：车主赵女士于2021年3月购入某品牌轿车，洗车后发现前照灯灯罩内有水珠凝结。赵女士通过与4S店技术人员电话咨询，了解到前照灯灯罩内凝结的水珠是由于洗车时进了水，只要打开大灯照射(加热)，使灯罩内水雾蒸发就可以使灯罩内的水珠消失，赵女士按照4S店的指导解决了问题。最近由于南方阴雨天多，灯罩内又发现了凝结的水珠，赵女士心里十分郁闷。她去4S店询问有没有根本的解决办法，如果没有办法要求更换前照灯。

(2)教师展示作业过程需要查阅的资料，并粗略分析此项任务的质量评定要点。

4.任务实施方案工作记录

任务实施方案工作记录见表7-6。

表 7-6　任务实施方案工作记录表

姓名		班级		学号		日期	

工作组				
序号	姓名	学号	工作任务	备注

任务方案：（环境保护、可行性、工作效率、经济性分析等）

任务实施记录			
步骤序号	操作过程描述	结果记录	结论

【任务评价】

1. 作业过程质量评价

任务内容	客户索赔处理	姓名			
自评、互评与教师评价					
考核项目	评分标准	分数	学生自评	小组互评	教师评价
小组合作	和谐	15			
活动参与	积极、认真	15			
语言	礼貌、规范	10			
认真检查索赔车辆，做出质量鉴定，准确判断事故原因	专业性	15			
熟悉索赔政策及处理索赔的程序	专业性	15			
沟通能力	强	15			
解决方案	正确、规范	15			
合计：		100			
总评(学生自评 20%＋小组互评 20%＋教师评价 60%)					
教师签字：　　　年　　月　　日					

2. 以学习小组为单位，按照项目任务的评价内容与评价标准进行评价(任务评价表详见附录)

(1)评价项目：知识掌握占 40%，任务完成情况占 40%，职业素养占 20%。

(2)评价方式：组内自评占 30%，组间互评占 30%，教师评价占 40%。

【任务拓展】

一汽大众索赔登记卡的填写

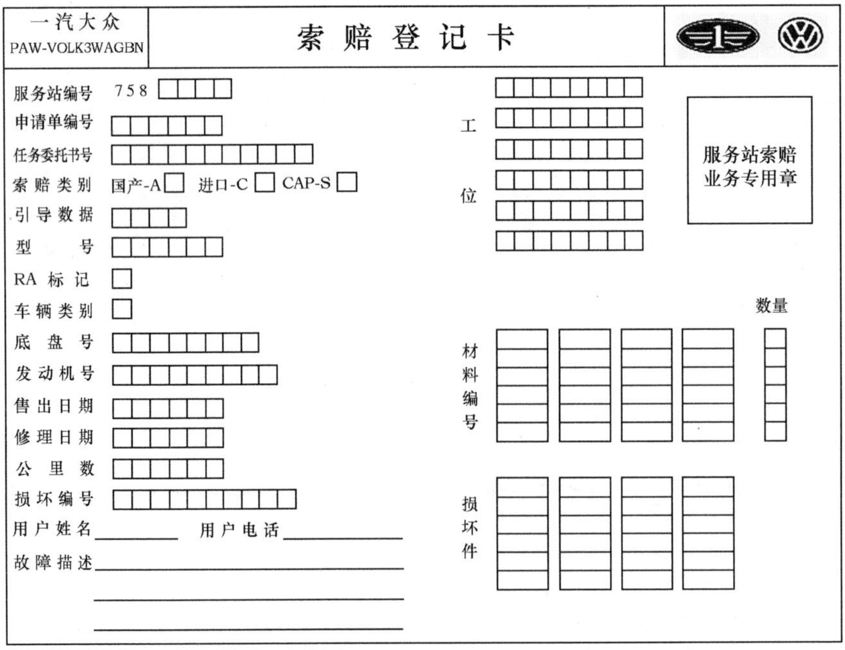
一汽大众
PAW-VOLK3WAGBN
索 赔 登 记 卡
服务站编号 758
申请单编号
任务委托书号
索赔类别 国产-A 进口-C CAP-S
引导数据
型号
RA 标记
车辆类别
底盘号
发动机号
售出日期
修理日期
公里数
损坏编号
用户姓名 用户电话
故障描述
工位
服务站索赔业务专用章
数量
材料编号
损坏件

填写说明：

——服务站编号

一汽大众特约服务站编号为7位数(758 11 01)，由售后服务部提供。其中一汽大众编号为左起3位数字758(1、2、3位)；地区编号为2位数字(4、5位)；服务站编号为2位数字(6、7位)。

——申请单编号

索赔申请单编号，6位数，其中前2位代表年份：1、2位；后四位代表序号：3、4、5、6位。每年年底，售后服务部门都会以文件的形式规定下一年度的《索赔申请单》编号形式，如2005年-700001。

——任务委托书号

任务委托书号由13位数字组成，前2位代表修理类别；后11位代表年、月、流水号。需要注意的是：

(1)修理类别的表示形式：0-首保，1-索赔，2-保养，3-小修，4-大修，5-事故车，6-返工。

(2)年、月、流水号的表示形式：当前年4位，当前月2位，流水号5位。

如对于2004年的第一个索赔申请的任务委托书号为1-20040100001。

——索赔类别

索赔类别用一个大写字母表示(由索赔件的来源决定)，国产厂家A、进口厂家C、一汽大众的自制件为S。凡是超出一年发生的进口件索赔，索赔类别均为“S”，厂家代码填写CAP。

——引导数据

引导数据共4位，揭示各类质量担保形式的可能性，每一位数都有一定的揭示作用，各位数字分别代表：

第一位数：保用车型，1——大众轿车，2——大众载重车，4——奥迪轿车。

第二位数：记账形式，1——贷方凭证，2——额外支付款额，3——顾客全付款额。

第三位数：保用内容，1——整车，2——新部件，3——修复件，4——工业用发动机，5——油漆，6——锈蚀，7——返修，8——库存部件。

第四位数：合同方式，1——保用，2——保用期外优惠待遇(根据保用期外优惠待遇有关规定)，3——保用期外优惠待遇(征得有关人员同意)，4——保用期外优惠待遇询问书。

一汽大众大众品牌现有车型最常用的引导数据如下表所示：

车型	原车索赔/优惠索赔	备件索赔/行动索赔
大众车型	1111/1112	1121/11×1

——型号

型号共6位，由数字或字母组成：

第一位、第二位代表车型，如：捷达：1G，宝来：1J，开迪：2K，迈腾：9X，速腾：9L，高尔夫：2J，进口迈腾：3C。

第三位代表车身类型。

第四位代表车辆的装备。

第五位用字母代表发动机的分类：M代表汽油机，D代表柴油机。

第六位用字符代表传动器的分类：用 A 代表 01M 自动变速器，用 S 代表 5 挡手动变速器。

——RA 标记

RA 标记用 1 位数字表示，对索赔件的修理种类加以区分，对损坏件进行修复，填写“1”，对损坏件进行更换，填写“2”。关于 RA 码标记说明：

索赔内容属于外出服务、运费、油漆、充氟、修复及各种油（液）类的补充等的，RA 码必须为“1”；

为了保证见件索赔的严密性，凡是发生材料费用而没有旧件返回的索赔如各种油（液）类，RA＝2。具体做法：填写一张索赔申请单并附条形码，与装箱单一起放在索赔件包装箱内寄到一汽大众公司指定地点。

——车辆类别

车辆类别由 1 位字母表示：

T——出租车，W——商品车，B——公务用车，P——私人用车。

——底盘号

底盘号共 17 位数字或字母，填写索赔登记卡时只填写底盘号码的后 8 位。

——发动机号

发动机号共 9 位。

——日期、里程

售出日期（购买日期，以购车发票为准）共 6 位，日、月、年份各 2 位。例如：购车日期为 2003 年 1 月 10 日，则该日期应填写“100103”。

修理日期，共 6 位，日、月、年份各 2 位。

里程数，车辆修理时的行驶里程，靠右侧填写。

——损坏编号

损坏编号共 10 位。

——用户信息

用户姓名：详细填写用户姓名，公务用车请填写单位名称；

用户电话：详细填写；

故障描述：详细准确填写故障现象及原因，语言要简练。

——工位

工位由 8 位数字组成，必须按照相应“工位工时定额”进行填写。

【思考题】

1. 什么是索赔？
2. 汽车生产企业拒绝经销商索赔件索赔的原因有哪些？
3. 汽车索赔的原则有哪些？
4. 汽车零件及整车的索赔流程是什么？

项目八　汽车维修企业配件进销存管理

学习资料

【项目学习目标】

通过本项目的学习，了解汽车配件采购和备货流程，具备科学储存配件的能力，熟悉配件销售的基本技能；通过对汽车配件进销存工作流程具体职责与任务要点的学习，利用有关道具，依据服务流程规范和工作任务要求，结合实际工作案例培养学生具备识别汽车配件的能力和良好服务客户的意识，提高配件的有效储存能力等。

【项目任务】

任务1　汽车配件订货与采购

【任务分析】

完成汽车配件订货与采购的任务，是汽车配件销售的第一环节。首先，必须要熟悉配件采购原则、来源渠道及进货方式；其次，掌握汽车配件进货量的确定原理，明确汽车订货采购流程，掌握采购基本技能，并明确此环节工作权限。严格按照流程规范办理手续，才能完成汽车配件订货与采购作业。

【相关知识】

一、汽车配件采购概述

（一）汽车配件采购概念及意义

1.采购概念

采购是一种具体的业务活动，包括选择和购买两层基本含义，即从许多对象中选择若干个，通过商品交易的手段把所选对象从对方手中转移到自己手中。

2.汽车配件采购意义

只有质优价廉、适销对路的商品源源不断地进入企业，才有可能提高为用户服务的质量，满足消费者的需要。搞好进货是搞好销售的前提和保证，只有进得好，才能销得快，才能提高企业经济效益。只有把商品采购组织好，把适销商品采购到企业，才能促使企业发展。

(二)汽车配件采购原则

进货的原则：除了要求采购的商品适销对路外，更重要的是保质、保量并实行包修、包换、包退。主要包含以下几条：

(1)要贯彻“五进、四不进、三坚持”的原则。“五进”即所进配件要符合“优、廉、新、缺、特”。“四不进”指凡属下列情况之一者，均不符合进货要求：一是进货成本加上费用、税金后，价格高于本地零售价的不进；二是倒流的配件不进；三是搭配配件、质次价高或滞销而大量积压的配件不进；四是本地批发企业同时向同地大批量购进的配件不进。“三坚持”即坚持看样选购，坚持签订购销合同，坚持验收后支付货款的原则。

(2)积极合理地组织货源，保证商品适合用户的需要，坚持数量、质量、规格、型号、价格全面考虑的采购原则。

(3)采购的商品必须有产品合格证及商标。实行生产认证制的产品，采购时必须附有生产许可证、产品技术标准和使用说明。

(4)采购的商品必须有完整的内、外包装。外包装必须有厂名、厂址、产品名称、规格型号、数量、出厂日期等标志。

(5)要求供货单位按合同规定按时发货，以防应季不到或过季到货，造成商品缺货或积压。

二、汽车配件采购准备工作

(一)汽车配件进货渠道选择

汽车维修企业的进货，大多从汽车配件生产厂家进货，在进货渠道的选择上，应立足于以优质名牌配件为主的进货渠道，但为适应不同层次的消费者需求，也可进一些非名牌厂家的产品，可按A、B、C类厂顺序选择。

A类厂——全国有名的主机配套厂，这些厂的产品质量优异，多是名牌产品。这类厂生产的配件如果挂上主机厂商标就是原厂件，没有挂上主机厂商标则称为副厂件。这类厂供货可采取先订全年需求量的意向协议，以便于厂家安排生产，再按每季度、每月签订供需合同。

B类厂——生产规模不如A类厂，但配件质量还是有保证的，配件价格比较适中。一般签订较短期的供需合同。

C类厂——一般生产厂，配件质量尚可，价格较前两类厂低。这类厂的配件可作为进货中的补充。订货方式可以采取电话订货的办法，如需签订供需合同，合同期应更短一些。

(二)汽车配件进货方式

1.集中进货

企业设置专门机构或专门采购人员汇总所有销售需求，统一进货，然后分配给各销售部门(销售组、分公司)销售。集中进货可以避免人力、物力的分散，通过大批量进货受到供货方重视，得到较好价格和售后服务，也可节省其他进货费用。在计算机技术蓬勃发展的今天，通过计算机联网，企业可以清楚地知道各销售部门的每笔交易，信息沟通快捷，加以日益完善的物流体系，弥补了集中进货灵活性差的缺点。

2. 分散进货

由企业内部的配件经营部门（销售组、分公司）自设进货人员，在核定的资金范围内自行进货。这种方式限于部分货源紧张的商品，用于配件临时缺货等情况。

3. 集中进货与分散进货相结合

一般是外埠采购以及非固定进货关系的采取一次性进货，办法是由各销售部门（销售组、分公司）提出采购计划，由业务部门汇总审核后集中采购；本地采购以及固定进货关系的则采取分散进货。此种方式充分考虑到灵活性、采购成本及库存成本等问题，最大限度地降低费用。

4. 联购合销

由几个配件零售企业联合派出人员，统一向生产企业或批发企业进货，然后由这些零售企业分销。此类型多适合小型零售企业之间，或中型零售企业代小型零售企业联合组织进货。这样能够相互协作，节省人力，凑零为整，拆整分销，并有利于组织运输，降低进货费用。

（三）汽车配件进货量

1. 按经验、规律确定进货量

（1）摸清市场情况，找出销售规律，确定进货重点。对于销售上升的配件，应保证常年销售不断档；对于具有平稳性、周期性、季节性的配件，应根据实际情况做出进货计划，并注意迎季进货，季末销完；对于随机因素影响的配件，则采取按用户预约登记，及时组织进货的方法。

（2）遵循供求规律，合理确定进货数量。对于供大于求、销售量又不大的配件，要少进，采取随进随销、随销随进的方法。对暂时货源不足、供不应求的紧俏配件，要开辟新的货源渠道，挖掘货源潜力，适当多进，多进多销。对大宗配件，则应采取分批进货的方法，使进货与销售相适应。对高档配件，要根据当地销售情况，少量采购，随进随销、随销随进。对销售面窄，销售量少的配件，可以多进样品，加强宣传促销，严格控制进货量。

（3）按照配件的产销特点，确定进货数量。常年生产、季节销售的配件，应掌握销售季节，季前多进、季中少进、季末补进；季节生产、常年销售的配件，要掌握生产季节，按照企业常年销售情况，进全进足，并注意在销售过程中随时补进；新产品和新经营的配件，应根据市场需要少进试销，宣传促销，以销促进，力求打开销路；对于即将淘汰的车型配件，应少量多样，随销随进。

（4）按照供货单位的远近，确定进货数量。当地进货，可分批次进货，少进、勤进；外地进货，适销商品多进，适当储备。

2. 经济订货批量法

经济批量指通过平衡采购进货成本和保管仓储成本核算，以实现总库存成本最低的最佳订货量。经济订货批量是固定订货批量模型的一种，可以用来确定企业一次订货（外购或自制）的数量。当企业按照经济订货批量来订货时，可实现订货成本和储存成本之和最小化。公式：

$$Q^{*}=\sqrt{\frac{2RS}{IC}}$$

式中：Q^*——经济订货批量；R——配件年需求量；S——每次订货成本；I——单位配件年保管费用占平均库存值的百分比；C——配件单价。

三、汽车配件采购流程

图 8-1 为×××汽车维修企业汽车配件订货流程。根据配件用途分为库存补充件、客户订购件和维修厂急需件，其流程总结为以下六个步骤。

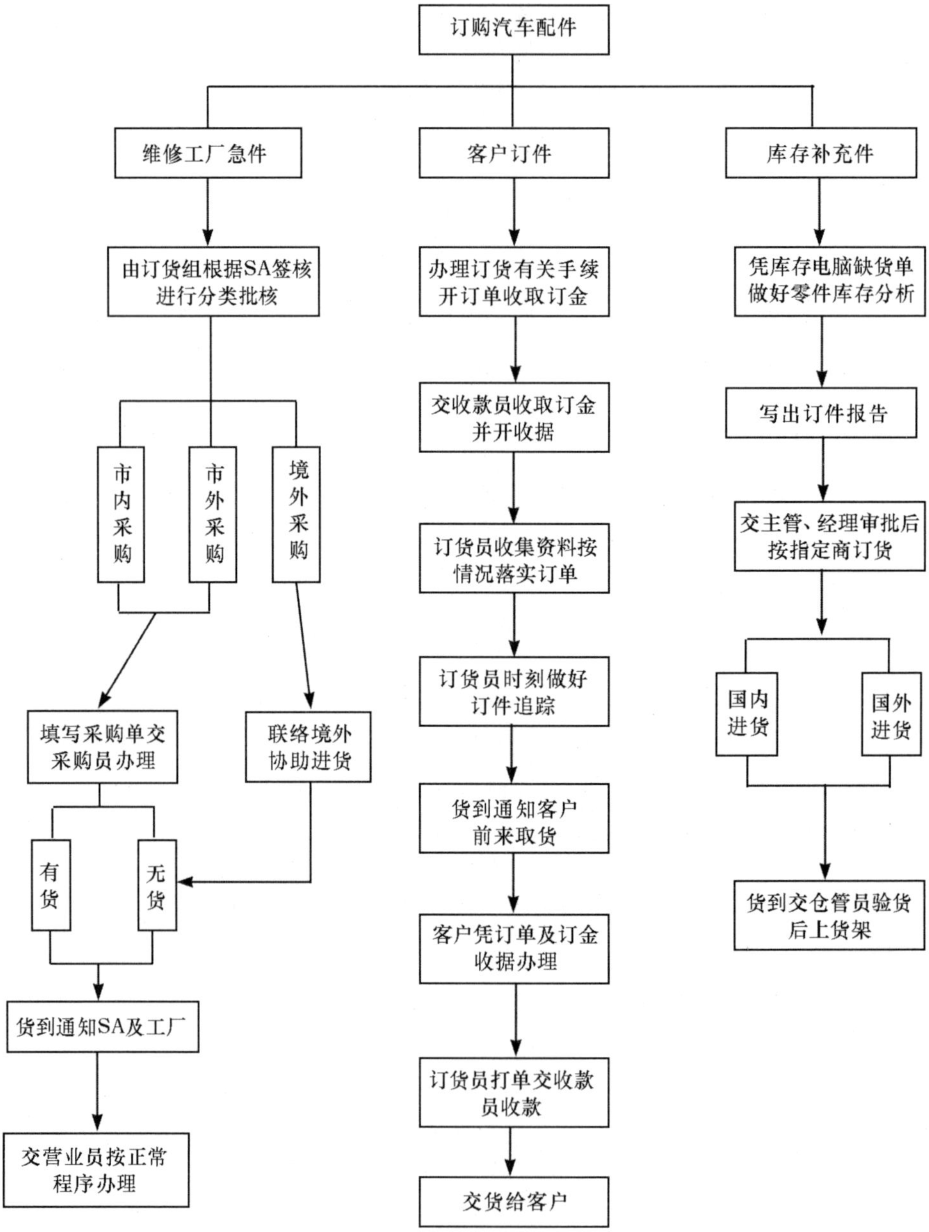

图 8-1 ×××汽车维修企业汽车配件订购程序

(一)采购计划

采购人员制订配件采购计划,先要进行采购预测。采购预测指在配件采购市场调查及取得的资料的基础上,经过分析研究,并运用科学的方法来预测未来一定时期内配件市场的供求及其变化趋势,从而为配件采购决策和制订配件采购计划提供科学的依据。采购人员根据预测及库存情况制作采购计划表。

1.采购预测的基本方法

采购预测的基本方法按主客观因素所起的作用可以分为定性预测法和定量预测法两种。

定性预测法:主要运用有关专家的个人经验或主观判断来进行预测。

定量预测法:主要特点是利用统计资料和数学模型来进行预测。定量分析法包括移动平均法、指数平滑法、线性回归法。

2.库存

配件订货追求的是“良性库存”,即以最合理的库存最大限度地满足用户的需求。具体来说,良性库存就是在一定时间段内以最经济合理的成本,取得合理的配件库存结构,保证向用户提供最高的备件满足率。要实现良性库存,一是提高供应率;二是减少库存、提高效益。具体做法就是“精简库存”。实现良性库存的关键在于依据零件的流通等级确定好库存深度(库存数量)和宽度(库存品种)。

另外,维修部或客户所需配件库存缺货,由营业部开出配件请购单(表8-1)交采购部门。

表8-1　请购单

申购部门:　　　　　　　　　　　　　　　年　　月　　日

序号	名称	规格型号	单位	请购数量	单价	总价	要求到货日期	用途

请购人:　　　部门主管确认:　　　采购经办人:　　　财务:　　　核准:

说明:1.流程:使用部门请购(填写品名、规格、单位、请购数量、要求到货日期、用途等—部门主管确认—主管副总核准—采购);2.采购经办人必须凭核批的请购单及时采购,报账时请购单需附发票和入库单后。

(二)选择供应商

选择供货商需要考虑到供货商的产品价格、产品质量、售后服务、位置、供应商的存货政策及供货柔性等问题。采购人员先选择进货渠道并验看配件质量再可以根据采购计划明细表,经主管审查后填写询价单(表8-2)向各供货商发出询问配件价格。

表8-2　×××汽车服务有限公司询价单　　　　编号:

车辆信息	车型		VIN码	
	发动机型号		其他信息	

续表 8-2

序号	零件名称	零件编号	单位	数量	单价			备注
					纯正	副厂	国产	
1	汽缸盖		个					
2	发动机大修包		个					
3	缸垫		张					
4	缸套		个					
5	活塞		个					
6	活塞环		个					
7	喷油器总成		个					
8	进气门		个					
9	排气门		个					
10	气门室盖垫/上		个					
11	气门室盖垫/下		个					
12	气门摇臂/进		个					
13	气门摇臂/排		个					
14	进气支管垫		个					
15	排气支管垫		个					

联系人： 电话： 传真： E-mail：

(三)采购谈判

采购谈判也叫企业谈判，是指企业为采购商品，作为买方与卖方厂商对购销事务的有关事项，如商品的品种、规格、技术标准、质量保证、订购数量、包装要求、售后服务、价格、交货日期及地点、运输方式、付款条件等，进行反复磋商，谋求达成协议，建立双方都满意的购销关系。在采购谈判中，谈判双方主要就以下几项交易条件进行磋商：

①商品的品质条件；

②商品的价格条件；

③商品的数量条件；

④商品的包装条件；

⑤交货条件；

⑥贷款的支付条件；

⑦货物保险条件；

⑧商品检验与索赔条件；

⑨不可抗力条件；

⑩仲裁。

(四)签发采购订单

与供货商达成协议后，调整订货数量正式签订采购合同。采购合同包括以下内容：商品名称、质量条款、数量和计量单位、商品的价格、产品的包装标准和包装物的供应与回收、商品的验收方法、违约责任、结算方式及交货的期限、地点和方式等。

(五)跟踪订单

订单发出后要跟踪询问，掌握实时动态。

(六)接收货物、核对发票以及划拨货款

配件到货后，企业及时组织采购和库管人员验收，并根据合同处理交接及结算。

【任务实施】(任务实施条件、安全要求、工作思路、过程记录)

1. 实施条件

(1)汽车营销实训室、汽车营销谈判室、服务台、工作牌等。

(2)维修部工作人员、采购部工作人员、供货商和顾客。

(3)电话一部、文件夹、纸张、表格等。

2. 安全要求

(1)电脑正常使用与开关。

(2)出入车间穿工作服。

(3)注意用电安全。

(4)正确使用工具。

3. 工作思路

(1)学生根据前面学习的知识点分小组进行，通过支持、分工、协作完成工作任务。

考核以模拟真实工作情境的形式进行，在规定时间内分角色模拟，完成任务准备过程。

任务工单1：

7月5日，维修部在对王先生的汽车做修理时发现左前门锁马达缺货。请向王先生完成解释并设计订购程序，以及向供货商发出订单。

任务工单2：

7月10日，采购人员依照一份电脑中的配件订货清单，依照实际情况适当调整形成采购计划，向供货商A、B分别询价，选择其一并进行谈判，签订采购合同。

(2)教师展示作业过程的相关资料，并详细讲解考核要点和分值比例。

4. 任务实施方案工作记录

任务实施方案工作记录如表8-3所示。

表 8-3 任务实施方案工作记录表

<table>
<tr><td>姓名</td><td></td><td>班级</td><td></td><td>学号</td><td></td><td>日期</td><td></td></tr>
<tr><td colspan="8">工作组</td></tr>
<tr><td>序号</td><td>姓名</td><td>学号</td><td colspan="3">工作任务</td><td colspan="2">备注</td></tr>
<tr><td></td><td></td><td></td><td colspan="3"></td><td colspan="2"></td></tr>
<tr><td></td><td></td><td></td><td colspan="3"></td><td colspan="2"></td></tr>
<tr><td></td><td></td><td></td><td colspan="3"></td><td colspan="2"></td></tr>
<tr><td></td><td></td><td></td><td colspan="3"></td><td colspan="2"></td></tr>
<tr><td colspan="8">任务方案:(环境保护、可行性、工作效率、经济性分析等)</td></tr>
<tr><td colspan="8">任务实施记录</td></tr>
</table>

步骤序号	操作过程描述	结果记录	结论

【任务评价】

1.作业过程质量评价

以下作业过程质量评价不合格的情况:

(1)订货流程不规范或者缺少步骤。

(2)向客户解释未介绍自己以及主动道歉,未向其介绍解决方案及可能需要的时间。

(3)填写请购单不规范、模糊。

(4)填写询价单不规范、模糊。

(5)未签订合同的,签订合同不规范(可查找资料)。

(6)未进行订单跟踪。

(7)制订采购计划不规范(任务二)。

(8)选择供货商前未检查配件质量。

(9)未与供货商谈判,未遵守谈判礼仪。

(10)其他未遵守礼仪的情况。

2. 以学习小组为单位,按照项目任务的评价内容与评价标准进行评价(任务评价表详见附录)

(1)评价项目:知识掌握占40%,任务完成情况占40%,职业素养占20%。

(2)评价方式:组内自评占30%,组间互评占30%,教师评价占40%。

【知识拓展】

参考以下零部件工作流程图(图8-2),对汽车维修企业的运作有具体的认识。

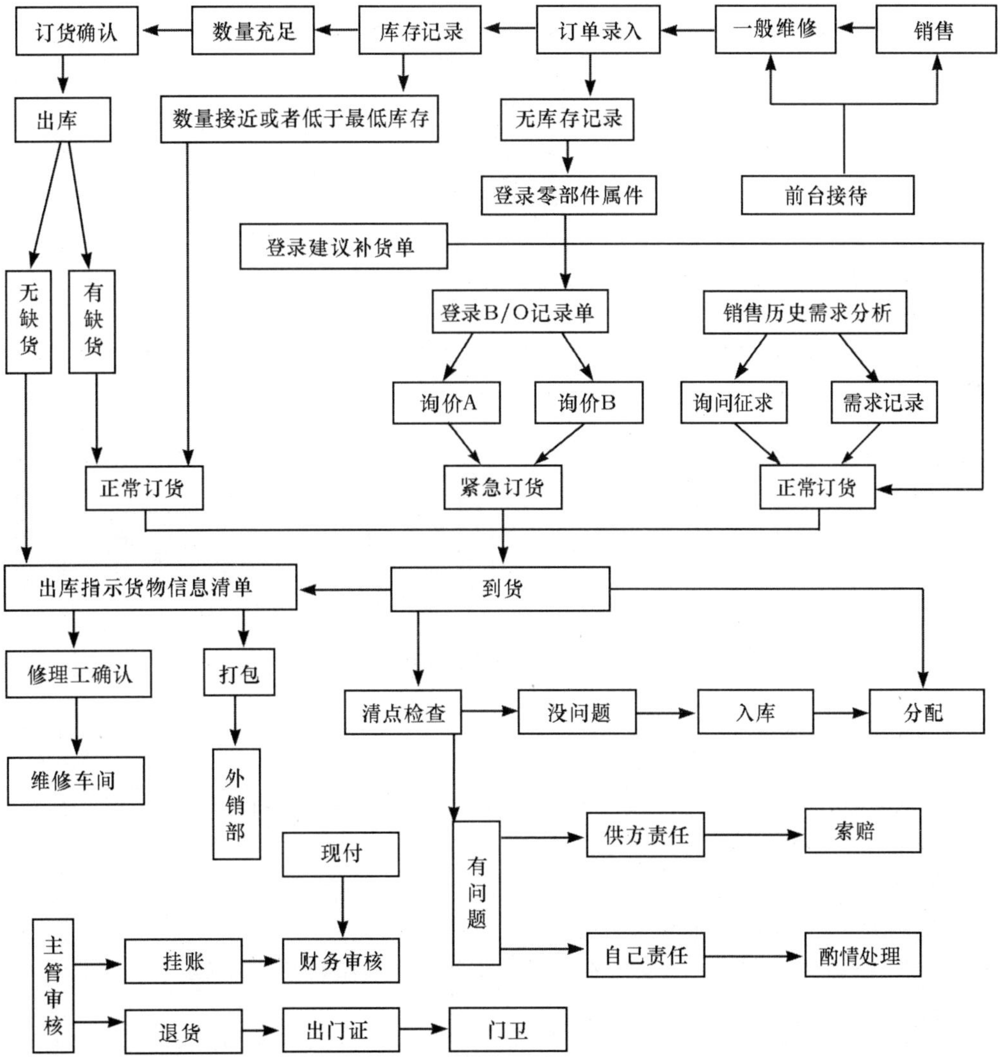

图8-2　零部件工作流程图

【思考题】

1.简述常见配件的供应渠道。

2.根据任务1编写向王先生解释的方案。

3.试述汽车配件采购程序(库存件、急需件)。

【项目任务】

任务2 汽车配件入库管理

【任务分析】

完成汽车配件入库、出库任务,需要熟悉汽车配件验收、入库、仓库管理及出库等几个步骤,掌握配件验收方法,熟悉整个工作流程,并掌握其工作要点,明确此环节工作权限,严格按照规章制度,完成库管工作。

【相关知识】

一、汽车配件入库管理流程

汽车配件入库管理流程如图8-3所示。

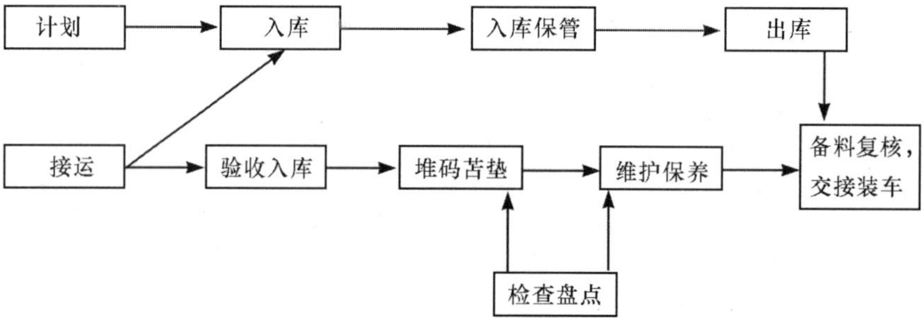

图8-3 汽车配件入库管理流程

二、汽车配件验收入库

汽车配件验收入库的关键是验收。汽车配件涉及的车型多,品种规格复杂,仅一种车型的配件品种就不下数千种。汽车维修企业和配件经营企业一般没有完备的检测手段,但只要我们熟悉汽车结构以及制造工艺和材质等方面的知识,正确运用检验标准,凭借积累的经验和一些简单的检测方法,也能识别配件的优劣。

验收工作流程:验收准备—核对资料—检验实物—填写验收记录入库。

(一)汽车配件验收原则

(1)对全国名牌和质量信得过产品基本免检,定期进行抽检。

(2)对多年多批进货后并经使用未发现质量问题的产品,可采用抽检几项关键项目,以检查其质量稳定性。

(3)对以前未经营过的配件,采用按标准规定的抽检数,在技术项目上尽可能做到全检,以求对其产品质量得出一个全面结论,作为今后进货的参考。

(4)对以前用户批量退货或少量、个别换货的产品,应尽可能全检,并对不合格部位重点检验。对再次发现问题的,应拒付货款,并注销合同。

(5)对一些小厂的产品,往往由于其合格率低,而且一旦兑付货款后,很难索赔,因此尽量不进这类产品,如确需进货,在检验时要严格把关。

(二)汽车配件验收入库

验收入库先应做好验收准备,准备好验收工具、人力及地点等。验收入库应对入库凭证,及入库实物同时进行验收;仓库人员有权拒绝入库凭证不齐、制单不规范、入库凭证内容模糊的实物入库,应拒绝无库位号设置或严重超储的物品入库。

1. 实物入库

仓库管理员对所有配件的入库必须凭管理系统中生成打印的单据进行操作。配件入库单据有:配件入库验收单(表 8-4)、内部调拨单(入库)(表 8-5)、配件销售退货单(表 8-6)、维修领料退料单(表 8-7)等。仓库管理员应拒绝无入库单据或手续不齐全的物资入库。

表 8-4　配件入库验收单

×××汽车客运集团有限公司汽车修理厂
材料入库验收单

入账

单号:　　地址:　　电话:　　邮编:

供应商:　　日期:
备注:　　共　页　第　页

序号	商品编号	材料名称	规格型号	厂家编号	库存数	单位	货位	入库数量
合　计							入库数量:	

业务员:　　制单员:　　打印人员:　　打印时间:

采购验收人:　　入库验收人:

本单一式二联:第一联:入库验收签字后返回前台保存(白);第二联:仓库留存(黄)

表 8-5 内部调拨单(入库)

×××汽车客运集团有限公司汽车修理厂
材料入库验收单

入账

No： 地址： 电话： 邮编：

入库仓库： 调出仓库： 调出日期：
备注： 调拨分类：材料调拨

序号	商品编号	材料名称	规格型号	调出库货位	库存数	单位	移库数量	调入库货位

合计：	入库件数：	入库金额：

打印人员： 打印时间： 共 页 第 页
制单人： 入库验收人： 配送人：
本单一式三联：第一联：入库仓库暂留，当日统一返回前台保存(白)；
第二联：入库仓库留存(黄)；
第三联：验收签字后，配送人员带回交调出仓库(红)。

表 8-6 配件销售退货单

×××汽车客运集团有限公司汽车修理厂
销售材料退料单

入账

No： 地址： 电话： 邮编：

客户： 日期：
备注： 共 页 第 页

序号	材料名称	规格型号	货位	库存数	单位	单价	数量	金额

合计	金额大写：	退现款给客户

业务员： 制单员： 打印人员： 打印时间：
核准人： 验收人： 退料人/客户：
本单一式三联：第一联：签字后仓库暂留，当日统一返回前台保存(白)；
第二联：仓库留存(黄)；
第三联：客户持有，“退现款给客户”的作退款凭证(红)。

表 8-7 维修领料退料单

×××汽车客运集团有限公司汽车修理厂
销售材料退料单

在制

No： 地址： 电话： 邮编：

车牌号码： 日期：
备注： 共 页 第 页

序号	材料名称	规格型号	货位	库存数	单位	单价	退料数量	金额

合计	金额大写：	退现款给客户

业务员： 制单员： 打印人员： 打印时间：

核准人： 验收人： 退料人/客户：

本单一式三联：第一联：签字后仓库暂留，当日统一返回前台保存（白）；
第二联：仓库留存（黄）；
第三联：交客户作结算退款凭证（红）。

仓库管理员对实物入库时，必须验收入库凭证单据，入库单据必须正确完整、符合规定；单据字迹清晰、适合保存；入库单据上所列物资必须注明规格型号、货位。

所有入库配件都必须包装完整，品牌、规格、数量与入库凭证相符及对应。仓库管理员必须严格履行入库验收手续，查点物资的数量、规格型号、合格证件等项目，如发现物资数量、质量、单据等不齐全时，不得办理入库手续。未经办理入库手续的物资一律作待检物资处理放在待检区域内，经检验不合格的物资一律退回，放在暂放区域，同时必须在短期内通知经办人员负责处理。

依据入库单据上的货位，物资摆入货位时，入库物资必须与原货位物资完全一致，内容包括：商品、厂家、外观、规格等，批次、包装不一致应有说明。禁止不一致的物资混杂摆放同一货位。入库时，有必要对原货位物资进行存库核对。

仓库管理员验收合格后，必须在入库单据上签字，字迹要清楚，另外填写验收记录。

2.（无实物）单据性入库

仓库管理员对所有配件的（无实物）单据性入库必须凭管理系统中生成打印的单据进行操作。配件单据性入库单据有：配件入库预收单（单据）、内部调拨单（单据）（表 8-8）、配件销售退货单（单据）、维修领料退料单（单据）等。仓库管理员应拒绝无入库单据或手续不齐全的物资入库。

表 8-8 内部调拨单(单据)

×××汽车客运集团有限公司汽车修理厂
(无实物)内部移库入库单

入账

No: 地址: 电话: 邮编:

调出仓库: 调入仓库: 调出日期:
备注: 调拨分类:维修领用

序号	商品编号	材料名称	规格型号	调出库货位	库存数	单位	领用数量	调入库货位

合计:	移库件数:

打印人员: 打印时间: 共 页 第 页

(应入库、应出库单据配对,相互抵冲,核对无误)

制单人: 单据验收人:

本单一式二联:第一联:仓库签字后前台保存(白);第二联:调入仓库留存(黄)

所有(无实物)单据性入库,必须同时交验(无实物)单据性出库的单据;仓库管理员对单据进行商品、数量、规格型号等审核验收,商品(商品编号)、数量完全相符后,仓库管理员必须在对应的2份单据上签字,并且要字迹清楚。

仓库验收人员仅对(无实物)单据的物品(商品编号)、数量验收负责,对单据中物品的性能及其他差错不承担任何责任。

实物入库与(无实物)单据性入库必须相互区分,分别制单。禁止任何人员对不配套的(无实物)单据性入库单据及(无实物)单据性出库的单据进行签收。

3.配件入库程序

配件入库验收要及时和准确。

①及时:验收要及时,以便尽快建卡、立账、销售,这样可以加速配件的流转,降低利息支出。入库时发现配件数量、质量或包装有问题的,应划清责任,及时妥善处理,以免影响配件保管和流转的质量。

②准确:配件入库验收应根据进仓单所列内容与实物通项核对,同时对配件外观及包装进行检查,适当抽查配件的质量,以保证入库配件数量准确,外观及包装整齐,质量良好。

③点明大件,验收实数。

④核对包装,在清点大件的基础上,对包装物标志和唛头认真核对,只有在实物、标志唛头、入库凭证三项相符时方能入库,如发现问题要协助有关人员查明情况妥善处理。

⑤开箱检验,入库配件属于原包装大批量的,可开箱抽查5%~10%,如发现包装质量或

外观质量有明显问题，可适当增加开箱比例，直至全部开箱查点。属于非原厂包装小批量的或价值高的配件以及国外进口配件，或是包装破损异状的配件，必须全部开箱点验，点验内容包括品名、车型、规格、产地、单价、数量、产品合格证。对配件外观质量作简单查核，经全部查验无误后方可入库保管。

⑥归堆建卡，配件归堆要根据性能特点适当安排货位，归堆时一般按“五五”归堆原则，排好垛位，并与前后左右垛堆保持一定距离，批量大的可另设分堆，但要整存整放，标明数量以及建卡，并注明分堆寄存位置和数量。

⑦上账、退单。仓库保管员根据入库单所列内容和实收数量及货位逐笔逐项登账，并记下入库单中的记账联，作为记账凭证归档保存，另几联分别退还业务和财务。

4.汽车配件鉴别及验收方法

汽车配件验收流程：验收准备—核对资料—检验实物—填写验收记录。

汽车配件鉴别及验收方法主要有“五看”和“四法”。

(1)“五看”

①看商标。要查看商标，上面的厂名、厂址、等级和防伪标记是否真实，正规的厂商在零配件表面有硬印和化学印记，并注明了零件的编号、型号、出厂日期。一般采用自动打印，字母排列整洁，笔迹清晰，小厂和小作坊一般是做不到的。

②看包装。汽车零配件互换性很强，精度很高，为了能较长时间存放、不变质、不锈蚀，需在产品出厂前用低度酸性油脂涂抹。正规的出产厂家，对包装盒的要求也十分严格，要求无酸性物质，不产生化学反应，有的采用硬型透明塑料抽真空包装。考究的包装能提升产品的附加值和身价，箱、盒大都采用防伪标记，常用的有镭射、条码、暗印等。

③看文件资料。一定要查看汽车配件的产品仿单，产品仿单是出产厂进一步向用户宣传产品，为用户做某些提示，帮助用户准确使用产品的资料。通过产品仿单可增强用户对产品的信任感。一般来说，每个配件都应配一份产品仿单(有的厂家配用户须知)。假如交易量相差大，还必须查询技术鉴定资料，进口配件还要查询海关进口报关资料。国家规定，进口商品应配有中文说明，一些假冒进口配件一般没有中文说明，且包装上的外文有的文法不通，甚至写错单词，一看便能分辨真伪。

④鉴别金属机械配件，可以查看表面处理。所谓表面处理，即电镀工艺、油漆工艺、电焊工艺、高频热处理工艺。汽车配件的表面处理是配件出产的后道工艺，商品的后道工艺尤其是表面处理涉及许多现代科学技术。看表面处理有以下几个方面：

a.镀锌技术和电镀工艺。汽车配件的表面处理，镀锌工艺占的比重较大。一般铸铁件、锻铸件、铸钢件、冷热板材冲压件等大都采用表面镀锌。质量不过关的镀锌，表面一致性很差；镀锌工艺过关的，表面一致性好，而且批量之间一致性也没有变化。明眼人一看，就能分辨真伪优劣。电镀的其他方面，如镀黑、镀黄等，大工厂在镀前处理的除锈酸洗工艺比较严格，清酸比较彻底，这些工艺要看其是否有泛底现象。镀钼、镀铬、镀镍可看其镀层、镀量和镀面是否平均，以此来分辨真伪优劣。

b.油漆工艺。现在一般都采用电浸漆、静电喷漆，有的还采用真空手段和高等级静电漆房喷漆。采用提高前辈工艺出产的零部件表面，与采用陈旧落后工艺出产的零部件表面有很大差异。目测时可以看出，前者表面细腻、有光泽、色质光鲜；而后者则光彩暗淡、无光亮，表面有气泡和“拖鼻涕”现象，用手抚摩有砂粒感觉，相比之下，真假非常分明。

c.电焊工艺。在汽车配件中,减振器、钢圈、前后桥、大梁、车身等均有电焊焊接工序。汽车厂的专业化程度很高的配套厂,它们的电焊工艺技术大都采用自动化焊接,能定量、定温、定速,有的还使用低温焊接法等提高前辈工艺,产品焊缝整洁、厚度平均,表面无波纹形、直线性好,即使是点焊,焊点、焊距也很规则,这一点哪怕再好的手工操作也无法做到。

d.高频热处理工艺。汽车配件产品经由精加工以后才进行高频淬火处理,因此淬火后各种颜色都原封不动地留在产品上。如汽车万向节内、外球笼经淬火后,就有显著的玄色、青色、黄色和白色,其中白色面是受摩擦面,也是硬度最高的面。目测时,凡是全玄色和无色的,肯定不是高频淬火。

⑤看非使用面的表面伤痕。从汽车配件非使用面的伤痕,也可以分辨是否是正规厂出产的产品。表面伤痕是在中间工艺环节因为产品相互碰撞留下的。优质的产品是靠提高前辈科学的治理和提高前辈的工艺技术制造出来的。出产一个零件要经由几十道甚至上百道工序,而每道工序都要配备工艺装备,其中包括工序运输设备和工序安放的工位用具。

(2)"四法"

①检视法。

a.表面硬度是否达标。配件表面硬度都有规定的要求,在征得厂家同意后,可用钢锯条的断茬去试划(注意试划时不要划伤工作面)。划时打滑无痕的,说明硬度高;划后稍有浅痕的说明硬度较高;划后有明显划痕的说明硬度低。

b.结合部位是否平整。零配件在搬运、存放过程中,由于振动、磕碰,常会在结合部位产生毛刺、压痕、破损,影响零件使用,选购和检验时要特别注意。

c.几何尺寸有无变形。有些零件因制造、运输、存放不当,易产生变形。检查时,可将轴类零件沿玻璃板滚动一圈,看零件与玻璃板贴合处有无漏光来判断是否弯曲。选购离合器从动盘钢片或摩擦片时,可将钢片、摩擦片举在眼前,观察其是否翘曲。选购油封时,带骨架的油封端面应呈正圆形,能与平板玻璃贴合无挠曲;无骨架油封外缘应端正,用手握使其变形,松手后应能恢复原状。选购各类衬垫时,也应注意检查其几何尺寸及形状。

d.总成部件有无缺件。正规的总成部件必须齐全完好,才能保证顺利装配和正常运行。一些总成件上的个别小零件漏装,将使总成部件无法完成工作,甚至报废。

e.转动部件是否灵活。在检验机油泵等转动部件时,用手转动泵轴,应感到灵活无卡滞。检验滚动轴承时,一手支撑轴承内环,另一手打转外环,外环应能快速自如转动,然后逐渐停转。若转动零件卡滞、转动不灵,说明内部锈蚀或产生变形。

②敲击法。判定部分壳体和盘形零件是否有裂纹、用铆钉连接的零件有无松动以及轴承合金与钢片的结合是否良好时,可用小锤轻轻敲击并听其声音。还可采用浸油敲击法,检验时,将配件浸入柴油中一段时间,取出后擦干表面,撒上白粉,用小锤轻轻敲击,看白粉是否变湿,以此检验配件是否有裂纹。

③比较法。用标准零件与被检零件做比较,从中鉴别被检零件的技术状况。例如气门弹簧、离合器弹簧、制动主缸弹簧和轮缸弹簧等,可以用被检弹簧与同型号的标准弹簧比较长短,即可判断被检弹簧是否符合要求。

④测量法。检查结合平面的翘曲采取平板或钢直尺作基准,将其放置在工作面上,然后用塞尺测量被测件与基准面之间的间隙。检查轴类零件测量曲轴轴颈尺寸的误差,一般用外径千分尺测量,除测量外径,还需测量其圆度和圆柱度。测量时,先在轴颈油孔两侧测量,然后转90°再测量。

(三)汽车配件出库

汽车配件出库流程见图 8-4。

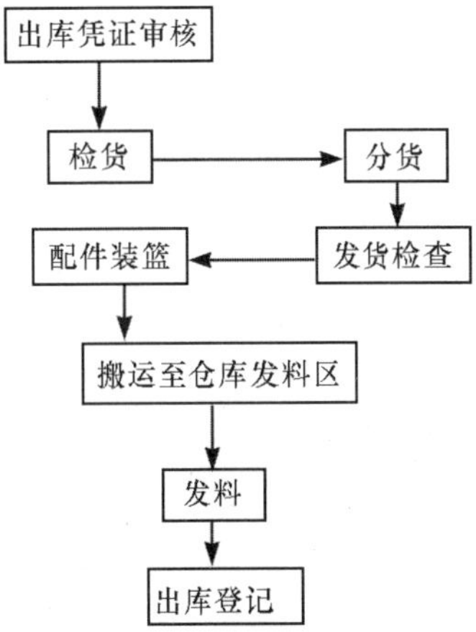

图 8-4　汽车配件出库流程

仓库管理员对所有配件的出库必须凭管理系统生成打印的单据凭证进行操作。配件出库单据凭证有:配件销售单、维修领料单、内部调拨单(表 8-9)、配件入库退货单、内部领料单等。各类材料的发出,采用凭单发货、先进先出、及时准确及包装完好的原则。内部领料的物料必须由分管领导签字,并由分管领导(或其指定人员)统一领取。仓库管理员对实物出库时,必须验收出库凭证单据,出库单据必须正确完整、符合规定;单据字迹清晰、适合保存,出库单据上所列物资必须注明规格型号、货位。

所有出库配件都必须包装完整,品牌、规格、数量与出库凭证相符及对应。仓库管理员必须严格履行出库手续,以货位为基准,对应发出领用物资;仓库管理员发料时,有必要对原货位物资进行存库核对。

仓库管理员发料验收后,必须在出库单据上签字,做出库登记。

表 8-9　内部调拨单(出库)

×××汽车客运集团有限公司汽车修理厂
内部移库出库单

入账

No:　　地址:　　电话:　　邮编:

调出仓库:　　调入仓库:　　调出日期:

备注:　　调拨分类:材料调拨

序号	商品编号	材料名称	规格型号	调出库货位	库存	单位	移用数量	调入库货位

合计:	移库件数:	移库金额:

打印人员:　　打印时间:　　共　页　第　页

调拨人/核发人:　　发料人:　　领料人:

本单一式三联:第一联:调出仓库保存(白);

第二联:调出仓库暂留,当日统一返回前台留存(黄);

第三联:随物品至调入仓库(红)。

【任务实施】(任务实施条件、安全要求、工作思路、过程记录)

1.实施条件

(1)汽车营销实训室、备件仓库。

(2)采购部工作人员、库管人员、维修部工作人员及供货商。

(3)汽车配件检验工具三套、电脑、文件夹、纸张等道具。

2.安全要求

(1)电脑正常使用与开关。

(2)注意车间及仓库防火等安全措施。

(3)正确使用工具。

3.工作思路

依照汽车维修企业汽车配件入库、出库流程的每个环节对学生进行专项训练,分步训练完成,向学生提供多个入库、出库实务案例,学生可以根据前面学习的知识点分小组进行,以此提高学习的兴趣;工作任务工单的领取、策划、实施,增强学生的实践经验。每人扮演不同角色,引导思考在此环节采购人员及库管人员的职责划分和必备技能。

(1)小组领取任务工单。考核以模拟真实工作情境的形式进行,在规定时间内分角色模拟,完成任务准备过程(请先准备好各种任务所需单据凭证)。

任务工单1:

2021年7月10日,某汽车4S店已经接收到某供货商送达的采购商品。请设计入库验收程序,并对商品进行验收。此环节要明确采购人员、库管人员及供货商各自职责。

任务工单2:

7月12日,维修部工作人员在为客户维修车辆,需要一些维修材料和更换的配件,请设计此环节配件出库流程。维修完成后发现有材料剩余,请提出解决方案。

(2)教师展示作业过程的相关资料,并详细讲解考核要点和分值比例。

4.任务实施方案工作记录

任务实施方案工作记录见表8-3。

【任务评价】

1.作业过程质量评价

以下为作业过程质量评价不合格的情况:

(1)入库、出库流程不规范或者缺少步骤。

(2)配件验收方法不规范,不会使用工具或工具使用不规范。

(3)配件验收流程不规范,步骤缺少或混乱,验收结果未处理。

(4)入库、出库凭证不齐备。

(5)工作人员各自工作职责不明确,该签字未签字的。

(6)出库、再次入库前未验货。

(7)未登记就出库。

(8)剩余材料未处理。

(9)其他未遵守程序及礼仪。

2.以学习小组为单位,按照项目任务的评价内容与评价标准进行评价(任务评价表详见附录)

(1)评价项目:知识掌握占40%,任务完成情况占40%,职业素养占20%。

(2)评价方式:组内自评占30%,组间互评占30%,教师评价占40%。

【知识拓展】

储存业务原则

①仓管员应依物料特征、体积、数量、分库、分区、分类存放;

②仓管人员应绘制仓库平面图,表明各类商品存放位置,并贴于明显处;

③各类商品应堆放整齐,标示清楚;

④每月应核对账料,遇账实不符,应及时追查原因,经公司负责人核准后方可调整;

⑤仓库应设置相应的消防设备和报警装置;

⑥仓库内应保持清洁、干燥和通风;

⑦建立健全岗位责任制,加强火源、电源管理;

⑧做好防火、防盗、防汛、防虫和防潮工作。

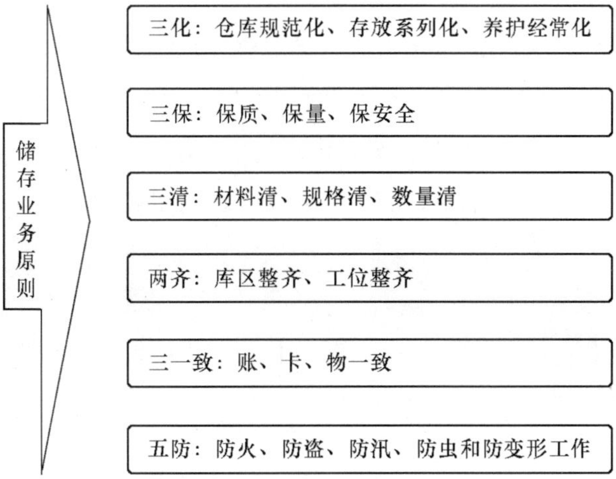

【思考题】

1.简述汽车配件入库流程。

2.简述汽车配件出库流程。

3.试述汽车配件验收方法。

4.如果配件验收时查出有部分配件质量不合格,该如何处理?

【项目任务】

任务3 汽车配件仓储设计

【任务分析】

完成汽车配件仓储任务，首先要熟悉汽车配件的分类，掌握配件按类别分区储存的原理，明确各种配件摆放、养护及保管的方法。本任务要求对仓储进行科学设计，提高保管质量，这是保证所储存的汽车配件价值的重要手段。

【相关知识】

一、汽车配件认知

汽车配件是指构成汽车整体的各个单元及服务于汽车的一种产品。

(一)汽车零部件术语

1.零件

零件是汽车的基本制造单元，它是不可再拆卸的整体，如活塞、活塞销、气门、气门导管等。

2.合件

由两个以上的零件组装，起着单一零件作用的组合体称为合件，如带盖的连杆、成对的轴瓦、带气门导管的缸盖等。合件的名称以其中的主要零件而定名，例如，带盖的连杆，则定名为连杆。

3.组合体

由几个零件或合件组装，但不能单独完成某一机构作用的组合体称为组合件，如离合器压板及盖、变速器盖等。有时也将组合件称为“半总成”件。

4.总成件

由若干零件、合件、组合件装成一体，能单独起着某一机构作用的组合体称为总成件，如发动机总成、离合器总成、变速器总成等。

5.车身覆盖件

由板材冲压、焊接成形，并覆盖汽车车身的零件称为车身覆盖件，如散热器罩、叶子板等。

6.汽车标准件

按国家标准设计与制造，对同一种零件统一其形状、尺寸、公差、技术要求，能通用在各种仪器、设备上，并具有互换性的零件称为标准件，例如，螺栓、垫圈、键、销等。其中适用于汽车的标准件，称为汽车标准件。

7.汽车材料

指的是汽车的运行材料，如各种油料、溶液、汽车轮胎、蓄电池、标准轴承（非专用）等。大多是非汽车行业生产而由汽车使用的产品，一般不编入各车型汽车配件目录，所以也将其称为汽车的横向产品。

（二）汽车配件分类

（1）发动机系统（滤清器、发动机总成、冷却系统、活塞、连杆总成）。

（2）点火系统（火花塞、点火开关、预热塞、点火线圈、点火模块）。

（3）传动系统（离合器、离合器片、减速器总成、传动带、变速器）。

（4）转向系统（方向盘、转向助力器、转向拉杆、球头销、转向节）。

（5）制动系统（刹车片、刹车盘、ABS、空气压缩机、制动器总成）。

（6）驱动系统（轮胎、轮毂、钢圈总成、桥壳、减振器）。

（7）电子电气系统（蓄电池、汽车空调及附件、发电机、马达）。

（8）汽车影音娱乐（车载 DVD、车载 MP3、汽车音响、车载电视）。

（9）汽车安全用品（GPS 导航、北斗导航、防盗器、倒车雷达、摄像头、后视镜）。

（10）车身附件（雨刮器、外观件、汽车玻璃、车架总成、车锁、大灯、雾灯、刹车灯、转向灯、装饰灯、汽车地毯、坐垫、靠垫、车内摆饰、方向盘套、大包围、保险杠、轮毂盖、排气管、定风翼）。

（11）维修保养设备（钣金设备、千斤顶、工具架、黄油枪、汽修工具、举升机、烤漆房、整形机、补胎机、烤漆机、检测仪、检漏仪、试验台、定位仪、检测台、修补漆、防冻液、打蜡机、抛光机、清洗设备）。

（12）其他（运输车、汽车起重机、叉车、油罐车、消防车、汽车弹簧、轴承、标准件、紧固件）。

二、汽车配件库房规划

汽车配件库房规划见图 8-5。

一个汽车维修企业仓库的汽车配件数目庞大，做库房规划一定要制订一个科学、合理的配件存放管理体制。我们可以根据配件特点实行分区、分类和定位管理。

（一）货架

1.货架布局

汽车配件货架布局常用垂直式布局。垂直式布局分为横列式、纵列式和横纵式 3 种。

（1）横列式（图 8-6）。料架或料垛的排列与库墙和通道相互垂直。

优点：整齐美观，查点、存取方便；通风和自然采光良好；便于机械化作业。

缺点：主通道占地多，利用率低。

（2）纵列式（图 8-7）。料架或料垛的长度与库房的长度方向平行。

优点：仓库面积利用率高。

缺点：存取不便，通风和自然采光不良。

（3）纵横式（图 8-8）。一个仓库中既有横列式又有纵列式，综合了两者优势。

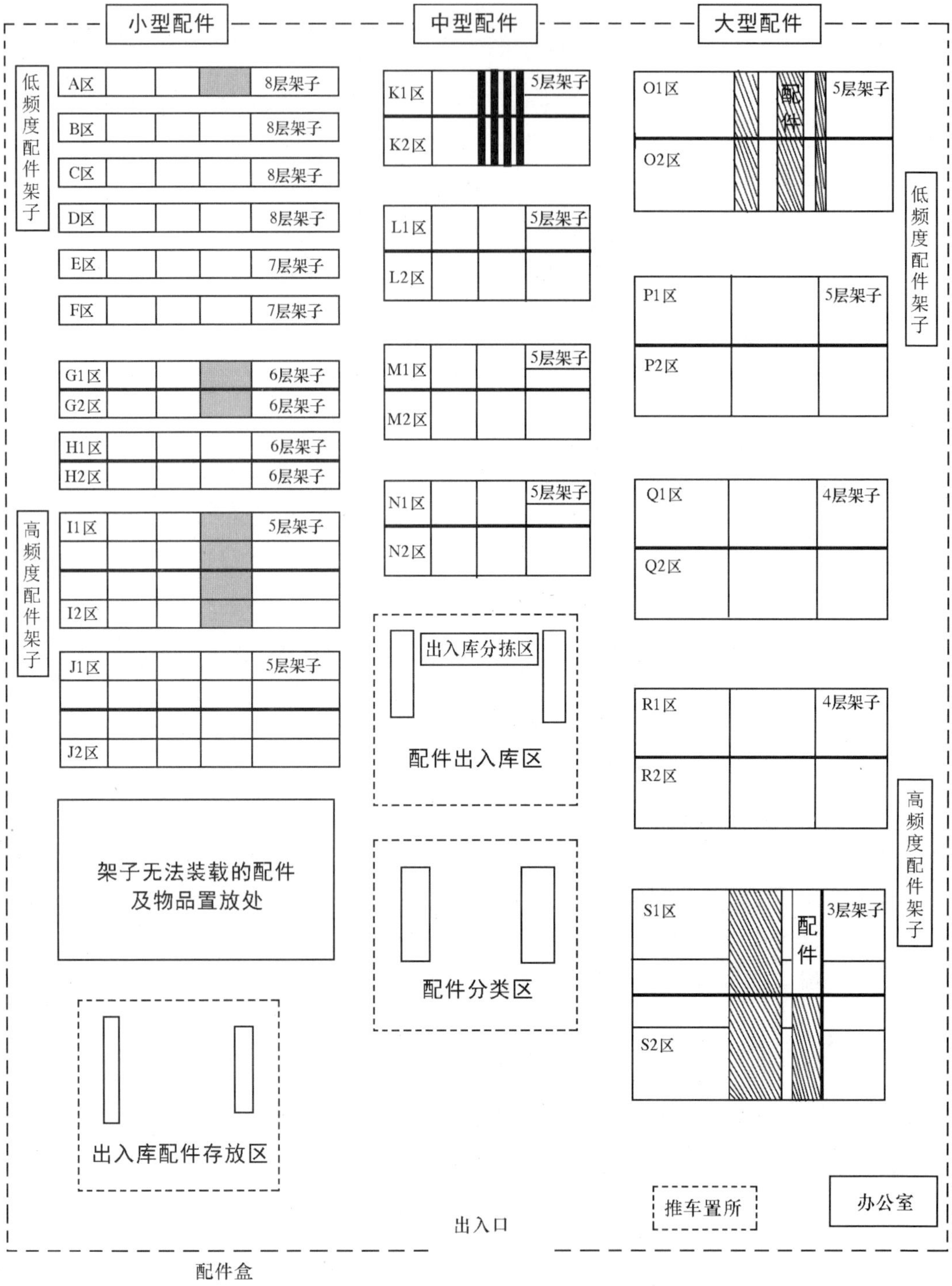

图 8-5 汽车配件仓库布局图

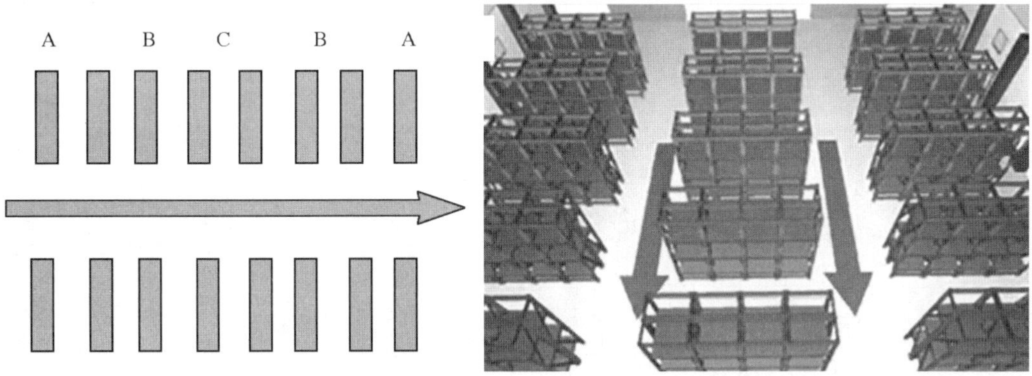

图 8-6　横列式布局

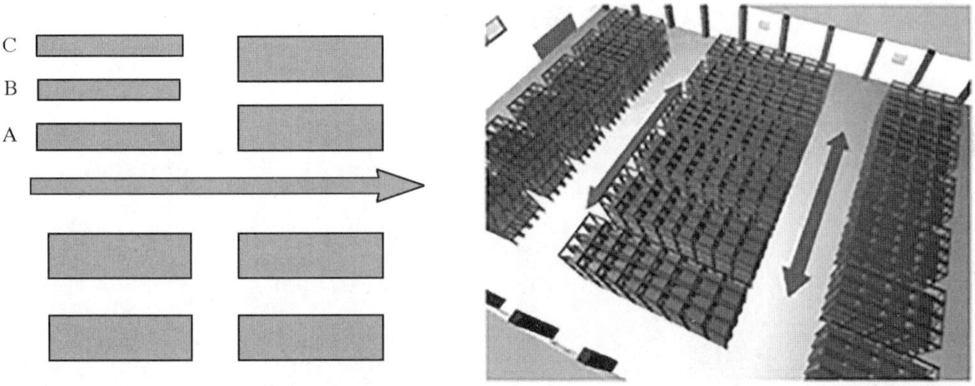

图 8-7　纵列式布局

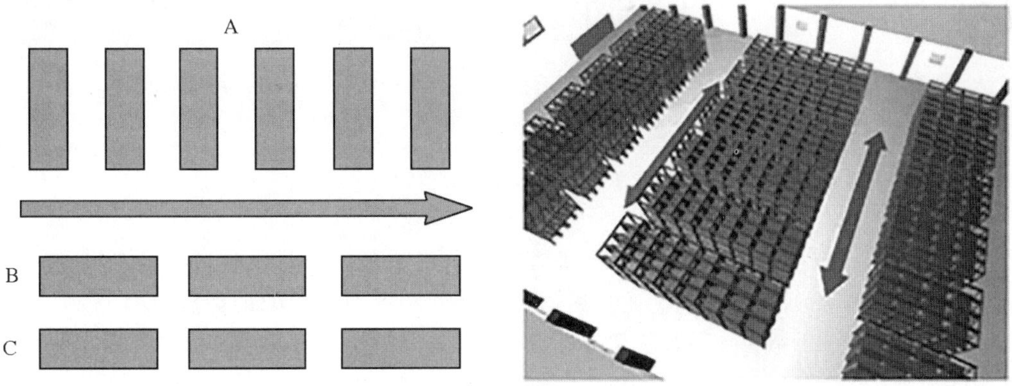

图 8-8　纵横式布局

2. 货架及货架摆放

根据零部件大小、形状及数量选择合适货架(图 8-9 至图 8-12),小的零件要放在零件盒内。货架主通道、货架间拣配通道的大小根据库房的实际大小确定,货架主通道在 1.5 米以上为宜,拣配通道中的小件货架拣配通道在 0.75～0.8 米为宜;中件货架拣配通道在 0.8～

0.9 米为宜；大件货架拣配通道在 1～1.3 米为宜。对配件库房进行总体规划，不同类型的货架分区布局，小件货架集中并靠近门口，大件货架次之，专用货架靠近里边。对货架主通道、拣配通道、货架、仓位等进行编码。

图 8-9 可拆卸、调整层高的货架

图 8-10 低层货架(单位:毫米)

图 8-11 专用货物箱(单位:毫米)

图 8-12 高层货架

(二)配件库房的规划

1.基本要求

库房工作区应有明显的标牌，如“配件销售出货口”“车间领料出货口”等。发料室、备货区、危险品库房等应有足够的进货、发货通道和配件周转区域。货架的摆放要整齐划一，库房的每一条过道都要有明显的标示，货架应标有位置码，货位要有配件号和配件名称。不宜将配件堆放在地上，为避免配件的锈蚀及磕碰，必须保持完好的原包装。易燃、易爆物品应与其他配件严格分开管理，存放时要考虑防火、通风等问题。危险品要分库管理。库房内应有明显的防火标志和齐备的消防设施。非库房人员不得随便进入库房，库房内不得摆放私人物品。索赔件必须单独存放。

2.配件分区分类

根据配件的大小、形状、重量及特性等对所有的配件进行分类，分为中小件、中件、大件、不规则件、油品等，并用代码表示以方便记录(表 8-10)。对配件进行大、中、小分类后，统计各种类型的配件品种数，确认所需库位数量。

表 8-10　汽车配件代码分类

序号	种类	种类代码	举例
1	中小件(over pack)	小	油封、螺栓、火花塞等
2	中件(large semi)	中	发电机、前大灯等
3	大件(bulk)	大	保险杠、座椅等
4	不规则件(jumble)	不规则	油管、消声器等
5	车身装饰条/护板(molding)	装饰件	裙板等
6	危险品/化学品(hazard)	油	油品、油漆等
7	轮胎(tire)	轮胎	轮胎、电瓶
8	玻璃(glass)	玻璃	挡风玻璃等

进行汽车配件存放时按汽车配件类型把相似的零件排放在一起；一个单位的汽车配件，只要性质相近和有消费连带关系的，安排在一起存储；互有影响、不宜混存的汽车配件，一定要隔离存放；按作业安全、方便分区分类；消防灭火方法不同的汽车配件不得一起存储。

(三)配件摆放

配件摆放遵循以下七原则。

1.相似零件摆放在一起

相似零件摆放在一起(图 8-13)，优化了存储空间，可以获得最短的入出库的线路。

2.扁平和长条零件竖直摆放

如车门、排气管、挡风玻璃、减振器等扁平和长条的零部件宜竖直摆放(图 8-14)。竖直放置可以充分利用仓库空间，避免由于堆放造成的零件损坏。

图 8-13　长条配件的摆放方式

图 8-14　竖直放置的排气管

3.快流件放在伸手可及的区域

伸手可及既避免了使用不必要的工具(如梯子)，也避免了不必要的查找，节省时间，提高效率。快流件放在最易拿取的位置。

4. 重物放在较低位置或腰部位置的货架

重物放在较低位置或腰部位置的货架，为员工提供更安全的工作环境，消除了安全隐患。

5. 每个零件号码要有一个相对应的货位

确保货物一物一位，每个位置只能有一个零件号码且不要用零件号代替货位号，摆放时应标签朝外。

6. 可视化的异常零件数量管理

目视化管理异常数量货位（图 8-15），在货架上方标有红色警戒线，在已满货位用红色箭头标识，可以及时发现异常零件，避免库存积压，容易发现异常状况并及时改善导致异常的原因。

7. 根据零件流动率确定零件存放位置

大型较重零件靠近入库口侧，小型零件靠近出库口侧，快流件靠近出库口侧，慢流件集中放置。摆放时设置合适的货架尺寸，选用合适的库存管理设备。

图 8-15 可视化的异常零件

（四）汽车配件位置码的编制

位置码又称货位码或料位码，是标明配件存放位置的代码。根据位置码我们可以找到唯一的一点与之相对应，找到该配件的位置。

位置码编制规则

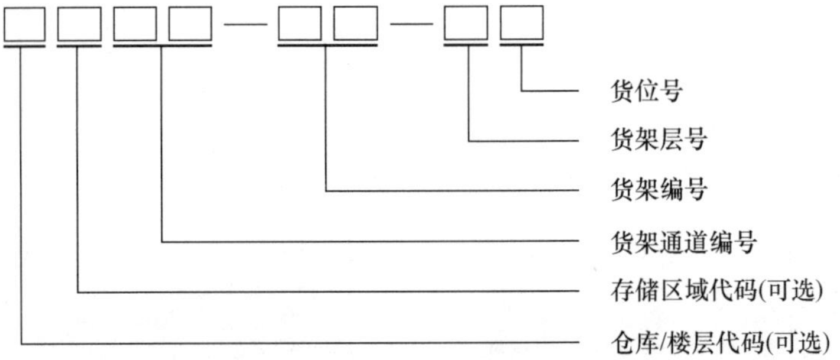

编制位置码时数字与英文字母间隔使用，如仓库为 01 库，存储区域为 A 区，货架通道再使用数字编制，一直到最后的货位号。当 26 个英文字母不够用时，可将 26 个英文字母排列组合，以增加表示的范围，如 AA，AB，AC……；对于同一过道或同一货架，以下字母不要同时使用（如 Cc，Ii，Juju，Kaka，Oyo，Pp，Ss，UGu，Vv，Wow，Xx，Hz 等），避免发生混淆。将配件存放在货架上时，要考虑预留空货位，它可作为配件号的更改及品种增加时的补充，这些预留货位可以直线排列、对角排列或间隔排列（图 8-16）。

设计货架标牌、仓位标签、零件盒的规格。统一制做货位所需要的标牌、仓位标签，并按照要求悬挂、粘贴各种标签和标识（图 8-17，图 8-18）。

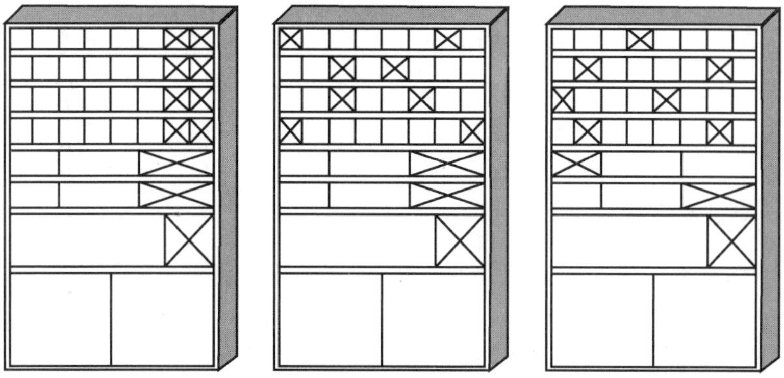

(a) 直线排列　　(b) 对角排列　　(c) 间隔排列

图 8-16　货架预留货位排列图

图 8-17　配件位置标识(1)

图 8-18　配件位置标识(2)

三、汽车配件保管养护

(一)配件保管养护

配件应存放在干燥通风的仓库内,库房温度一般应在 20～30 ℃,相对湿度一般在 75%以下,对易吸潮锈蚀的配件,须将货垛设在离开地面的空心垫板上,便于空气流通。库管员应做好仓库内外温湿度日常变化记录,保持和调节好仓库的温湿度,对易吸潮配件要注意更换防潮剂,对防虫蛀配件,夏季要放樟脑丸。

配件在入库验收时,除对配件的名称、规格、计量单位、数量核对无误外,还要检查其是否有破损、缺件、锈蚀、内外包装不良及有无着雨受潮等情况,以便及时进行索赔和采取措施。

要根据配件的制造材料、结构形状、质量、体积、性能等特点,安排储存仓位、堆垛方法和堆垛数量,以确保在储存的过程中不受损失。储存配件的垛位,相互之间要留有一定的距离,一般为 0.5～1 米,垛位与墙的距离为 0.1～0.3 米,另外还要留出柱距、顶距和灯距以保持通道的通风、光照和安全。

要定期和不定期地对配件进行储存质量的检查,发现问题时应及时报告,以便采取措施挽回损失。要经常对仓库的安全及消防器材进行检查,检查内容包括消防器材是否配置齐全、有效,垛位有无倾斜,门窗、水道等有无损坏、渗漏、堵塞等现象。当出现异常情况时,要立即采取防范措施。配件实行“先进先出”原则,对将要或已超过储存期的配件应由仓管员及时出具清单向配件经理汇报,配件经理及时与质量总监进行验证、评审和处理。

(二)金属配件养护

金属制品在储存期间发生锈蚀是常见的现象,锈蚀不仅影响金属制品的外观质量,造成商品陈旧,而且使其机械强度下降,从而降低其使用价值,严重者甚至报废。例如,各种金属制品因锈蚀使表面形成斑点、凹陷,难以平整并保持锋利;精密量具锈蚀,可能影响其使用的精确度。

保管金属制品的场所,不论是库内还是库外,均应清洁干燥,不得与酸、碱、盐、气体和粉末类商品混存。不同种类的金属制品在同一地点存放时,也应有一定的间隔距离,防止发生接触腐蚀。金属配件防锈一般采用以下几种方法。

1.涂油防锈

涂油防锈是金属制品防锈的常用方法。它是在金属表面涂刷一层油脂薄膜,使商品在一定程度上与大气隔离开来,达到防锈的目的。这种方法省时、省力、节约、方便,且防锈性能较好。涂油防锈一般采取按垛、按包装或按件涂油密封。涂油前必须清除金属表面灰尘污垢,涂油后要及时包装封存。

防锈油是以油脂或树脂类物质为主体,加入油溶性缓蚀剂所组成的暂时性防锈涂料。防锈油中的油脂或树脂类物质为涂层和成膜物质,常用的有润滑油、凡士林、石蜡、沥青、桐油、松香及合成树脂等。将金属制品浸涂或热刷防锈油,可以在一定的时间内隔绝大气中的氧、水分以及有害气体对金属制品的侵蚀,以防止或减缓锈蚀。

2.气相防锈

气相防锈是利用挥发性缓蚀剂,在金属制品周围挥发出缓蚀气体,来阻隔腐蚀介质的腐蚀作用,以达到防锈目的。气相缓蚀剂在使用时不需涂在金属制品表面,只用于密封包装或容器中,因它是一些挥发性物质,在很短时间内就能充满包装或容器内的各个角落和缝隙,既不影响商品外观,又不影响使用,也不污染包装,是一种有效的防锈方法。

(1)气相防锈纸。气相防锈纸适用于铁金属、合金钢、铸铁、铜、黄铜、青铜、电镀金属、锌及合金、铬及合金、镉及合金、镍及合金、锡及合金、铝及合金等各种金属材料及制品。其使用中应注意防锈纸与被防锈物品表面要尽量紧密接触,在两者之间不能有障碍物阻隔。包装前被防锈物品表面应处于洁净、干燥、无异物状态。若被防锈物品表面规则,可采用单体全覆盖方式(气相防锈纸使用面积与物品表面积近似),并密封接口处。也可在密封包装单元内(周转箱、塑料袋等)将气相防锈纸作为内衬或隔层垫纸使用。包装时应戴干净手套操作,不要用裸手接触被防锈物品。

(2)粉末法气相防锈。粉末法气相防锈是用气相防锈缓蚀粉末,均匀喷洒在金属制品表面或撒装入金属商品的包装袋中,也可制成片剂、丸剂放入包装然后密封,即可起到防锈作用,一般适用于大型部件如发动机总成等。

③溶液法气相防锈。溶液法气相防锈是用有机溶剂或水来溶解气相缓蚀剂而成的溶液，浸涂或喷涂于金属制品表面，形成一层缓蚀剂薄膜，外用苯甲酸钠防锈蜡纸包装，并用聚乙烯薄膜塑料袋密封，在相对湿度较高的环境，十分有效。

3.塑料封存

塑料封存就是利用塑料对水蒸气及空气中腐蚀性物质的高度隔离性能，防止金属制品在环境因素作用下发生锈蚀。常用的方法有：

(1)塑料薄膜封存。将塑料薄膜直接在干燥的环境中封装金属制品，或封入干燥剂以保持金属制品的长期干燥，不至于锈蚀。

(2)收缩薄膜封存。将薄膜纵向或横向拉伸几倍，处理成收缩性薄膜，使得包装商品时薄膜会紧紧黏附在商品表面，既防锈又可减少包装体积。

(3)可剥性塑料封存。以塑料为成膜物质，加入增塑剂、稳定剂、缓蚀剂及防霉剂等加热熔化或溶解，喷涂在金属表面，待冷却或挥发后在金属表面可形成保护膜。阻隔腐蚀介质对金属制品的作用，达到防锈的目的。它是一种较好的防锈方法。

4.涂漆或喷漆

要求外观光洁和美化的配件，如灯具、机油滤清器、空气滤清器、钢板弹簧、减振器等，可以涂漆或喷漆防锈。

(三)特殊配件管理养护

1.塑料油箱

因为塑料易变形，应将有塑料螺纹的安装孔(例如燃油浮子的安装孔)的塑料盖子盖上并拧好，防止长时间储存变形后盖子拧不上，或者拧上后密封不好而发生燃油泄漏事故。所有的孔都应盖上防尘盖以防灰尘杂质进入油箱。因为塑料油箱上没有放油螺塞，一旦带有灰尘杂质的油箱装上车后，如要将杂质排出来，只有将油箱拆下来才能清洗。

2.不能沾油的汽车配件

橡胶制品配件。橡胶制品要储存在温度不超过25 ℃的仓库内，同时不能受压，以防老化和变形。如轮胎、水管接头、V带等橡胶制品还怕沾柴油、黄油，尤其怕沾汽油，若常与这些油类接触，就会使橡胶配件膨胀，加速老化，很快损坏报废。

3.轮胎

为防止轮胎受压变形，需要专门的货架保管，这种货架有固定的，也有可以拆装的。轮胎储存在温度－15～30 ℃、相对湿度50％～80％和阳光不能直射的不太通风的库房内。

4.减振器

减振器在车上是承受垂直载荷的，若长时间水平旋转会使减振器失效，因此，存放减振器时要将其竖直放置。水平放置的减振器在装上汽车之前，要在垂直方向上进行几次手动抽吸。

5.爆震传感器

爆震传感器受到重击或从高处跌落后就会损坏，为防止取放配件时失手跌落而损坏，爆震传感器不应放在货架或货柜的上层，而应放在底层，且应分格存放，每格一个，下面还要铺上海绵等软物。

6.预防霉的配件

对于软木纸、毛毡制油封及丝绒或呢制门窗嵌条类储存期超过半年以上的配件，除应保持储存场地干燥外，在毛毡制油封或呢制门窗嵌条包装箱内，应放置樟脑丸，以防止霉变及虫蛀。软木纸及各种成形的软木纸垫要存放在温度为18～25 ℃、相对湿度为40%～70%的不太通风处。

7.蓄电池

蓄电池要存放在干燥通风的库房内，严防倒置、卧置和重压及剧烈震动，并应注意塞盖的密封，以防潮气侵入。

8.各种灯具、玻璃制品、仪表等易损配件

各种灯具、玻璃制品、仪表等易损配件，要严防碰撞和重压，以避免配件的失准和破碎及真空灯芯的慢性漏气。电气仪表配件如因震动、受潮，使绝缘介电强度受到破坏，出现触点氧化、间隙变动、接触电阻增大等问题，造成工作性能失控或失准，要想恢复其原有的工作性能，必须进行烘干、擦洗、调整和校验。

（四）配件盘存

为了及时掌握库存配件的变化情况，避免配件的短缺、丢失或超储积压，必须每周定期对配件进行盘点。盘点的内容：查明实际库存的数量与账、卡上的数字是否相符，检查配件收发有无错误，查明有无超储积压、损坏、变质等情况发生。

1.盘点方法

盘点主要有永续盘点、循环盘点、定期盘点和重点盘点等形式。

永续盘点：是指配件保管员每天对有收发动态的配件盘点一次以便及时发现收发差错。

循环盘点：是指配件保管员对自己所管物品分别轻重缓急，做每月重点日盘点计划，并按计划日进行盘点。

定期盘点：是指在月、季、年度组织清仓盘点小组，全面进行库存清查，并造出库存清册。

重点盘点：是指根据季节变化或工作需要，或因为某种特定目而对仓库物资进行的盘点和检查。

2.盘点结果处理

对于盘点后出现的盈亏、损耗、规格串混、丢失等盘存差错，应组织复查落实，分别从入库、出库、退货、移库、数据维护等各个环节对差错原因进行调查，查找差错责任人，及时联系客户，尽力追回损失。

盘盈：盘存结果为实际库存大于账面库存。

盘亏：盘存结果为实际库存小于账面库存。

盘存时发现商品实际库存与账面库存不符，盘盈、盘亏都属于盘存差错。

(1)合理储耗：对易挥发、潮解、溶化、散失、风化等物品，允许有一定的储存损耗。凡在合理储耗标准以内的，由配件保管员填报“合理储耗单”，经批准后，即可转财务部门核销。

其计算公式如下：

合理储耗量＝保管期平均库存量 × 合理储耗率

实际储耗量＝账存数量 － 实存数量

储耗率＝保管期内实际储耗量 ÷ 保管期内平均库存量×100％

实际储耗量超过合理储耗量部分进行盘亏处理，凡因人为的原因造成配件丢失或损坏的，不得计入储耗内。

(2)在盘点中发生盘盈或盘亏时，应反复落实，查明原因，明确责任。由配件保管员填制“盘存报告”，盘盈盘亏进行书面说明，经部门负责人审签后，按规定报经企业主管领导审批并交财务做账目调整。

对于由个人原因造成的配件毁损丢失，由责任人和连带责任人承担，对于由质量问题或车型淘汰等问题造成的损失可以填写《报损配件申请单》，上报总经理审批，对于所发生的配件报废损失或销价损失的70％由该公司承担，服务经理承担损失的15％，配件经理(主管)承担损失的15％。

(3)事故处理：由于被盗、火灾、水灾、地震等原因，或因配件保管员失职使零配件数量和质量受到损失的，应作为事故向企业主管领导报告，并按企业有关规定处理。

(4)调剂余缺：在盘点过程中，还应清查有无本企业多余或暂时不需用的配件，以便及时把这些配件调剂给其他需用的单位。要查清楚这些积压配件的型号、名称、规格、数量、市场价格，在维修过程中尽量使用积压的配件，并参考市场价格。另外对积压配件适当削价处理，以及积极与配件供应商协商，争取以货换货。对于已经淘汰的车型配件，只有按报损程序作为废件处理。

【任务实施】(任务实施条件、安全要求、工作思路、过程记录)

1.实施条件

(1)汽车实训基地库管室(服务台、工作牌、纸箱等)。

(2)库房管理人员、盘存小组。

(3)各种配件、搬运设备工具、防锈油、润滑油、绳子等。

(4)文件夹、纸张、笔等道具。

2.安全要求

(1)正确使用各种设备工具。

(2)出入车间穿工作服。

(3)注意用电安全。

(4)不得在车间吸烟等。

3.工作思路

学生进行汽车维修企业仓储设计、配件保管养护、仓库盘存的训练，了解汽车维修企业中配件保管、盘存的重要性，能科学保管养护配件，严格盘存配件并对结果进行处理。学生可以根据前面学习的知识点分小组进行，以此提高学习的兴趣；学生领取工作任务工单进行策划并实施，增强实践经验。根据自己的角色，熟悉该岗位职责和必备技能，并思考如何能提高自己的职业技能。

(1)小组领取任务工单。考核以模拟真实工作情境的形式进行，在规定时间内分角色模拟，完成任务准备过程。

任务工单 1：

检查本校实训基地配件保管室配件保管情况，查找不合理的地方，对保管室进行重新布置，并对其中保管的配件做养护(要求画出仓库布置图)。

任务工单 2：

对本校实训基地配件保管室做一次盘存，写出“盘存报告”，盘盈盘亏做书面说明，根据盘存结果提出配件保管建议。

(2)教师和学生一起对任务工单进行分解，按小组分派任务，并由教师展示作业过程的相关资料，详细讲解考核要点和分值比例。

4. 任务实施方案工作记录

任务实施方案工作记录见表 8-3。

【任务评价】

1. 作业过程质量评价

以下为作业过程质量不合格的情况：

(1)保管室整体设计不合理(按学校使用功能)；

(2)保管室功能有缺失、货架摆放不合理；

(3)对配件未分区或未按要求分区(按学校使用功能)、零件摆放不合理；

(4)未编制位置码；

(5)零部件养护方法不正确或不完善；

(6)盘存流程不正确或不合理，过程不规范；

(7)盘存方法不正确，未分小组盘存；

(8)未复盘；

(9)未对盘查结果进行处理；

(10)其他未符合规程的地方。

2. 以学习小组为单位，按照项目任务的评价内容与评价标准进行评价(任务评价表详见附录)

(1)评价项目：知识掌握占 40%，任务完成情况占 40%，职业素养占 20%。

(2)评价方式：组内自评占 30%，组间互评占 30%，教师评价占 40%。

【知识拓展】

汽车配件货位管理流程见图 8-19。

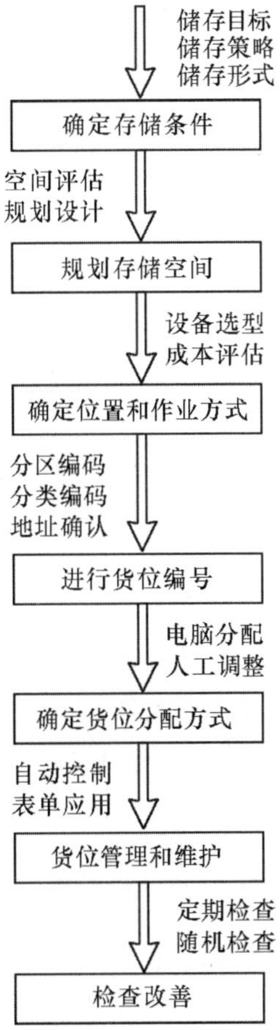

图 8-19　汽车配件货位管理流程

【思考题】

1. 简述汽车配件的分类。
2. 简述汽车配件摆放原则。
3. 简述特殊配件的养护方法。
4. 简述汽车配件盘存方法。
5. 简述对配件盘存结果的处理。

【项目任务】

任务 4　配件仓储经济管理

【任务分析】

完成配件仓储经济管理的任务，就是要做到在顾客需要的时候，及时供应零部件，又要以最合理的库存，获取最大的经营收益，做到库存商品既能保证销售的不间断，又尽可能少占用资金而保持适当的库存量。对此我们要了解库存的概念，掌握配件流通的原理，以及掌握库存哪些零部件、库存多少才能达到目的，以科学手段管理库存。

【相关知识】

一、汽车配件的库存数量与品种

配件计划员应该不断完善、优化库存结构，保持经济合理的配件库存，向用户提供满意的服务，才能赢得用户信赖，争取最大的市场份额，获得最大的利润，保证企业的长久发展。保证汽车配件的良好库存，一是提高供应率，二是减少库存、提高效益。关键在于精简库存，依据零件的流通等级确定好库存深度（库存数量）和宽度（库存品种）。

（一）汽车配件的流通等级

汽车配件流通等级是指汽车配件在流通过程中周转速度的快慢程度，根据汽车零件寿命周期长短可以把它们分为快流件、中流件、慢流件三大类。

流通等级的确定，可以按照销售情况来区分（图 8-20）。快流件（A 级）指连续 3 个月经常使用的消耗性零件及周转性较高的产品，每个月销售占销售总额的 70%～80%，所占零件为总数的 10%～15%。中流件（B 级）指连续 6 个月内有所销售但又属于周转性次高的产品，每个月销售占销售总额的 15%～20%，所占零件项为总数的 15%～40%。慢流件（C 级）指一年内属偶发性产品或产品库存金额单价过高不利于周转的产品，每个月销售占销售总额的 5%～10%，所占零件总项数在百分比 45%以上（图 8-20）。

流通等级的确定也可以按照汽车制造商推荐的零件流通级别来区分。如日本五十铃公司所推荐的零件流通等级（表 8-11）。

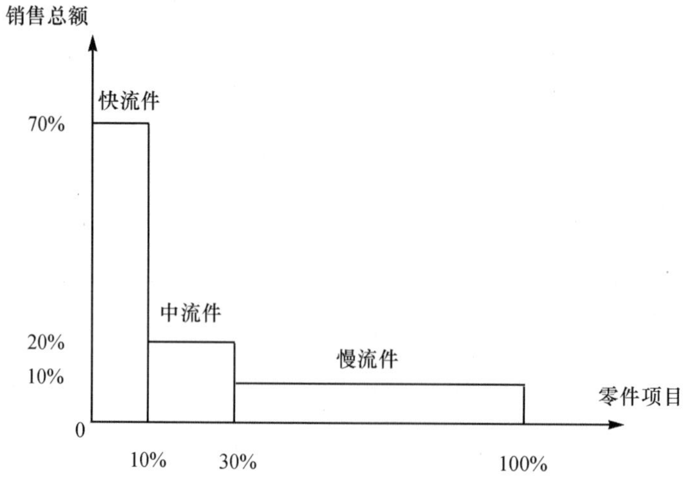

图 8-20 零件流通等级与销售额之间的关系

表 8-11　日本五十铃零件流通级别分类表

推荐级别	零件使用和更换情况	
A	需要定期更换的零件，在一年内更换的零件，如三格	
B	需要定期更换的零件，在二年内更换的零件，如制动蹄	
C	碰撞时首当其冲的零件	在第二年内需要更换的零件，如保险杠
D		各种灯具、反光镜等零件
E		其他零件
F	易磨损件	如油封
G		高速的相对运动零件
H		表面接触应力很高的相对运动零件
J	不易磨损件	在汽车生命周期内不用更换的零件

零件流通等级不是一成不变的，会受到整车使用周期、设计问题、使用方式、道路状况、季节性等因素的影响，从而可能使快流件、中流件及慢流件之间产生相互转换。

(二)汽车配件库存品种

每种汽车车型都会经历初期投入市场、较高市场占有率、老车型淘汰三个阶段的生命历程，而与之对应的市场对相应的零部件的需求表现出增长、平稳、衰退的起伏趋势，称之为零部件的生命周期。配件库存的建立关键是基于零部件的生命周期(图 8-21)，对某种零部件确定何时建立库存，存多少，何时终止库存。但并不是每种零部件都需要建立库存，不同库存状态的零部件采取不同的零部件管理原则，以保证最大零部件供应率的同时，降低库存金额(图 8-22)。

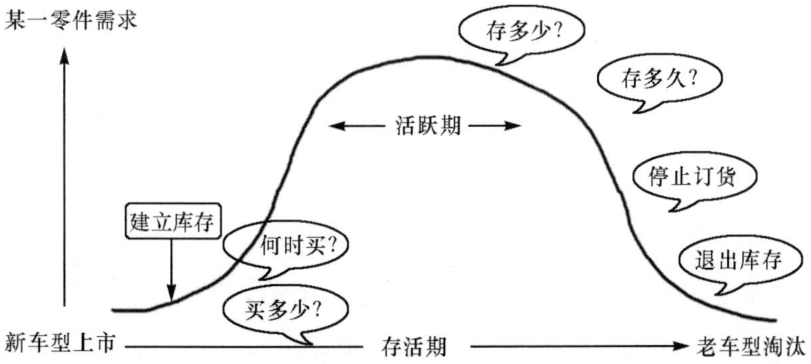

图 8-21　零部件的生命周期

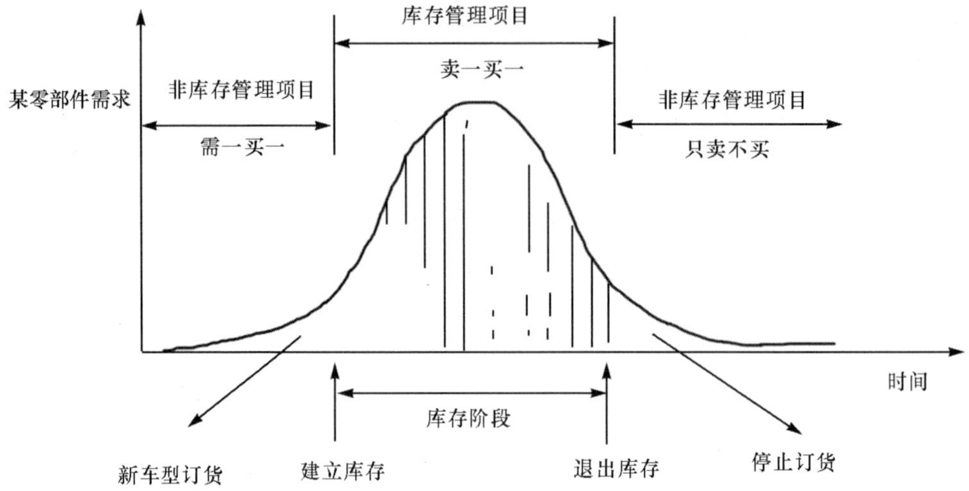

图 8-22 不同零部件的管理原则

汽车维修企业可以通过从零部件需求的历史记录中统计出来的月均需求(MAD)和需求频度,发现零部件需求的规律,确定“建立库存”和“报废”的时间点,从而确定需要库存的零部件品种。表 8-12 所示为丰田汽车销售服务有限公司的零部件库存品种确定表。

表 8-12 丰田汽车销售服务有限公司的零部件库存品种确定表

级别 MAD(6 个/月)		等级	频度=F	流动速度	管理方法
A	MAD>6	A1	F>12		要库存
		A2	12≥F>6		
		A3	6≥F>0		
B	6≥MAD>1	B1	F>3	快流件	要库存
		B2	3≥F>1		
		B3	1≥F>0		
C	1≥MAD>0.2	C1	F>0.8	中流件	有选择性库存
		C2	0.8≥F>0.2		
		C3	F>0.4		
D	0.2≥MAD>0	D1	0.4≥F>0.2	慢流件	谨慎库存
		D2	0.2≥F>0		
		D3	0.2≥F>0		
E	MAD<0	E	7~12 个月内未流动	非流动件	不库存
F	MAD<0	F	12~24 个月内未流动	非流动件	不库存
G	MAD<0	G	24 个月以上未流动	死库	废弃处理

(三)汽车配件库存数量

1.最低安全库存量

库存量小了,不能保证及时供货,影响顾客的使用和企业的信誉;库存量大了,资金占有量增加,资金周转慢,影响企业的经济效益。因此,需要制订最低安全库存量。

影响最低安全库存量的因素有:

(1)订货周期。国外订货周期一般为2～3个月(船运期货3个月,空运订货15天左右),但空运件的价格是船运的两倍;国内订货周期则因地而异。

(2)月平均销量。必须掌握某种配件近6个月的销量情况。

(3)配件流通级别。如丰田公司建议快流件的最低安全库存量为前6个月销量,中流件慢流件的最低安全库存量为前3个月销量。

2.标准库存量

库存数量多少的确定是决定库存深度的问题,库存深度是针对每个零件件号,在考虑订货周期、在途零件和安全库存的前提下,保证及时供应零件的最大库存数量,亦即零件的标准库存量。

丰田汽车公司推荐订货计算公式:

订货数＝月均需求(MAD)×(到货期＋订货周期＋安全库存月数)＋客户预订数－在库数－在途数

月均需求量(MAD)的计算采用前6个月的每月需求量来加权平均。每月需求量按照每月所接实际订单来统计。另外应考虑当没有库存或库存不足的时候所发生的替客户做的追加订货。对于非库存零件或库存不足零件,有时客人会取消的订货,需要把它记录下来,考虑取消的项目是否需要增加库存量,如果是非库存项目,就要考虑是否需要纳入库存项目。

月均需求 MAD＝[(N－1)月出库合计数×6＋(N－2)月出库合计数×5＋……＋(N－6)月出库合计数×1]/(6＋5＋4＋3＋2＋1)

【例8-1】某家经销店的机油滤芯有如下需求,1月100个,2月120个,3月98个,4月97个,5月180个,6月85个。计算月均需求量。

MAD＝(100×1＋120×2＋98×3＋97×4＋180×5＋85×6)/21
＝115.8≈116个/月

【例8-2】某配件的月均需求为20个,每月订货两次,订货日为每月15日、30日,到货期7天,安全库存天数5天,在途数5个,在库数4个,客户预订数3个。试计算该配件订货数为多少?

订货数＝20×(15＋7＋5)/30－5－4＋3＝12(个)

二、汽车配件的库存控制

(一)ABC 分类法

1. ABC 分类法定义

ABC 分类法，全称应为 ABC 分类库存控制法，又称物资重点管理法。其基本原理是根据库存物资中存在着少数物资占用大部分资金，而大多数物资却占用很少资金，利用库存与资金占用之间这种规律，对库存物资按其消耗数量，价值大小，进行分类排队；将数量少、价值高的一类称为 A 类，将数量大、价值低的一类称为 C 类，介于 A 与 C 类中间的为 B 类，然后分别采用不同的管理方法对其控制，即为 ABC 分类法。

2. ABC 三类配件控制方法

对 A 类物资，应列为物资管理的重点对象，实行定期订购的控制方式，对库存盘点、来料期限、领发料等要严格要求。对 B 类物资，企业可根据自己物资管理的能力和水平，选择综合或连续、定期的控制方法。对 C 类物资，则定为物资管理的一般对象，采用比较粗放的管理方法，即定量订购的控制方式，可以适当加大保险储备量。最后根据车型车系、环境地域以及季节因素合理地调控汽车配件 ABC 类库存所占百分比，以及细化设计每个配件安全库存的周期及库存量。

3. ABC 分类法

汽车配件按品种规格及占用资金的大小进行排队，分为 A、B、C 三类：

A 类配件品种少，只占总品种的 20%左右，但其占用资金大，占总资金的 70%左右；

B 类配件品种比 A 类多，占总品种的 30%左右，其占用资金占总资金的 20%左右；

C 类配件品种多，占总品种的 50%左右，但其占用资金只占总资金的 10%左右。

【例 8-3】某小型企业拥有 10 项库存品，各种库存品的年需要量、单价如表 8-13 所示，为了加强库存品的管理，企业计划采用 ABC 库存管理法。假如企业决定按 20%的 A 类物品、30%的 B 类物品、50%的 C 类物品来建立 ABC 库存分析系统。请问该企业应如何进行分类?

表 8-13　库存商品信息表

库存品名称	年需求量(kg)	单价(元)	金额(元)
a	9 000	8	72 000
b	95 000	8	760 000
c	4 000	4	16 000
d	50 000	4	200 000
e	1 000	10	10 000
f	125 000	5	625 000
g	20 000	5	100 000

续表 8-13

库存品名称	年需求量(kg)	单价(元)	金额(元)
h	20 000	8	160 000
I	5 000	5	25 000
j	2 500	7	17 500
合计			1 985 500

步骤:①根据上表列出各种存货品的金额,并进行大小排列,计算各种库存品的金额百分比和数量百分比,然后进行分类,如表 8-14 所示。

表 8-14　ABC 分类表

库存品名称	金额(元)	累计金额(元)	累计百分比(%)	类别
b	760 000	760 000	38.2%	A
f	625 000	1 385 000	69.7%	A
d	200 000	1 585 000	79.8%	B
h	160 000	1 745 000	87.9%	B
g	100 000	1 845 000	92.9%	B
a	72 000	1 917 000	96.5%	C
I	25 000	1 942 000	97.8%	C
j	17 500	1 959 500	98.7%	C
c	16 000	1 975 500	99.5%	C
e	10 000	1 985 500	100%	C

②根据 ABC 分类,进一步编制 ABC 分析表,如表 8-15 所示。

表 8-15　ABC 分析法

类别	品种数	该类库存品占全部库存品品种的百分比	每一类的金额(元)	该类库存品金额占全部库存金额的百分比
A	2	20%	1 385 000	69.7%
B	3	30%	460 000	23.2%
C	5	50%	140 500	7.1%
合计	10	100%	1 985 500	100%

ABC 分类法一般是以库存资金价值为基础进行分类的,所以不能反映库存品种、利润贡献等方面的程度和指标,而在某些情况下 C 类库存所造成的缺货也可能十分严重,对此管理者应在实际运用 ABC 分类法的过程中予以充分注意。一般可以在价值比例分类的基础上,考虑缺货损失、采购的难易程度等因素加以调整。

(二)呆滞件控制与处理

一般在配件仓库运作一年以上,且没有流动的配件,我们称之为呆滞件。呆滞件的情况在每个配件仓库正常运作一年以上都会产生,如何将呆滞件合理化控制在最小范围之内是每个配件工作人员应该探讨和努力的。对呆滞件的控制,应对每个配件结合上季度或年度流量及流向(事故、索赔等)设定相应的安全库存;对订单配件(非索赔类及安全库存类)应建议服务经理适当收取定金;单一配件的增加、单一配件库存的增加、单一配件安全周期的增加需报备配件经理审批;事故车非常用件缺件备料,需由配件经理以报价单形式,通知车间主任或技术主管签名确认,并要求服务经理或服务顾问签名。

对于已经产生的呆滞件,可以采取以下办法来处理:

①在事故车报料时,尽可能添加进去。在普通小修时,也可关注客户车辆。

②针对可以打包或促销的配件,予以打包或降价促销。对服务顾问给予相应的激励政策,加大对呆滞件的销售力度。

③与自己的供应商沟通,让他们帮助消化,或以货换货。

④与同品牌其他4S店沟通,尽可能让自己的呆滞件库存信息共享。对有需要的其他服务站,给予成本价销售。

【任务实施】(任务实施条件、安全要求、工作思路、过程记录)

1.实施条件

(1)多媒体教室、配件仓库。

(2)配件资料、计算器、纸张、笔等。

2.工作思路

训练学生对汽车配件仓储经济管理的认识,学生可以根据前面学习的知识点分小组进行讨论,以此提高学习的兴趣;通过工作任务工单的领取、策划、讨论,增强实践经验。每个学生参与讨论,提出各自观点,最终形成书面报告,加强对库存控制的理解掌握。

(1)小组领取任务工单。

考核以讨论并形成书面报告进行。

任务工单1:

讨论汽车配件流通等级划分。对不少于50种零部件进行划分,对分类原因进行阐述。

任务工单2:

海昌集团现有12种库存汽车配件,各配件编号及其资金占有额情况如表8-16所示。用ABC分类法对其分类。

表8-16 海昌集团库存汽车配件信息

配件编号	P1	P2	P3	P4	P5	P6	P7	P8	P9	P10	P11	P12
资金占有额(万元)	8.7	3.4	33.5	0.8	12.4	0.75	2.5	5.9	4.1	0.6	26.5	0.85
配件编号	P13	P14	P15	P16	P17	P18	P19	P20	P21	P22	P23	P24
资金占有额(万元)	8	35	3.5	0.22	15.1	6.8	2.3	13.2	15.8	14	19.5	9.6

(2)教师展示作业过程的相关资料,并详细讲解考核要点和分值比例。

3.任务实施方案工作记录

任务实施方案工作记录见表 8-3。

【任务评价】

1.作业过程质量评价不合格情况

(1)讨论时不遵守秩序,大声喧哗或不参与讨论。

(2)流通级别分类零部件不足 50 种。

(3)零部件流通级别分类错误。

(4)ABC 分类法步骤错误,分类标准不合理,分类错误。

(5)各类别存量控制不合理。

(6)其他不符合规范的地方。

2. 以学习小组为单位,按照项目任务的评价内容与评价标准进行评价(任务评价表详见附录)

(1)评价项目:知识掌握占 40%,任务完成情况占 40%,职业素养占 20%。

(2)评价方式:组内自评占 30%,组间互评占 30%,教师评价占 40%。

【知识拓展】

汽车维修企业订货原则

一般采用大—大订货原则和大—小订货原则。

大—大订货原则:以最大库存量为基准,当实际库存低于最大库存时,立即补充到最大库存量,如图 8-23 所示。

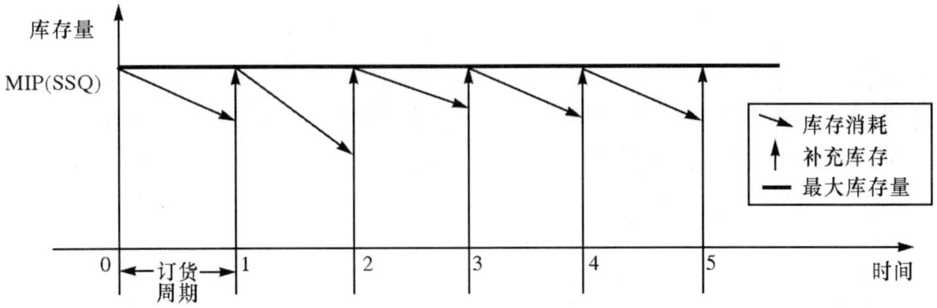

图 8-23　大—大订货原则

大—小订货原则:以最小库存量为基准,当库存量下降到最小库存以下时补充订货,将库存补充到最大库存位置,如图 8-24 所示。

使用大—大原则进行零件库存补充管理,需要在每次订货时发出订货单,这就可以减少零件库存深度。

使用大—小原则进行零件库存补充管理,需要在每次订货时,实际库存小于等于库存最小值时发出订货单,这就造成单次订货的数量较大,而且需要较深的安全库存。订货周期不

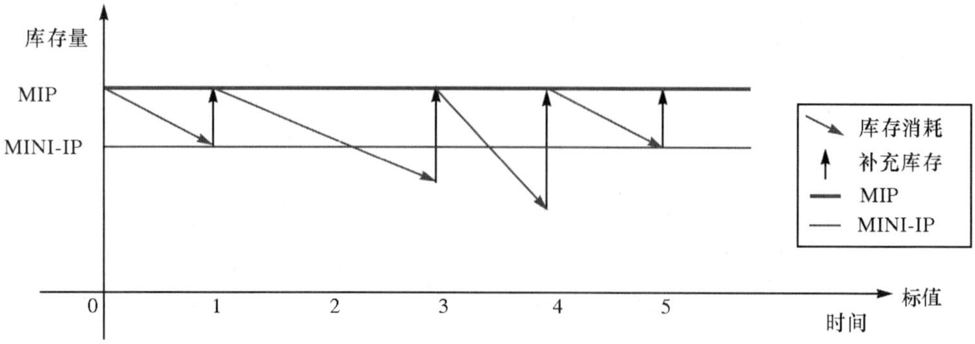

图 8-24 大—小订货原则

规律。

结论：大—大订货原则好，管理精度高。可以减少安全库存天数，实现均匀订货和发货，而且每单订货数量较少，易于操作管理。

【思考题】

1. 零件库存过高、过低会造成什么影响？
2. 什么样的零件可作为库存零件？
3. 简述 ABC 分类法。

【项目任务】

任务 5 汽车配件销售管理

【任务分析】

完成汽车配件销售管理的任务，首先必须要了解配件销售特点、销售价格及客户需求，其次熟悉汽车配件销售流程，并掌握销售基本技能，明确此环节工作权限，严格按照流程规范办理手续，完成汽车配件销售管理作业。

【相关知识】

一、汽车配件销售特点

1. 较强的专业技术性

现代汽车是时代经济技术发展的产物，每一个汽车配件都需要严格的型号、规格、销售的标准。因此，汽车行业的从业者在掌握汽车营销知识的同时，需要非常熟识各种汽车配件的车型、规格、性能、用途以及配件的商品检验知识，才能为客户更好地服务，找出客户所需要的零件。

2. 经营品种多样化

一辆汽车在整个运行周期中，约有 3 000 种零部件存在损坏和更换的可能，因此，当经营某种车型时，其配件可能要涉及许多种规格的配件。然而选择货真价实的配件还是要费一番功夫的，即使是同一规格的配件，也存在着很大的差异，因为许多厂生产的配件，在质量、价格上也存在不同，有可能还存在伪劣产品。

3. 配件销售有一定的季节性

汽车配件的销售也有季节性，自然规律给汽车配件市场带来非常明显的季节需求。在春雨绵绵的季节里，为适应车辆在雨季行驶，需要车上的雨布，各种挡风玻璃，车窗升降器，电气刮水器、刮水臂及片、挡泥板等部件就特别多。炎热的夏季，因为气温高，发动机机件磨损大，火花塞、白金(断电触点)、气缸床、进排气门、风扇带及冷却系部件等的需求特别多。寒冷的冬季，气温低，发动机难起动，需要的蓄电池、预热塞、起动机齿轮、飞轮齿环、防冻液、百叶窗、各种密封件等配件就增多。

4. 配件销售有一定的地域性

地理环境的不同给汽车配件销售市场也会带来非常明显的影响。我国国土辽阔，有山地、高原、平原，海拔高度相差悬殊。这种地理环境，也给汽配销售市场带来地域性的不同需求。

二、汽车配件消耗的规律

1. 汽车配件消耗的规律性

汽车配件的消耗是有一定规律的。汽车按照行驶里程，有各级维护和修理的规定，各种类型的维修需要调换若干种配件。例如，汽车在正常使用寿命期，零配件的损坏是随机的、偶发性的。如果其设计和制造质量较好，损坏率一般很低。

2. 配件消耗规律的变化

近年来配件消耗的规律发生了一些变化：

(1)辅助总成换件增加。维修中经常更换的辅助总成件有分电器、空气压缩机、发电机、起动机、水泵、汽油泵、制动蹄片、离合器摩擦片等。遇有辅助总成故障，用户大多要求换上新总成，旧件换下维修后作为备件用。因此，组成这些辅助总成的零配件消耗就急剧减少。

(2)组合件、成套件的大量使用。如活塞带环带销，活塞带环带销并且带连杆，精加工成各级修理尺寸，装上就用的曲轴轴瓦等，越来越受到用户和修理工的青睐。相应的这类单件或未经加工的品种就遭受冷遇。

(3)车辆保养中必换的密封件，如离合器、制动总泵和制动分泵的皮碗、皮圈、油封，以及气缸垫、油底壳垫等密封垫片，一般都集中包装制成的各种修理包，尤其受到用户和修理工的欢迎。

(4)小规格容器包装的润滑油(脂)、特种液，因其具有携带加注方便、较少废弃的优点，尤其适合单台车辆使用，随着个人用车的增加，其销量逐渐增加。以上产品即使价格高一点，用户也乐意购买。

3.适应汽车配件消耗规律变化的措施

(1)认真研究汽车维修配件消耗规律的变化,及时组织适销对路的品种供应市场。不再批量组织滞销品种,防止产生新的积压。

(2)尽量利用库存的零散件,装配成质量合格的小总成件供应市场。

(3)委托工厂将单件加工组合成配套件或尺寸精确的装配件供应市场。

(4)将零散密封件分门别类制成修理包供应市场,如总泵、分泵维修包、发动机修理包等。

(5)按车辆规格的容器封装车辆保养必换的润滑油(脂)、特种液供应市场。

三、汽车配件销售价格

价格是影响交易成败的重要因素,又是最难以确定的因素。企业定价既要考虑成本的补偿,又要考虑顾客对价格的接受能力。价格是市场营销组合中最灵活的因素,价格能直接产生收入,其他因素表现为成本。

1.汽车配件贸易企业的定价依据

(1)商品的真实进货成本。准确计算进货成本,公式为进货价格+运输费用+仓储费用+人工费用。

(2)商品的合理利润。考虑商品的合理利润时,适当考虑当期利润、销售额增长、市场份额扩大、企业形象、长期利润等几个问题。

(3)其他商家售价。其他商家制定的价格也是本企业定价时需考虑的问题。要认真分析竞争者的产品和价格,然后对本企业同类产品进行定价。

2.汽车配件的定价方法

(1)确定每种商品的进价。可以采用移动平均法、先进先出、计划价加成本差异等不同方法计算进价成本。

(2)确定每种商品的摊销费用。如运输费、广告费、仓储费、管理费、保险费、人工费等,这些费用都要分摊到每种商品上,可以采用不同分摊方法,如权数分摊法、重量分摊法、体积分摊法等。

(3)确定商品的价格组和标准加价率。将商品分成价格组,为每组商品制订加价率。进价高的商品加价率低,进价低的商品加价率高。

(4)计算销售售价。其公式为:

标准售价=(进价+分摊费用)×(1+标准加价率)

(5)参考市场价,确定批发售价。在汽配管理软件中存储配件报价,自动生成批发价,经过调整,形成实际批发价。

(6)确定零售价。在批发价的基础上生成零售价、优惠价、促销价等。

(7)分类制订客户适用价格。根据客户每月、每年的销售额和重要程度,将顾客分类,制订每类客户的适用价格种类和加价率。

(8)确定折扣组和折扣率。为特殊顾客,或按购买批量实施价格折扣。

四、汽车配件销售流程

汽车配件销售流程按面向对象不同分为对外零售、维修部取件、批发三种。

1.对外零售工作流程

汽车配件对外零售工作流程如图 8-25 所示。

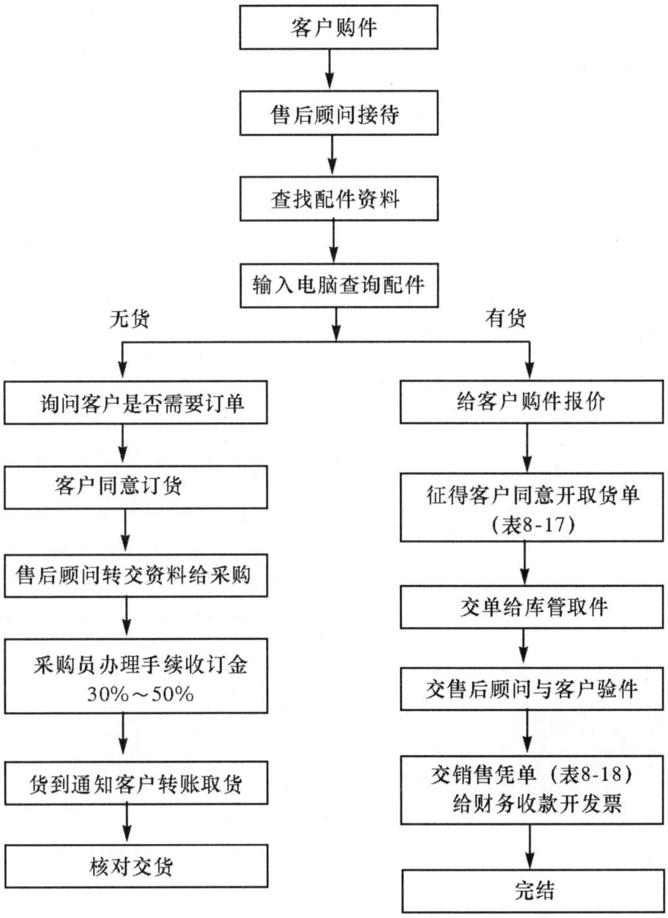

图 8-25　对外零售工作流程

表 8-17　取货单

×××汽车服务有限公司配件取货单(修理部)

工作卡＿＿＿＿＿＿＿＿　　　　发票凭单＿＿＿＿＿＿＿＿

车　牌＿＿＿＿＿＿＿＿

挂账单位＿＿＿＿＿＿＿＿　　　　开票日期　　年　月　日

数量	车系	配件编号	配件名称	仓位	单价	提货数量	金额

续表 8-17

营业员________ 仓务员________ 领料________ 合计金额________

表 8-18 销售凭单

××××汽车服务有限公司现沽单(修理部)凭单

工作卡________ 取货凭单________

车　牌________

挂账单位________ 车型发动机________ 开票日期　年　月　日

数量	车系	配件编号	配件名称	单价	优惠价 A	金额 B

营业员________ 折扣%________ 合计________

批准________ 金额(A+B)________

2. 维修部取件工作流程

维修部取件工作流程如图 8-26 所示。

3. 批发工作流程

批发工作流程如图 8-27 所示。

五、对汽车配件销售顾问的素质能力要求

在当前市场大潮中，汽车配件销售顾问应具备以下几方面的业务素质，才能在激烈商战中立于不败之地。

1. 具有良好的职业道德素质

应具有良好的职业道德修养，诚实守信的服务态度。遵守国家政策、法规和企业纪律，有良好的自控能力，不为违背社会公德的非法利益所诱惑。

2. 具有良好的心理素质

热爱营销工作，善于在市场逆境中处变不惊，能够超越失败，把困难当作挑战，正确对待与

顾客之间的矛盾，不断促进营销工作。

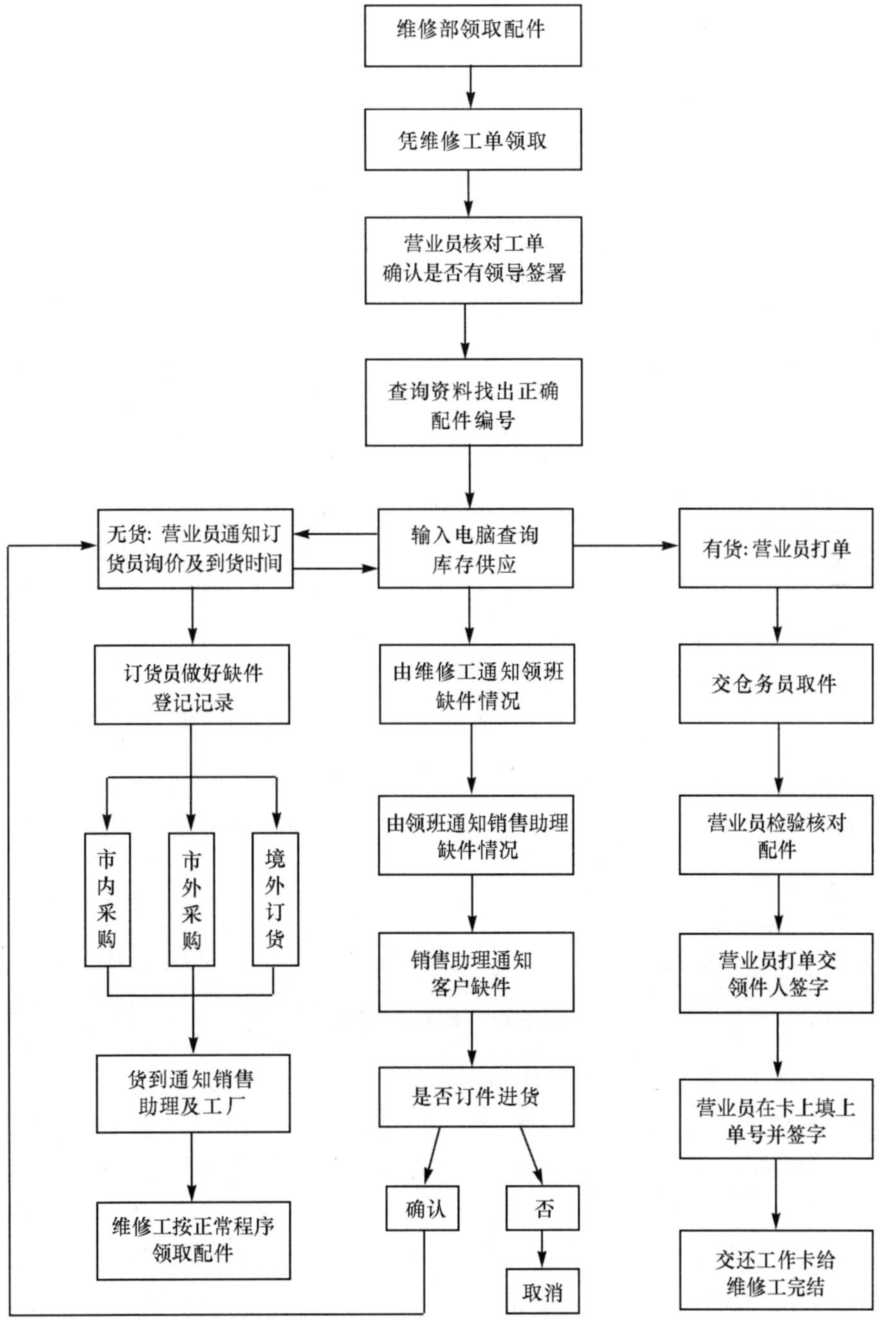

图 8-26　维修部取件工作流程

3. 具有现代营销观念

具有现代营销观念就是要具有市场观念和社会营销观念。

市场观念：在销售活动中要把企业利益和顾客的利益协调起来，企业的一切计划、策划都

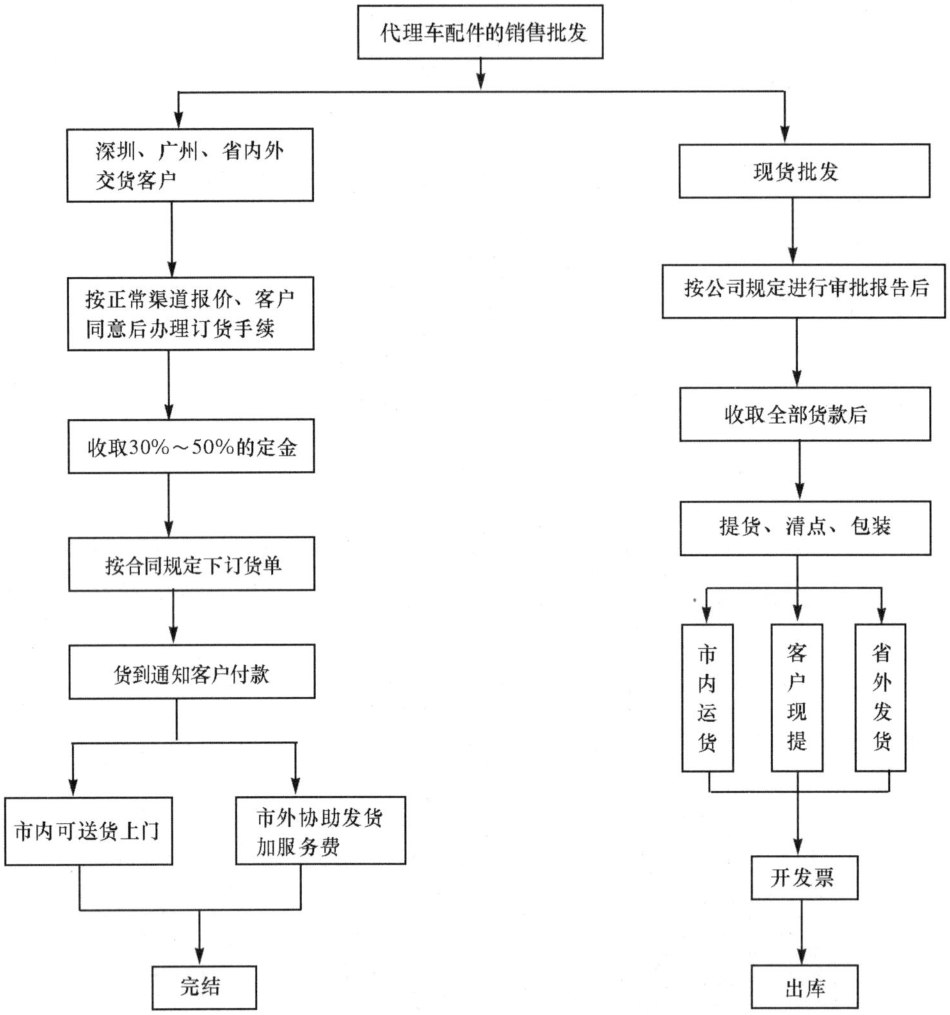

图 8-27 批发工作流程

应以顾客需求为中心，满足消费者的需求与愿望是企业的职责。

社会营销观念：就是不仅要满足消费者的需求和欲望并且由此获得企业的利润，而且要符合消费者自身和社会的长远利益，正确处理消费者的欲望、消费者的利益和社会的长远利益的矛盾。

4.具有强烈的事业心和责任感

具有强烈的事业心和责任感就是要求销售顾问要热爱自己的职业，忠于自己的企业，具有自尊、自强、自信的品质。

5.具有丰富的商品知识和业务知识

具有丰富的商品知识需要熟悉所经营配件车型的技术性能、结构特点、车辆分布及数量。掌握配件的消耗规律，知道哪些是常消耗的易损件，哪些是消耗不大的“冷备货”。懂得现代汽车配件横向产品及相关知识，否则就无法回答用户提出的疑难问题，难以赢得用户的信赖。了解高新技术，跟上时代步伐，比如高能无触点点火技术、汽车喷射技术、ABS技术、自动变速器原理等。

具有丰富的业务知识需要了解法律知识、市场和消费心理知识、商务谈判的基本知识、风俗文化知识及企业知识等。

6. 具有对市场的观察和预测能力

面对奔涌而来的技术信息，汽车配件销售顾问要勇敢地迎接挑战。善于捕捉信息，不断推陈出新。如汽车产品更新换代，零部件的改进，节能产品在汽车上的应用，配件的产、供、销形势，市场价格行情的涨落以及国家对汽车产品制定的相关政策等信息，都应当掌握并从中摄取有用的信息，以指导业务。

7. 具有良好个性和习惯

销售顾问应具备严谨又幽默、坚定又灵活、豪爽又随和的个性，有端庄的仪容、文雅的谈吐等才能在与顾客的交谈中游刃有余。

8. 具有良好控制能力

销售顾问在面对突发事件时，要处乱不惊，要能够把自己的情感、言论和行为控制在合适的范围，以自己的冷静和果断将失误降到最低。

9. 具有创新精神

销售顾问要勇于创新、善于创新，就能在市场疲软、销售滑坡等不利局面下，提出扭转局面的良方，使企业走出低谷，使企业充满生机与活力。

【任务实施】（任务实施条件、安全要求、工作思路、过程记录）

1. 实施条件

（1）汽车营销实训室、汽车营销谈判室。

（2）汽配营业员、销售助理、库管人员、维修工、财务和顾客。

（3）电话、电脑、汽车配件、检验工具等。

（4）文件夹、纸张、笔等道具。

2. 安全要求

（1）电脑、工具正确使用。

（2）出入车间穿工作服。

（3）注意用电安全。

3. 工作思路

依照汽车维修企业汽车配件销售流程的每个环节对学生进行专项训练，分步完成训练，向学生提供多个汽车配件销售实务案例，学生可以根据前面学习的知识点分小组进行，以此提高学习的兴趣；通过工作任务工单的领取、策划、实施，增强学生的实践经验。每人扮演不同角色，引导掌握企业各相关人员的职责划分和必备技能。

（1）小组领取任务工单。考核以模拟真实工作情境的形式进行，在规定时间内分角色模拟，完成任务准备过程。

任务工单1：

2021年7月20日，常在某汽车维修企业修理汽车的王先生维修汽车时所需要的汽车配件此时缺货，王先生向销售员询问："需要多长时间？"此时，负责汽配销售的你应该怎样跟客户解释，如果王先生接受解释要求维修，又应该怎样处理该订单？

任务工单2：

2021年7月22日，顾客到某维修企业购买汽车配件。此时，负责汽配销售的你，应该如何接待客户，又应该如何处理订单？

(2)教师展示作业过程的相关资料，并详细讲解考核要点和分值比例。

4.任务实施方案工作记录

任务实施方案工作记录见表8-3。

【任务评价】

1.作业过程质量评价不合格情况

(1)销售流程不规范或者缺少步骤。

(2)向客户解释未介绍自己以及主动道歉，未向其介绍解决方案及订货时间。

(3)填写取货单不规范、模糊。

(4)填写销售凭单不规范、模糊。

(5)未办订货手续收取定金。

(6)客户未检查配件资料。

(7)未遵守礼仪。

2.以学习小组为单位，按照项目任务的评价内容与评价标准进行评价(任务评价表详见附录)

(1)评价项目：知识掌握占40%，任务完成情况占40%，职业素养占20%。

(2)评价方式：组内自评占30%，组间互评占30%，教师评价占40%。

【知识拓展】

商品介绍FAB法

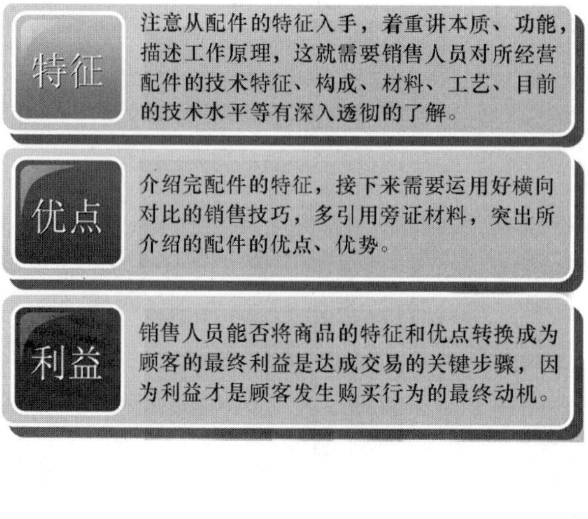

【思考题】

1. 与一般商品相比汽车配件销售有何特点？
2. 对汽车配件销售顾问的素质要求有哪些？
3. 简述汽车配件销售流程(零售、批发、维修部领料)。

项目九　客户关系的管理技艺及客户投诉管理

学习资料

【项目学习目标】

通过对本项目的学习，学生明确客户关系管理的核心；能够遵守客户关系的各项服务规范；学会分析如何使客户满意；具备处理客户投诉的能力。

【项目任务】

任务1　客户关系的服务规范

【任务分析】

完成客户关系的管理，首先必须要明确其核心，其次要掌握服务规范，从用语规范、身体语言规范、微笑服务规范、电话服务规范等多面树立专业的形象。

【相关知识】

现在汽车维修行业竞争异常激烈，在产品质量相同的情况下，如何提升服务意识来加强客户关系的管理，已经成为汽车企业的共识。加强客户关系的管理能够在很大程度上间接或直接为汽车企业创造更大的经济效益，提升汽车企业市场竞争力，改善残酷的市场竞争形势。

一、客户关系管理的重要性

客户关系管理的核心是企业将“以客户为中心”的理念体现在企业运营的每一个环节，处处为客户着想，为客户提供满意的服务，将企业的客户转变为企业忠诚的客户。汽车维修企业为客户服务就是要提供高质量的维修服务，这包括与客户交谈，迅速有礼貌地回答客户的电话，树立专业的形象等。企业的每一次服务对客户来说是将一件不愉快的事情(汽车维修是因为车辆故障，是客户所不希望发生的事情)变为一件愉快事情的过程。

为客户提供优质服务是企业在今天的激烈竞争中站稳脚跟、走向繁荣的基础。无论是企业修理厂的老板、管理人员或者普通员工，为客户提供优质服务都非常重要，这意味着盈利公司和亏损公司的差别。

如果因为服务质量差而失去客户，那么其损失是难以估量的。这意味着企业失去了大量没有见面的客户——以前不满意的客户的亲朋好友。据统计，当一个客户接受了让他感到满意的服务，他会把这种满意的感受告诉9～12人；但如果他接受的服务让他感到不满意，他可能会把这种不满意告诉周围的25个人。所谓“好事不出门，坏事传千里”就是这个道理，汽车维修企业服务好是应该的，而一次不满意的服务将带给企业极大的负面影响。

实施客户关系管理的最大障碍是经营理念和认识上的落后。我国的汽车维修企业受传统经营理念的影响，对客户关系管理的认识还不够。应使公司上至决策层，下至每一位一线员工都具备先进的理念，认识到客户是企业最重要的资源、客户是公司生存发展的基础，自觉地将“以客户为中心”的经营理念贯彻到工作的每个环节，真正做到“想客户所想，急客户所急”，把客户视作自己的衣食父母。

二、客户关系管理服务规范

上述内容表明汽车维修企业为客户服务就是要提供高质量的维修服务，这包括与客户的交谈、有礼貌地接听客户电话、树立专业形象等。客户关系的管理要从服务规范做起，一切始于规范。

1.服务用语规范

汽车维修企业常用的服务用语如下：

接电话时，首先说“您好”；

要求客户提供证件或询问时，要“请”字在先，结束时说“谢谢”；

因某种原因表示歉意时，要说“很抱歉”“对不起”；

客户对你表示感谢，应回答“别客气”；

在办理业务中，因某种原因需暂时离开或暂停一下，影响客户说“对不起，请稍后”；

若因故离开工作岗位，回来后影响客户说“对不起，让您久等了”；

共用语：您好、请、谢谢、对不起、请原谅、很抱歉、别客气、没关系、欢迎光临、请多提宝贵意见、让您久等了、谢谢合作、欢迎再来、再见等。

2.身体语言规范

(1)眼神诚实自信。

(2)走路抬头挺胸。

(3)手臂摆动自然、不做作。

(4)面部肌肉放松、不紧张。

(5)表情友好和善。

(6)与人交谈对视时让人感到自在。与客户交谈时，双眼视线应落在对方眼鼻间，恳请对方时，注视对方双眼，但不能长时间盯住对方，应适时挪动视线；眼睛转动的幅度与速度不要太快或太慢，否则给人以轻浮、不庄重或呆板的感觉；与客户交谈时，切忌斜视或注视他人、他物，避免让客户感到不礼貌和心不在焉。

(7)与客户保持合适距离，应不远不近。

(8)与客户谈话身体略微前倾，不要双臂交叉胸前。

(9)谈话时充满兴致。

(10)移动身体自然,不别扭,不随意。

另外,要养成良好的卫生习惯,克服各种不雅举止,避免出现下列问题:①不停地眨眼;②摸鼻子、抠鼻孔;③眉梢上扬;④折手指发出声音;⑤咬嘴唇、舔嘴唇;⑥搔头;⑦挖耳;⑧耸肩;⑨吐舌头;⑩脚不停地抖动,或用脚敲击地面发出响声;⑪不停地看表;⑫面部表情给人不舒服的感觉,如太过严肃等;⑬东张西望,不听客户讲话;⑭手足无措,将东西掉到地上等。

3.微笑服务规范

与客户交流时,必须保持自然的微笑,以拉近与客户的距离;微笑要亲切、真诚、自然和适度,让客户感到温暖而具亲和力,真正体会到你的诚意与友善;表情不能过于夸张,让人感觉不自然。微笑时配合得体的手势,会显得更加自然大方,从而体现专业素养。

微笑服务是业务接待的基本服务要求,具体如下:与客户交谈时要保持微笑;客户不满意时要保持微笑;电话服务时也要微笑,电话另一端的客户能够感受到你的情绪。

4.仪表形象规范

(1)服装要整洁、得体。

(2)整体修饰要职业化。

(3)头发长度要合适、不另类。

(4)牙齿清洁、指甲干净。

(5)皮鞋擦亮。

(6)气味清新。

(7)化妆得体、不浓妆艳抹。

5.电话服务规范

电话是接待人员与客户交往中常用的工具,接待人员应最大限度地利用电话。在使用电话时应注重礼节。首先要注意自己讲话的音量和音质,尽量给人以愉快的感觉,要饱含感情,不能与对方争吵。其次打电话的关键是要掌握如何说、怎么说、说些什么,这里面是有学问的。打电话要牢记“5W1H”,即 When:什么时候;Who:对象是谁;Where:什么地点;What:说什么事情;Why:为什么;How:如何说。电话拨通后,要简洁地把话说完,尽可能省时省事,否则易让客户产生厌恶感,影响通话的质量甚至与客户的关系。

(1)接听电话。电话铃响在 3 声之内接起,若超过 3 声后接听,记住对顾客说:“很抱歉,让您久等了。”

主动报出公司名称;电话机旁准备好纸和笔进行记录;说话时做到吐字清晰,声音清晰;微笑着接听和拨打电话;注意语言规范,礼貌周到。

(2)需要让客户等候时。告诉客户需等待的原因,如配件需查询、找的服务顾问不在附近等,告诉客户大约需要等候的时间;如需等候的时间过长可以过会儿给客户回电话;向客户表示感谢。

(3)记录电话内容。企业应建立电话记录,主要包括以下内容:需转达时要正确无误地转达顾客留言;明确记录客户信息,包括客户姓名、联系方式、来电时间、电话内容,如需外出服务,应详细记录地址、车号、车的颜色、故障现象等。

(4)结束电话。电话结束时,应感谢客户致电,或抱歉打扰,待对方挂断电话再挂电话;电话结束后，应立即填写来电客户记录。

6. 交谈规范

(1)态度真诚。谈话态度应真挚、稳重、热情，不可冷淡、傲慢。

(2)精神专注。专注是对人的一种尊重，交谈时不可东张西望、心不在焉。

(3)语言得体。语言简洁明了，不要含糊其辞或啰嗦。

(4)内容适宜。谈话内容应是有益的，不要谈及对方反感的问题。

(5)谦恭适度。谈话要谦虚，适当地赞美对方是可以的，但不可吹牛拍马，曲意逢迎。

7. 文明服务用语与忌语

(1)基本要求。使用礼貌用语，提倡说普通话，客户来时要有迎声、问时有答声、走时有送声。

(2)服务用语。

①当客户来时，接待人员应该及时意识到客户的到来，主动与客户的目光相遇，点头示意并微笑，打招呼的时间不宜间隔太长，2 分钟内应该主动打招呼、自我介绍、递上名片并进行交流。如果客户是二次来展厅，接待人员应该认出对方。

②当忙于手头工作而未及时发现客户时，首先要表示道歉，然后本着“先外后内”的原则，停下手中的工作，并表示：“对不起，让您久等了，请问有什么需要帮助的？”

③当多位客户几乎同时到时，要向所有的客户都打招呼，然后按先后顺序办理业务，并向后到的表示歉意：“对不起，请稍等。”

④受理业务时要准确了解客户的用意，并重复一遍客户的意愿。

⑤用语要通俗易懂，避免使用过多专业术语。承接等候时间较长的业务时，应告诉客户大约需等候的时间。

⑥发生纠纷时，服务顾问不要与客户争吵，即便自己有理，也要保持冷静客观。服务主管应及时出面调解，把客户请到接待室或其他不影响他人的场所，进行沟通交流。

⑦设备发生故障时，在短时间内能恢复正常工作的要向客户致歉并请稍等；需要较长时间等待的，应在向客户致歉的同时询问客户是否能等待，不能等的要另约时间。

8. 服务禁忌用语

(1)喂，你过来。

(2)这事我说了算。

(3)你这人真麻烦。

(4)不懂就别乱讲。

(5)我不管。

(6)有意见，找领导提。

(7)我没空，没看我正忙着，到一边等去。

(8)不知道。

(9)我说不行就不行，烦死了。

9. 电话文明用语

①接听电话用语。

——您好，这里是×××汽车修理厂，我是服务顾问×××，很高兴为您服务，请问有什么可以帮到您？

②等待并与客户重新对话时用语。

——对不起，让您久等了。

③解答完毕后确认用语。

——×先生/女士，请问您还有其他问题吗？（请问还有什么可以帮您的吗？）

——×先生/女士，请问您了解我的意思了吗？

④处理投诉用语。

——谢谢您的电话（建议），我们将尽快给您答复。

⑤电话结束前用语。

——我们会尽快回复您，再见！

——如果您有什么需要帮忙的，欢迎随时拨打我们的电话，再见！

10. 电话禁忌用语

(1)这事我说了算。

(2)你这人真麻烦。

(3)不懂就别乱讲。

(4)不知道。

(5)有意见，向领导提。

【任务实施】

1. 实施条件

(1)汽车营销或售后一体化教室。

(2)有关企业调研资料、表格。

(3)文件夹、纸笔、耳麦、计算器等。

2. 安全要求

(1)电脑正常使用与开关。

(2)注意调研过程中的人身财物安全。

3. 工作思路

训练学生对客户关系服务规范的认知，学生可以根据前面学习的知识点分小组进行实地调研和网上搜集资料并进行讨论，以此提高学习的兴趣；工作任务工单的领取、策划、讨论，每个学生参与讨论，提出各自观点，最终形成书面报告，加强对汽车维修行业客户关系管理现状了解，进而完成报告分析。

(1)学生根据前面学习的知识点分小组进行，通过支持、分工、协作完成工作任务。

任务工单：

以××及周边地区汽车维修行业为调研范围，深入了解各汽车维修企业对客户关系管理的认识及现状，并了解各汽车维修企业对客户关系的各项服务规范的规定，小组完成 PPT 制作。

(2)教师展示作业过程需要查阅的资料，并粗略地分析此项任务的质量评定要点。

4.任务实施方案工作记录

任务实施方案工作记录见表 9-1。

表 9-1　任务实施方案工作记录表

<table>
<tr><td>姓名</td><td></td><td>班级</td><td></td><td>学号</td><td></td><td>日期</td><td></td></tr>
<tr><td colspan="8">工作组</td></tr>
<tr><td>序号</td><td>姓名</td><td>学号</td><td colspan="3">工作任务</td><td colspan="2">备注</td></tr>
<tr><td></td><td></td><td></td><td colspan="3"></td><td colspan="2"></td></tr>
<tr><td></td><td></td><td></td><td colspan="3"></td><td colspan="2"></td></tr>
<tr><td></td><td></td><td></td><td colspan="3"></td><td colspan="2"></td></tr>
<tr><td></td><td></td><td></td><td colspan="3"></td><td colspan="2"></td></tr>
<tr><td colspan="8">任务方案:(环境保护、可行性、工作效率、经济性分析等)</td></tr>
<tr><td colspan="8">任务实施记录</td></tr>
<tr><td>步骤序号</td><td colspan="3">操作过程描述</td><td colspan="3">结果记录</td><td>结论</td></tr>
<tr><td></td><td colspan="3"></td><td colspan="3"></td><td></td></tr>
<tr><td></td><td colspan="3"></td><td colspan="3"></td><td></td></tr>
<tr><td></td><td colspan="3"></td><td colspan="3"></td><td></td></tr>
<tr><td></td><td colspan="3"></td><td colspan="3"></td><td></td></tr>
<tr><td></td><td colspan="3"></td><td colspan="3"></td><td></td></tr>
<tr><td></td><td colspan="3"></td><td colspan="3"></td><td></td></tr>
<tr><td></td><td colspan="3"></td><td colspan="3"></td><td></td></tr>
<tr><td></td><td colspan="3"></td><td colspan="3"></td><td></td></tr>
<tr><td></td><td colspan="3"></td><td colspan="3"></td><td></td></tr>
<tr><td></td><td colspan="3"></td><td colspan="3"></td><td></td></tr>
<tr><td></td><td colspan="3"></td><td colspan="3"></td><td></td></tr>
<tr><td></td><td colspan="3"></td><td colspan="3"></td><td></td></tr>
<tr><td></td><td colspan="3"></td><td colspan="3"></td><td></td></tr>
<tr><td></td><td colspan="3"></td><td colspan="3"></td><td></td></tr>
</table>

【任务评价】

1.作业过程质量评价

(1)了解到调研汽车维修企业对客户关系管理核心的认识。

(2)了解调研企业目前在客户关系管理方面所采取的措施。

(3)了解调研企业对客户关系各项服务规范的具体要求。

(4)调查报告包括前言、正文、附件三部分,正文主要从客户关系管理核心、客户关系管理方面所做的措施、客户关系各项服务规范的具体要求等方面完成。

(5)小组制作PPT。

2. 以学习小组为单位,按照项目任务的评价内容与评价标准进行评价(任务评价表详见附录)

(1)评价项目:知识掌握占40%,任务完成情况占40%,职业素养占20%。

(2)评价方式:组内自评占30%,组间互评占30%,教师评价占40%。

【知识拓展】

对于一汽大众的经销商来说,面对德国大众的售后服务核心流程,针对中国市场的复杂性和多样性,及客户需求的多层次性、复杂性,经销商的把握和理解程度都会有很大的差异,所以执行结果也不尽如人意。为了充分体现“严谨就是关爱”的售后服务理念,体现客户关怀,一汽大众根据客户满意度调研CSS中的弱项和服务核心流程的执行情况,制定了一套简单易行的提高客户满意度解决方案,即“九个一”的服务承诺。通过“九个一”的服务承诺可使服务核心流程和客户满意调研CSS的结果在服务承诺方案中实现闭环的管理与控制,是客户满意的依据与保障。

体现“严谨就是关爱”服务品牌的“九个一”承诺如下:

将在1分钟内接待客户;

给客户提供一个公开、透明的价格标准;

维修前,为客户提供一套完整的维修方案;

为客户提供一个舒适整洁的休息空间;

将按照约定在第一时间交付客户的爱车;

维修后,为客户解释在本店的一切消费内容;

每次来店将免费为客户洗车1次;

为客户提供原厂备件1年或10万公里的质量担保(先达为准,易损件除外);

为客户的爱车提供专业的每一天24小时救援服务保障。

【思考题】

1.客户关系管理的核心是什么?

2.简述客户关系服务规范各项规定。

任务2　客户满意度

【任务分析】

完成客户满意度的提升，必须要了解客户满意度的含义，熟悉客户满意度的分析方法，并学会分析客户满意度。

【相关知识】

一、客户满意度

客户满意度是对服务性行业的客户满意度调查系统的简称，是一个相对的概念，是客户期望值与客户体验的匹配程度。换言之，就是客户通过对一种产品或服务可感知的效果与其期望值相比较后得出的差距。实际情况是企业对于客户期望值的理解和所提供的服务与客户自己对于服务的期望值存在着某种差距，而这种差距是可以衡量的，这就是客户满意度。

运用计量经济学理论和科学的调查及统计分析方法，来测评满意度，量化显示客户对产品或服务的满意程度。有市场咨询公司研究认为，通过顾客满意度专项调查、投诉和建议处理机制、神秘客户、研究流失的顾客等方法可以有效测评客户满意度。

（一）客户满意度专项调查

客户满意度专项调查是指定期的调查，其一般原则与市场调查的一般方法一致。通常情况下，汽车维修企业或汽车制造商在现有的客户中随机抽取样本，可采取客户在维修等待中向其发送问卷或维修服务后的电话回访，以了解客户对公司及其竞争对手在运营中的各方面的印象。

客户满意度专项调查的问题类型采取等级型封闭式问题，例如：请问您对本公司的维修速度是否满意？（选项为完全不满意、不满意、尚可、满意、完全满意；也可以用1～5分来表述。）

（二）投诉和建议处理机制

汽车维修企业为客户抱怨、投诉和建议提供一切可能的渠道，做法各异。有些企业向客户提供不同的表格，请客户填写他们的喜悦和失望；有的则在公共走廊上设建议箱或评议卡，并出钱雇佣第三方向客户收集抱怨；有的汽车制造商为提高其授权维修服务企业的服务质量还通过热线电话或投资建设功能强大的呼叫中心来询问或接受客户的投诉电话，并且通过反应迅速的更正系统从这些电话中找到产品（或服务）改进或市场开拓的机会。

（三）神秘客户

有些汽车维修企业或汽车制造商花钱雇佣一些员工（这些人往往是后台工作人员，他们与前台工作人员互不相识）、老客户或是其他消费者，他们装扮成本次到企业接受服务的客户，亲身经历一般客户在消费中所需要经历的全部过程，然后得出其竞争产品（或服务）所具有的优点和缺点。这些神秘客户甚至会故意提出一些问题，以测试维修企业的前台服务人员、质量控制人员和抱怨投诉处理人员能否做出适当的处理。

(四)研究流失的客户

客户之所以会离开，除了一些诸如搬家、突然遭遇经济上的变化等客观原因外，大多数的情况是因为客户对维修企业服务的不满，或是客户不认为存在什么非得到该企业长期维修保养的理由，与其竞争对手相比，在留住客户的努力上几乎没有什么特别之处，而将其客户吸引走的那家企业则具备更为独到的做法。维修企业不仅要和那些离去的客户沟通交流，而且还必须想办法控制客户流失率，这些办法就来自于与流失的客户的访谈之中。

二、客户满意分析

有这样一个学术理论，客户满意（CS）等于 QVS，Q 代表品质（quality），V 代表价值（value），S 代表服务（service），所以客户满意是品质、价值、服务 3 个数的函数，可以表示为：

$$CS=f(Q,V,S)$$

企业竞争优势要体现在品质、价值、服务上。

(一)品质

品质要素如图 9-1 所示。

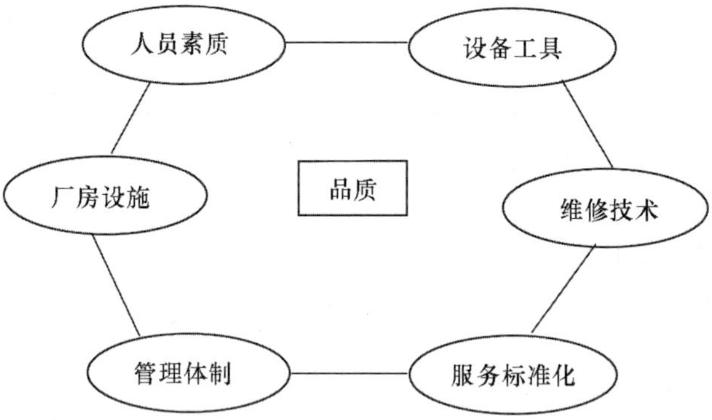

图 9-1 品质要素

(1)人员素质：包括基本素质、职业道德、工作经验、教育背景、观念、态度、技能等。
(2)设备工具：包括完不完善、会不会用、愿不愿用。
(3)维修技术：要求一次修复合格、质量优良。
(4)服务标准化：包括接待、维修、交车、跟踪。
(5)管理体制：包括质量检验、进度掌控、监督机制。
(6)厂房设施：要求顺畅、安全、高效。

(二)价值

价值要素如图 9-2 所示。

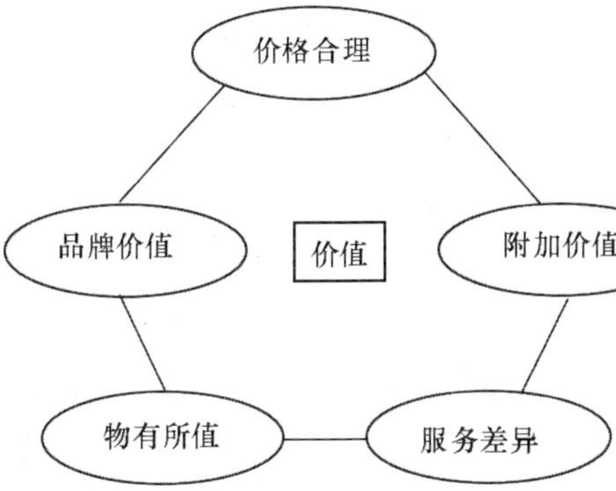

图 9-2　价值要素

(1)价格合理:包括工时费、配件价格合理。

(2)附加价值:包括免费检测、赠送小礼品。

(3)服务差异:服务品质与其他企业的差别。

(4)物有所值:包括方便、舒适、安全、干净。

(5)品牌价值:包括知名度、忠诚度。

(三)服务

服务包括信任要素和便利性等要素。

1.信任要素

信任要素如图 9-3 所示。

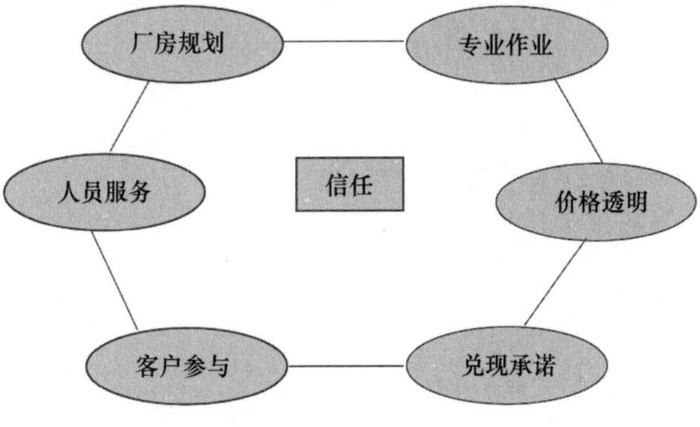

图 9-3　信任要素

(1)厂房规划:包括 CI 形象、区域划分、指示牌。

(2)专业作业:包括标准程序、看板管理、专业人员负责、6S 管理、专业分工。

(3)价格透明:包括常用零配件价格、收费标准。

(4)兑现承诺:包括交车时间、维修时间、配件发货、解决问题。

(5)客户参与:包括寻求客户认同、需求分析、报告维修进度、告知追加项目、交车过程、车主讲座。

(6)人员服务:语言、热忱、亲切。

2. 便利性

便利性主要考虑时间、地点、付款等要素,如图 9-4 所示。

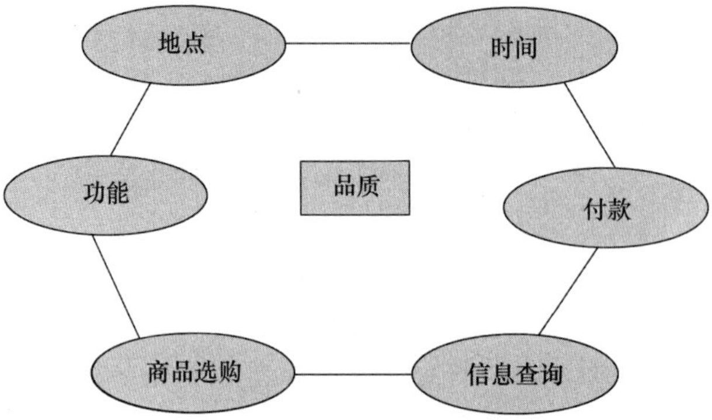

图 9-4 便利性要素

(1)地点:与客户居住地的距离、客户进厂的路线、指示牌。

(2)时间:营业时间、假日值班、24 小时救援、等待时间。

(3)付款:付款方式、有人指引或陪同、结账时间、单据的整理。

(4)信息查询:维修记录、费用、车辆信息、配件、工时费。

(5)商品选购:百货等的选购。

(6)功能:保险、四位一体、紧急救援、车辆年审、汽车俱乐部、接送车服务。

【任务实施】

1. 实施条件

(1)多媒体教室。

(2)所在地区汽车维修企业调研资料。

(3)文件夹、纸笔、耳麦等。

2. 安全要求

(1)电脑正常使用与开关。

(2)注意调研过程人身财物安全。

3. 工作思路

(1)学生根据前面学习的知识点分小组进行,通过支持、分工、协作完成工作任务。

任务工单:

以××汽车维修企业及周边地区汽车维修行业为调研范围,深入了解各汽车维修企业对客户满意度的认识及现状,并了解各汽车维修企业是怎样进行客户满意度调查的,小组完成

PPT 制作。

(2)教师展示作业过程需要查阅的资料,并粗略地分析此项任务的质量评定要点。

4.任务实施方案工作记录

任务实施方案工作记录见表 9-2。

表 9-2　任务实施方案工作记录表

<table>
<tr><td>姓名</td><td></td><td>班级</td><td></td><td>学号</td><td></td><td>日期</td><td></td></tr>
<tr><td colspan="8">工作组</td></tr>
<tr><td>序号</td><td>姓名</td><td>学号</td><td colspan="3">工作任务</td><td colspan="2">备注</td></tr>
<tr><td></td><td></td><td></td><td colspan="3"></td><td colspan="2"></td></tr>
<tr><td></td><td></td><td></td><td colspan="3"></td><td colspan="2"></td></tr>
<tr><td></td><td></td><td></td><td colspan="3"></td><td colspan="2"></td></tr>
<tr><td></td><td></td><td></td><td colspan="3"></td><td colspan="2"></td></tr>
<tr><td colspan="8">任务方案:(环境保护、可行性、工作效率、经济性分析等)</td></tr>
<tr><td colspan="8">任务实施记录</td></tr>
<tr><td>步骤序号</td><td colspan="2">操作过程描述</td><td colspan="3">结果记录</td><td colspan="2">结论</td></tr>
<tr><td></td><td colspan="2"></td><td colspan="3"></td><td colspan="2"></td></tr>
<tr><td></td><td colspan="2"></td><td colspan="3"></td><td colspan="2"></td></tr>
<tr><td></td><td colspan="2"></td><td colspan="3"></td><td colspan="2"></td></tr>
<tr><td></td><td colspan="2"></td><td colspan="3"></td><td colspan="2"></td></tr>
<tr><td></td><td colspan="2"></td><td colspan="3"></td><td colspan="2"></td></tr>
<tr><td></td><td colspan="2"></td><td colspan="3"></td><td colspan="2"></td></tr>
<tr><td></td><td colspan="2"></td><td colspan="3"></td><td colspan="2"></td></tr>
<tr><td></td><td colspan="2"></td><td colspan="3"></td><td colspan="2"></td></tr>
<tr><td></td><td colspan="2"></td><td colspan="3"></td><td colspan="2"></td></tr>
<tr><td></td><td colspan="2"></td><td colspan="3"></td><td colspan="2"></td></tr>
<tr><td></td><td colspan="2"></td><td colspan="3"></td><td colspan="2"></td></tr>
<tr><td></td><td colspan="2"></td><td colspan="3"></td><td colspan="2"></td></tr>
<tr><td></td><td colspan="2"></td><td colspan="3"></td><td colspan="2"></td></tr>
<tr><td></td><td colspan="2"></td><td colspan="3"></td><td colspan="2"></td></tr>
</table>

【任务评价】

1. 作业过程质量评价

(1)了解调研企业对客户满意度的认识。

(2)了解调研企业是怎样进行客户满意度调查的。

(3)调查报告包括前言、正文、附件三部分，正文主要从客户满意度认识、客户满意度调查方式等方面完成。

(4)小组制作 PPT。

2. 以学习小组为单位，按照项目任务的评价内容与评价标准进行评价(任务评价表详见附录)

(1)评价项目：知识掌握占 40%，任务完成情况占 40%，职业素养占 20%。

(2)评价方式：组内自评占 30%，组间互评占 30%，教师评价占 40%。

【知识拓展】

汽车生产企业为了保证提升客户满意度方案的顺利有效实施，充分调动售后服务人员的工作积极性，会设计一整套的奖励激励措施，比如服务技术竞赛激励，具体有以下两种形式：

第一种售后服务竞赛是有针对性地激励企业所有者、服务技师、服务顾问及备件工作人员努力工作，进而降低返修率，为客户创造欣喜。如德国大众每年都组织全球范围内服务与技术双杯竞赛。作为竞赛的一部分，各子公司都要组织经销商的服务顾问、技术精英以及备件业务人员，全员参与竞赛考核，如一汽大众、上海大众、大众(中国)都会在这一轮预赛中选择成绩优异的选手，参加全国性的复赛，复赛中录取前 10%，参加本系统年度决赛，其中优胜者既可得到丰厚的奖金或实物奖励，还可获得参加德国的世界锦标赛总决赛及颁奖仪式的资格。

第二种是指对经销商售后服务组织与管理水平，及整体运营质量定期进行综合性评价，并评出运行良好的经销商进行正向激励的一种常态性的服务组织与管理能力竞赛。例如，德国大众集团已在欧洲推行欧洲大众汽车售后服务质量奖(European Volkswagen Service Quality Award)。它根据 CSS 结果(或具有等同性的分析结果)奖励欧洲排名前 100 名的售后服务企业。

【思考题】

1. 什么是客户满意度？

2. 测定客户满意度有哪些方式？

3. 客户满意度受哪些方面因素的影响？

任务 3　客户投诉的处理

【任务分析】

完成客户投诉处理的任务，必须要了解客户投诉的含义以及客户投诉产生的原因，掌握怎样应对客户的投诉，了解客户投诉的原则，掌握客户投诉处理的技巧等。

【相关知识】

现在汽车维修行业竞争异常激烈，在产品质量相同的情况下，如何提升服务意识来加强客户关系管理，已经成为汽车企业的共识。加强客户关系的管理能够在很大程度上间接或直接地为汽车企业创造更大的经济效益，提升汽车企业市场竞争力，改善残酷的市场竞争形势。其中对客户投诉的处理尤为关键。

一、客户投诉

1.客户投诉的定义

客户投诉，是指客户对企业产品质量或服务上的不满意，而提出的书面或口头上的异议、抗议、索赔和要求解决问题等行为。如今社会这种情况发生频率越来越高，这是一种进步的表现，也促使竞争更为激烈，产品质量更好，服务态度更好。

2.客户投诉的意义

很多人认为对汽车维修企业来说，客户投诉会带来负面的影响，是一种弊端极大的行为。其实，我们应该理性地看待客户投诉。

表 9-3　美国白宫全国消费者调查统计

客户类型	会回来	不会回来
不投诉的客户	9%	91%
投诉没有得到解决的客户	19%	81%
投诉过，问题得到解决	54%	46%
投诉被迅速解决的客户	82%	18%

从表 9-3 数据可以看出，那些向企业提出中肯意见的客户，都是对企业依然寄有期望的人。他期望企业的产品或服务能够加以改善，他们会无偿地向你提供很多信息。不投诉的客户，有时是因为他不相信问题可以得到解决或者说他觉得他的投入和产出会不成比例；而投诉的客户往往是忠诚度很高的客户。因此，投诉的客户对于汽车维修企业而言是非常重要的。

(1)令人满意的客户投诉处理，可以培养客户的忠诚度。

(2)客户投诉可以促进企业成长。

(3)巧妙处理客户投诉可以帮助企业提升形象。

(4)客户投诉可以帮助企业发现隐藏的商机。

二、客户投诉的原因

在汽车维修企业，客户投诉是很正常的，对投诉要认真分析、迅速处理，避免产生负面影响。汽车维修企业客户投诉的原因一般是来自内部的原因，如针对产品(生产厂家)和服务(维修企业)及来自客户自身的原因(图 9-5)。

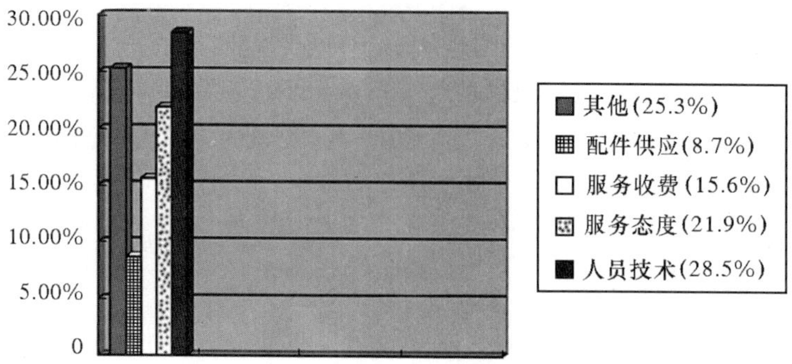

图 9-5 服务质量投诉调查

(一)来自汽车售后服务中心内部的原因

1.销售时遗留的问题(常出现于特约维修的4S店)

汽车销售顾问的承诺未履行;

寻求平衡心理(买贵了);

汽车销售顾问对购买产品的权利义务向客户交代不清楚;

……

2.服务态度

汽车服务顾问等工作人员不够热情;

工作人员解释工作不清楚;

工作人员缺乏耐心;

……

3.维修质量

首次修复结果不理想;

同一问题多次出现;

问题长时间没有解决;

未对客户车辆进行防护;

出厂时车辆不干净;

……

4.时间原因

长时间无服务顾问接待;

长时间未安排维修;

长时间等待结算;

……

5.服务承诺没有履行

未按约定时间交车;

结算金额超出预期；

未使用纯正配件；

未按客户要求作业；

……

6.其他日积月累的不满意

……

(二)来自客户自身的原因

1.客户不正确的理解

保修条款；

服务产品的说明；

侥幸心理；

……

2.客户对产品操作不当

对产品的性能不了解；

未按操作规范使用；

……

3.客户期望值过高

希望产品不出问题；

对维修时间要求较高；

节省费用；

……

三、客户投诉应对

(一)投诉处理的基本要求

1.处理客户投诉的负责人

处理客户投诉的主要负责人是业务接待员、业务经理或服务经理，严重投诉时企业主要负责人应出面处理。除了上述负责人外，企业的其他人员均有责任将客户抱怨反映给相关负责人，由客户投诉的负责人处理客户投诉。一般工作人员，如维修人员、配件保管、后勤人员等，不宜直接处理客户投诉。

最适合担任投诉处理的人员是与客户关系良好、思维敏锐的工作人员，因此，客户投诉的负责人日常就要与客户建立良好的关系。

2.明确客户的需求

在处理客户投诉或抱怨之前，要再次明确客户进厂维修的需求。客户的需求分为以下两个方面：

(1)实质需要:又称为理性需求,具体包括产品质量、价格合理和按时交车。

(2)精神需要:又称为感性需求,具体包括感到受欢迎、舒适、被理解和感到自己很重要。

明确客户的需求可以帮助我们了解哪些原因造成客户的不满,并学会主动引导客户心情。

3.明确客户投诉的主因

(1)不被尊重。客户感觉没有受到应有的尊重,或没有受到与其他人一样的尊重。

(2)与期望相差太大。此种情况一是由于客户与过去的经历作比较,主要是价格上的,感觉受到了不平等的待遇;二是由于与客户沟通不够,随意增加了维修项目等。

(3)多次不满的积累。累积多次不满而产生抱怨,最终投诉。

(4)受骗的感觉。由于维修企业有意欺瞒而导致客户的不满。

4.客户投诉的心理

(1)求发泄。

(2)求尊重。

(3)求赔偿。

5.仪容仪表影响客户心情的因素

接待人员仪容仪表很影响客户的心情,因此应引起我们的注意。

(1)外表:穿着、精神面貌。

(2)身体语言:眼神、脸部表情、肢体动作。

(3)情绪上的表现:语音、语调。

6.需要专业知识

处理客户投诉或抱怨一定要具备专业知识,否则处理问题时言辞不当,可能矛盾会进一步激化。

(二)处理投诉的原则

1.基本原则

(1)先处理心情,再处理事情。

(2)不回避。

(3)第一时间处理。

(4)了解客户背景。

(5)找出原因,界定控制范围。

(6)必要时让上级领导参与,运用团队解决问题。

2.谈判原则

(1)寻求双方认可的服务范围。

(2)不做过度的承诺。

(3)争取“双赢”。

(4)必要时,坚持原则。

(三)处理投诉的技巧

1.运用身体语言的技巧

(1)正面的信息

①表情自然放松;

②微笑,表示关怀;

③交谈或倾听时保持眼神交流;

④认真倾听客户的抱怨或投诉;

⑤自我情绪要控制好;

⑥体验客户的心情,换位思考。

(2)负面的信息

①表情紧张严肃;

②动作紧张匆忙;

③交谈或倾听时没有眼神交流;

④忽略客户的感受;

⑤抢答,语调激动。

2.稳定客户情绪的技巧

(1)单独交谈。将情绪不稳定的客户与其他客户隔离,将其请到单独的房间交流。这样可以稳定客户情绪,有的人越在人多的地方情绪越容易激动。另外,将情绪不稳的客户与其他客户隔离也可以避免造成负面影响。

(2)表示歉意。

(3)让客户放松。请客户坐下,给客户提供饮品。

(4)不争辩。客户不满意说明维修企业的工作有不到位之处,在客户有情绪时与他争辩只会适得其反,当然更不能把自己的想法强加给客户。

(5)暂时转移话题。例如,问一下工作单位、住址等。

3.与客户交谈的技巧

(1)认真倾听,并表示关怀,让客户感觉到我们确实是在为他解决问题。

(2)确认投诉的最主要内容。

(3)善用提问发掘客户的不满。

(4)必要时还要认同客户的情感,对其抱怨或投诉表示理解。

4.与客户谈判的技巧

(1)转移法:不作正面答复,以反问的方式提醒客户双方的责任。

(2)递延法:以请示上级领导为由,争取时间。

(3)否认法:对客户所提问题有明显差异的,应予以否认。

(4)预防法:在预估事情可能要发生时,先予以提醒。

5.不同类型投诉人及应对

不同类型投诉人及应对见表 9-4。

表 9-4 不同类型投诉人及应对

投诉人类型	表现	对策
消极型	态度消极、冷漠；使用简单的语言；二次来厂率不高	深切表示关怀；主动告知如何处理；挖掘抱怨或投诉的原因
善言型	把遭遇告诉别人；坚持己见；容易把问题复杂化	隔离群众；先行认同；弄清抱怨或投诉的主因
易怒型	主动告诉他人不满之处；语言、语调等肢体语言夸大；要求更高层次领导与其交谈	隔离群众；倾听意见，带有同情心，告知、上报其意见
危险型	语带威胁；明确要求赔偿条件；可能有其他行动	隔离群众；提供 2～3 个解决方案；追踪观察

6.投诉结果处理

(1)结果公平：投诉处理的结果符合投诉者的期望。

(2)程序公平：投诉处理程序符合国家有关法律法规。

(3)互动式公平：投诉处理的结果与投诉者的期望不符，但客户受到了尊重、理解。

表 9-5 为通用汽车顾客投诉处理表。

表 9-5 通用汽车顾客投诉处理表

顾客投诉处理表 编号： 日期：					
车辆识别号		公里数		车型	
车牌号		车主		联系电话	
特约售后服务中心名称		通用汽车区域经理		处理状态	
处理人员		联系方式			
投诉内容及时间：					
处理方案及理由：					
最后结果：					

四、投诉的预防

(一)首问责任制

谁接待的客户由谁负责到底,也称为“一票到底的服务”。

(二)自行抽检

企业从接待、维修、质检到电话跟踪,实行抽检,对发现的问题,及时查找原因,制定对策。一些汽车生产厂家对特约服务站实行的“飞行检查”很值得借鉴。

生产厂家的检查人员在不通知特约维修企业的情况下,在某一客户的车辆上设计几个故障,然后由客户开车到维修站检查维护,通过对维修站检查维护效果的检查,来考核维修站的服务规范、服务水平及故障排除能力。生产厂家的检查人员有时也会假设一个需救援的车辆,打电话让维修站前去救援,以考察维修站的反应和救援能力。

(三)预警制度

对一些挑剔、易怒的客户,提前通知各部门,让每位员工都提高警惕,做好准备。

(四)标准工作流程的落实

企业有了标准工作流程,就要抓好落实,人人都按照工作流程做事,就会堵塞漏洞,避免或减少客户投诉。

(五)员工培训

通过培训让员工了解客户投诉也是一份礼物,这份礼物对企业有着多方面的促进,要正确看待客户的抱怨或投诉,冷静客观地进行处理。

通过培训,员工都能清晰地认识到不能有以下的错误行为:

(1)同客户争吵、争辩。

(2)打断客户讲话,不了解客户关键需求。

(3)批评、讽刺客户,不尊重客户。

(4)强调自己的正确,不承认错误。

(5)不了解客户需求前随意答复客户要求。

(6)员工之间不团结,表达给客户的意见不一致。

【案例】

某客户接到维修站短信通知,上海大众开展车辆检测服务活动,于是致电咨询是否还有手电筒礼品赠送,得到维修站肯定答复后即驾车前往。在车辆检测保养结束后,客户询问礼品事宜,维修站告知上海大众提供的礼品已发完,只能提供维修站自行准备的礼品。但用户坚持要求手电筒礼品,并在和接待人员交涉过程中产生不满,而向客户服务中心投诉业务接待服务态度问题。

案例分析：从该起客户抱怨的实质看，引发客户投诉的主要原因并不是没有拿到礼品，而在于：

(1)预约管理问题：客户提前致电询问已明确礼品需求，但维修站没有充分做好信息登记，及内部沟通和协调，导致礼品发放部门未做准备以致无法提供用户所需礼品；

(2)服务态度问题：由于接待人员在与客户的沟通态度和方式上没有采取积极弥补过失的处理方式，而是一味地辩解，加剧了客户的抱怨。

正确做法：

(1)做好预约客户车辆信息登记管理，保留礼品；

(2)做好礼品发放数量明示；

(3)做好沟通解释补救工作。

解决方案和建议：

(1)关于客户投诉的处理。本案例中，客户抱怨主要体现了潜在的心理尊重需求，因此，作为维修站的态度应是：

①服务经理与客户电话(或上门)沟通致歉；

②当事人与客户沟通致歉；

③寻求补救解决措施；

④告知内部处理方式，向客户诚恳表达接受监督的意愿。

(2)内部改进措施。针对此次投诉处理中暴露出来的问题，维修站需要从以下方面进行改进和完善：

①加强相关员工服务理念、沟通技巧的培训；

②完善预约登记管理流程。

【任务实施】(任务实施条件、安全要求、工作思路、过程记录)

1. 实施条件

(1)汽车售后理实一体化或多媒体教室。

(2)一台性能良好或有故障的汽车。

(3)维修车间工作人员、服务顾问和顾客。

(4)电话、文件夹、纸张等。

2. 安全要求

(1)电脑正常使用与开关。

(2)6S管理与实施。

3. 工作思路

学生根据前面学习的知识点分小组进行，通过支持、分工、协作完成工作任务。

(1)小组领取任务工单。

任务工单：一天，一位气冲冲的客户来到一家汽车4S店的售后部，说他的车子质量有问题，他直接推开服务经理办公室的门走了进去。通过和客户的交流，服务经理发现客户抱怨车辆油耗偏高，在做了喷油嘴和节气门清洗后效果不明显，于是客户感觉被骗了。

(2)教师展示作业过程需要查阅的资料,并粗略分析此项任务的质量评定要点。

4.任务实施方案工作记录

任务实施方案工作记录见表9-6。

表9-6　任务实施方案工作记录表

<table>
<tr><td>姓名</td><td></td><td>班级</td><td></td><td>学号</td><td></td><td>日期</td><td></td></tr>
<tr><td colspan="8">工作组</td></tr>
<tr><td>序号</td><td>姓名</td><td>学号</td><td colspan="3">工作任务</td><td colspan="2">备注</td></tr>
<tr><td></td><td></td><td></td><td colspan="3"></td><td colspan="2"></td></tr>
<tr><td></td><td></td><td></td><td colspan="3"></td><td colspan="2"></td></tr>
<tr><td></td><td></td><td></td><td colspan="3"></td><td colspan="2"></td></tr>
<tr><td></td><td></td><td></td><td colspan="3"></td><td colspan="2"></td></tr>
<tr><td colspan="8">任务方案:(环境保护、可行性、工作效率、经济性分析等)</td></tr>
<tr><td colspan="8">任务实施记录</td></tr>
<tr><td>步骤序号</td><td colspan="3">操作过程描述</td><td colspan="3">结果记录</td><td>结论</td></tr>
<tr><td></td><td colspan="3"></td><td colspan="3"></td><td></td></tr>
<tr><td></td><td colspan="3"></td><td colspan="3"></td><td></td></tr>
<tr><td></td><td colspan="3"></td><td colspan="3"></td><td></td></tr>
<tr><td></td><td colspan="3"></td><td colspan="3"></td><td></td></tr>
<tr><td></td><td colspan="3"></td><td colspan="3"></td><td></td></tr>
<tr><td></td><td colspan="3"></td><td colspan="3"></td><td></td></tr>
<tr><td></td><td colspan="3"></td><td colspan="3"></td><td></td></tr>
<tr><td></td><td colspan="3"></td><td colspan="3"></td><td></td></tr>
<tr><td></td><td colspan="3"></td><td colspan="3"></td><td></td></tr>
<tr><td></td><td colspan="3"></td><td colspan="3"></td><td></td></tr>
<tr><td></td><td colspan="3"></td><td colspan="3"></td><td></td></tr>
<tr><td></td><td colspan="3"></td><td colspan="3"></td><td></td></tr>
<tr><td></td><td colspan="3"></td><td colspan="3"></td><td></td></tr>
<tr><td></td><td colspan="3"></td><td colspan="3"></td><td></td></tr>
</table>

【任务评价】

1. 作业过程质量评价

客户投诉处理评价表

任务内容	客户投诉处理	姓名			
自评、互评与教师评价					
考核项目	评分标准	分数	学生自评	小组互评	教师评价
小组合作	和谐	5			
活动参与	积极、认真	5			
语言	礼貌、规范	15			
问题提问(回答)	专业性	15			
表达能力	强	15			
沟通能力	强	15			
解决方案	正确、规范	15			
投诉记录	规范、不漏项	5			
开拓能力	灵活、激动、创新	10			
合计:		100			
总评(学生自评 20%+小组互评 20%+教师评价 60%)					
教师签字:				年　月　日	

2. 以学习小组为单位,按照项目任务的评价内容与评价标准进行评价(任务评价表详见附录)

(1)评价项目:知识掌握占 40%,任务完成情况占 40%,职业素养占 20%。

(2)评价方式:组内自评占 30%,组间互评占 30%,教师评价占 40%。

【知识拓展】

一汽丰田的“神秘客户”调查

1. 调查对象

本次调查样本分布在全国 29 个省(自治区、直辖市)78 个城市,所调查对象均以一汽丰田提供的特约经销商名单为准,共计 197 家店。

2. 调查时间

本次神秘客户(维修)项目分为上下半年两期执行,每期执行须将每家店检测一次,且每家店的两期检测时间需间隔一个月以上。第一期执行时间为 5 月 25 日至 7 月 25 日,第二期执行时间为 10 月 25 日至 12 月 15 日。

3. 样本量

本期神秘客户(维修)项目样本为197个。

4. 调查方法

(1)甄别。参与本次神秘客户(维修)项目的神秘客户需满足以下几个条件：

①家人、亲朋好友没有在汽车及调研相关行业工作的。

②不认识维修站的工作人员。

③拥有一汽丰田品牌的任意一款汽车(威驰、花冠、特锐、陆地巡洋舰、PRADO、皇冠等)。

④在所检测城市居住半年以上。

⑤愿意参加此次检测并通过考核。

(2)邀约。电话邀约神秘客户，再次复核甄别条件，与符合条件的神秘客户约定培训时间及地点，对于不符合条件的客户礼貌道谢。

(3)培训。与神秘客户见面后，当面核实其身份证、驾驶证及行驶证，确保其身份的真实性；与神秘客户签订《神秘客户保密协议》；发放《神秘客户(维修)考察要素表》，由陪访督导进行讲解，并强调注意事项，确保身份的保密性。

(4)神秘客户考核。培训结束后，发放《神秘客户(维修)考核问卷》，当场对神秘客户进行考核，只有得分在90分以上的才可以参加正式检测，对于不合格的进行再培训或淘汰。

(5)实地检测。陪访督导陪同神秘客户一同进入指定的维修站进行检测，以普通消费者的身份进入店内，在店内需保持举止自然，注意不能暴露身份，且在店内停留时间不得少于40分钟。

(6)填写问卷。请神秘客户根据在维修站的经历，完成《神秘客户(维修)研究问卷》，填写时由陪访督导提出问题并记录。

(7)审核。填写问卷结束后由陪访督导当场对回收的问卷进行初步审核，发现问题及时纠正，问卷寄回总部后由研究员对问卷进行二次审核。

(8)数据处理。对复核过的问卷进行审核入库，使用专门的统计软件进行数据处理和分析。

(9)撰写报告。在数据分析结果的基础上撰写《神秘客户(维修)研究报告》。

【思考题】

1. 搜集客户投诉案例并分析客户投诉的原因。

2. 如何处理客户投诉？

3. 怎样预防客户的投诉？

项目十　汽车维修企业文化建设

学习资料

【项目学习目标】

企业文化又称公司文化、组织文化和管理文化。文化给企业带来的有形效益和无形效应，给社会带来的冲击和震撼是不可估量的。

通过本项目的学习，学习者能够思考企业文化建设的意义；掌握汽车维修企业文化和企业形象建设的重要内容，培养学生重视企业文化建设，能够根据企业特点进行企业文化建设和形象设计的能力。

【项目任务】

任务1　企业文化建设的认知

【任务分析】

企业文化是企业的精神财富和灵魂，是企业凝聚力和向心力的来源，是企业职工的精神支柱。首先必须了解企业文化的构成要素，其次熟悉现代企业文化的特征，掌握企业文化建设的因素，通过讲授及案例分析，培养学习者能够严格按照企业文化建设的要求，参与企业文化建设的能力。完成企业文化建设相关作业。

【相关知识】

一、企业文化概念

人们在企业的这个小社会中从事着物质或精神的生产经营管理活动，必然会逐步形成某种共同的职业习惯、思维方式和精神状态。“企业文化（corporate culture）”一词，源于美式英语，“corporate”有团体、法人的、共同的等含义，所以企业文化又称公司文化、组织文化和管理文化。关于企业文化的定义，国内外大约有400种，但基本含义是一致的，企业文化即指企业职工在一定价值体系指导下，在长期生产经营管理活动中形成的，共同拥有的企业理想、信念、价值观和行为模式的总和。

企业文化是企业的精神财富和灵魂，是企业凝聚力和向心力的来源，是企业职工的精神支柱。

二、企业文化的层次结构

企业文化的层次结构应该有以下三个层面：

(1)核心层。核心层是企业的精神文化，包括企业道德、企业目标、企业精神、企业价值观等。

(2)中间层。中间层是指企业的制度文化，包括企业规章制度、管理方法、组织机构等。

(3)外围层。外围层是指企业的物质文化，包括企业员工的作风、精神风貌、人际交往方式、厂区环境、厂服等。

以上三个层面中外围的物质文化是基础，中间的制度文化是关键，核心的精神文化是灵魂。

【案例 10-1】

丰田企业文化的五个核心

丰田文化的核心在于五个方面：挑战、持续改善、现地现物、尊重员工、团队合作，如图10-1 所示。

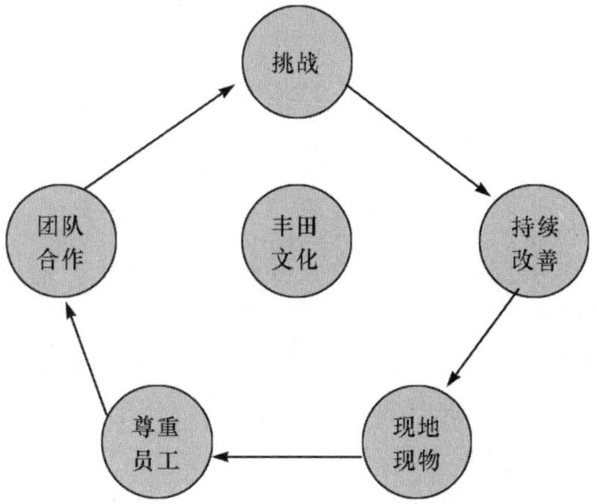

图 10-1　丰田企业文化的五个核心

1. **挑战**

丰田自从诞生之日起，就在不断地挑战极限。第二次世界大战之后，日本工业一片萧条，但就在这时，丰田汽车公司创始人丰田喜一郎提出三年赶上美国的目标，他们知道如果一味地模仿美国的生产管理方式，只会永远跟在别人背后，于是大胆创新，成就了今天的丰田生产方式——TPS。仅仅二十年时间，丰田的生产效率从美国同行的 1/8 提高到美国同行的五倍。

2000 年，丰田进一步挑战自我，提出 3 年内削减 30%成本的战略目标，开始实施降低成本的"CCC21"活动(面向 21 世纪的成本竞争计划)。丰田以汽车的 173 种主要零部件为对象，通过重新整合设计、生产、采购及供应商平台基本实现了该目标。

2. **持续改善**

在丰田，平均每年每人提交75个以上的改善提案，而且超过99%的提案得到了实施。在丰田人看来，现状永远都是最差的，明天一定要比今天更好。对于丰田来说，每一个员工都是问题的解决者，他们全都根据自己的岗位要求受过严格系统的培训，掌握了不同程度的解决问题的技能，完全能够承担起自己工作范围内的职责。

所以，在丰田生产线上设计了一种安灯系统（Anon，是一种现代企业的信息管理工具，Anon系统能够收集生产线上有关设备和质量管理等与生产有关的信息，加以处理后，控制分布于车间各处的灯光和声音报警系统，从而实现生产信息的透明化），任何一个人只要发现异常情况，他/她都可以凭自己的判断决定拉下安灯，让生产线停下来，使问题得到解决，避免将问题产品流入下道工序。正是这样的行为方式帮助丰田建立了一个问题曝光系统，普通员工像管理者一样思考，每天都去解决现场面临的问题，推动企业不断进步。

3. **现地现物**

丰田喜一郎有一句名言："每天洗手次数不超过3次的技术人员根本算不上称职。"他的意思是说，技术人员整天坐在办公室里是造不出好产品的，因为他无法了解现场的实际生产情况。丰田文化倡导无论职位高低，每个人都要深入现场，彻底了解事情发生的真实情况，基于事实进行管理，才不会使决策偏离实际。正因为如此，丰田这样大规模的企业才可以有效避免"官僚主义"。

2009年刚上任的总裁丰田章男誓言"做离前线最近的总裁"，就是带头实践丰田文化"现地现物"，深入市场、生产、研发等一线现场，他相信管理最基本的原则就是同员工一起思考、发展，这样才能在工作的每一阶段构造品质。

4. **尊重员工**

在丰田，领导者不是高高在上发号施令者，也不是生杀予夺的法官，而是教练与顾问。他们的使命就是协助下属来完成任务，对他们来说更多的是责任与义务，而不是权力。

在丰田，员工实行自主管理，在组织的职责范围内自行其是，不必担心因工作上的失误而受到惩罚，相反，将问题揭示出来的员工还会受到表扬，出错一定有其内在的原因，只要找到原因施以对策，下次就不会出现了。

丰田的员工有非常强的职业安全感，他们每年获取稳定的薪酬增长，由于效率高于同行，整体薪酬水平也较同行要高，系统的培训、轮岗也让他们快速掌握工作技能，人人参与管理，获取很高的工作乐趣与成就感。即便在经济不好时也不用担心，因为丰田不会随意裁人，即使要裁也首先是管理人员薪水，轮不到普通员工身上。

5. **团队合作**

随着企业的组织规模越来越庞大，管理变得越来越复杂，大部分工作都需要依靠团队合作来完成。在丰田，灵活的团队工作已经变成了一种最常见的组织形式，有时候同一个人同时分属于不同的团队，负责完成不同的任务。

大型的团队合作莫过于丰田的新产品发展计划，该计划由一个庞大的团队负责推动，团队成员来自各个不同的部门，有营销、设计、工程、制造、采购等，他们在同一个团队中协同作战，大大缩短了新产品推出的时间，而且质量更高、成本更低，因为从一开始很多问题就得到了充分的考虑，在问题带来麻烦之前就已经被专业人员所解决。

小型的合作团队则是一线的每一个生产单元，5～8人一组，组成一个基本生产团队，由一个团队领导带领，成员间互相协助共同完成生产任务。不同于国内很多企业实行计件工资，员工各自为政独立完成工作。

正是以上五项最典型的丰田文化，最终带领丰田走向了卓越。

三、企业文化的构成要素

（一）企业文化的构成

按照美国学者特伦斯·E. 狄尔与艾伦·A. 肯尼迪合著的《企业文化》中的观点，企业文化包括以下五个要素。

（1）企业环境。企业环境是影响企业文化形成和发展的环境因素。

（2）企业价值观。企业价值观是指企业管理的基本思想和信仰，也是企业文化的核心。

（3）模范人物。模范人物是企业文化的人格化，用以为全体企业员工提供具体的楷模形象。

（4）企业礼仪。企业礼仪是企业在日常生产经营管理活动中作为惯例和常规的通常行为方式。

（5）文化网络。文化网络是指企业管理组织中用以沟通思想的方式和手段。

企业价值观是企业文化中的关键因素；企业环境将会影响企业价值观的形成；模范人物和企业礼仪是用以引发、维护和强化企业价值观的；企业文化网络则在企业中起群体沟通的作用。若将企业文化从企业管理的特定概念来研究，企业文化包括企业形象及企业精神。其中，企业形象是企业文化的一种外在表现形式，而企业精神则是企业文化的核心。

（二）企业精神

企业之间的竞争，其实质上是企业家和企业文化之间的竞争，归根结底是人的竞争。企业精神是企业的灵魂，体现了企业的精神面貌，是企业宗旨、观念、目标和行为的总和。企业精神是指企业全体员工的和在生产经营管理活动中的基本理念——企业价值观念的规范化和信念化，包括企业道德、企业基本信仰、企业的经营目的和经营动机以及企业的经营管理指导思想等。

企业精神是企业赖以生存和发展的精神支柱，它决定着企业的成败兴衰。

企业精神不是一句口号、标语，也不是鼓动人心的几句话。它是对企业使命、宗旨、目标凝结成一种信念、一种情感、一种意志的表达。企业在形成自己文化的过程中，必须形成自己的企业精神。而企业是否形成了自己的精神，要看它是否具有个性，是否对员工的行为具有推动作用、鼓舞作用和支撑作用。

企业精神不可能抽象形成，必须把企业精神的形成和强烈的经营愿望相结合，在经营愿望的不断实现中，形成和强化企业精神。首先，企业精神和经营愿望相结合，会使经营愿望变得十分强烈。其次，企业精神与经营愿望相结合，会产生巨大的经营热情。最后，企业精神和经营愿望相结合，会产生深刻的经营智慧。

同一企业在不同的环境、条件和背景所形成的企业精神也不同，然而，作为一种优秀的企业文化，不论一个企业的具体精神气质和文化倾向如何，都应包括创新进取精神、独创与协作精神、顽强拼搏精神与主人翁精神。如深圳的大兴行汽车服务有限公司确立的企业精神是“真诚、团结、务实、进取”。

企业形象取决于企业精神，而企业精神反过来也促进着企业形象。一个企业能否具有良好的企业形象，关键取决于企业员工的企业精神。

四、企业文化的特征

（一）企业文化强调企业共识

现代企业文化十分强调企业内部全体员工的共同价值观念，强调群体意识和团队精神，追求企业职工意识的一体化。

（二）企业文化强调自觉意识

现代企业文化是企业中全体员工的共同意识，因此它不再强制人们去遵守各种硬性的规章制度和企业纪律，而是通过启发来达到企业的自控或自律，强调人的自觉意识和主动意识，自觉和主动地遵守各种硬性的规章制度和企业纪律。显然，这种自控或自律的企业文化，不仅有利于改善现代企业中的人际关系，而且有利于发挥每个员工的主观能动性，提高企业管理的整体效率。

（三）企业文化强调有特色的企业形象

尽管在不同国家或区域的企业文化具有很多的共同特征，但由于每个企业在不同的国家或区域中受着不同民族文化的影响，而且每个企业都具有不同的管理思想和管理模式，因此不同的企业必然会形成不同的企业文化。

（四）企业文化有着模糊而相对稳定的企业目标

现代企业文化只是一种理念，不可能像企业计划、产品标准和规章制度那样明确而具体。企业文化不是企业管理制度，因而不可能明确规定或告诉企业员工在处理每个问题时的具体方式方法，它只可能给企业员工的生产经营管理活动提供一种指导思想和行为准则。因此，优秀企业文化的目标既清晰又模糊。现代企业文化是企业领导者经过长期的精心倡导，通过持久的努力培育逐渐形成的，它具有相对稳定的企业目标。

五、企业文化的功能

（一）凝聚功能

现代企业之所以要倡导企业文化，是因为现代企业文化体现着企业全体员工强烈的“群体意识”，而这种群体意识乃是企业利益，也是全体职工共荣共存的根本利益和共同利益。因此，既是为了企业，也是为自己，大家都自觉和主动地用企业利益来替代个人利益，通过企业文化，从而将分散的个体力量凝聚成整体力量，同舟共济。

(二)导向功能与约束功能

现代企业文化讲的是企业共同利益,全体企业员工有着共同的价值观念和价值目标,因此在企业文化凝聚力和感召力的精神作用下,仍能统一企业全体员工的观念和行动,而每个员工也会根据企业大多数人的共识和需要,自觉和主动地调整自己的言论和行为。即使是少数未取得共识的人,由于企业文化精神意识的强制性,再加上企业精神与良好风气的激励作用,以及企业管理规章制度的约束等,将迫使他们按照企业大多数人的共识和需要去纠正自己的言行偏差。这种可以规范企业整体价值观和员工整体言行的作用,就是企业文化的导向作用。

现代企业文化对于现代企业中每个员工的言行都具有无形的约束力。虽然不是明文硬性规定,但却是以潜移默化的方式规范着企业群体的道德规范和行为准则,从而使企业全体员工产不仅规范着企业的整体价值观和员工的整体言行,而且还能使企业全体生出自控意识,达到自我约束。

(三)协调功能

现代企业文化员工创造出和谐的工作环境,促进人际的共同语言和相互信任,有利于人际关系的协调和改善。

(四)塑造形象功能

现代企业文化集中地概括了企业的服务宗旨、经营哲学和行为准则。因此,优秀的企业文化可以通过每项业务往来,向社会展现出企业的管理风格、经营状态和精神风貌,从而树立起良好的企业形象。这种企业形象会对社会公众产生巨大的亲和影响,因此,良好的企业形象和企业文化是现代企业巨大的无形资产。

【案例 10-2】

吉利企业文化

企业核心价值观:快乐人生,吉利相伴。

吉利的“六脉神剑”包括:团队精神、学习精神、创新精神、拼搏精神、实事求是精神、精益求精精神。

“团队精神”是吉利人的基本素养,通过沟通、协调、合作,营造“公平、公开、公正”的良好企业环境,形成上下齐心、步调一致的局面。

“学习精神”是吉利人的成功关键,要敢于学习、善于学习,要在变化中学习与适应,在适应中生存与发展;把主动学习、善于学习视作一种工作能力,长期坚持,毕生实践。“人人是老师,人人是学生”是所有吉利人的基本学习观、人生观。

“创新精神”是吉利人的生存之道,通过开展广泛的科技活动和员工合理化建议,实现全员创新;通过管理观念和手段的现代化、信息化及规范化,实现管理创新;通过全球广泛合作,全社会的广泛参与,实现新技术的合作共赢。

“拼搏精神”体现在工作的高效率和快节奏上;体现在完成任务时“不到长城非好汉”的豪迈情怀中;体现在“不低头,不认输,擦干泪,坚持住”的英雄气概上。

“实事求是精神”是吉利人的人格素养,是吉利事业永葆长青的重要保证。尊重客观事实,研究客观规律是实事求是精神最重要的内涵；因地制宜，寻求正确的解决方案是实事求是精神的灵魂。

“精益求精精神”是吉利事业可持续发展的根本要求。精益求精精神的核心在于吉利产品的高质量、低成本以及外协配套体系的精细化管理。体现在研发、采购、生产、销售和售后服务环节，以及人才培训培养、管理制度不断完善、成本控制水平不断提升。

六、现代企业文化的价值

(一)企业文化的经济价值

优秀企业文化的表现形态虽然只是一种企业形象和企业精神(包括价值观念、信仰态度、行为准则、道德规范及传统习惯等)，但却是企业巨大的无形资产。其经济价值表现在以下两个方面：

(1)优秀的企业文化应该是可以较好地适应市场经济规律的文化，应该使企业具有独特而成功的生产经营管理特色。例如，企业对顾客的诚信，可以使企业形成良好的商誉，而良好的商誉又可以使企业得到消费者的信赖与支持，增强企业的竞争力，从而给企业带来丰厚的利润等。

(2)优秀的企业文化不仅能使企业的全体员工达成共识，从而凝聚、引导、激励和约束企业全体员工的心理意识及其行为，而且还体现着“以人为本”的思想，从而促进企业深化改革并充分发挥企业全体员工的聪明才智和劳动积极性，积极参与企业管理，提高企业的经营管理效率的生产劳动效率，最终给企业带来良好的经济效益。

(二)企业文化的社会价值

企业文化的价值不仅能够提高企业的经济效益，而且还能够提高人的思想觉悟和政治思想品德，从而开创企业文明和社会文明，继承和发展社会文化，创造企业文化的社会价值。

(1)由于企业文化必然体现国家的民族传统文化(如日本的企业文化体现着家族主义和集体精神的传统文化，美国的企业文化体现着个人能力和创新精神的传统文化)，因此我国的企业文化也必然会继承和弘扬我国民族的传统文化。

(2)企业精神和企业道德风尚等是可以通过企业对内部员工精心培养的，不仅可使企业员工由此得到全面的发展，同时也会通过企业的对外服务和信息交流，把本企业文化传播给社会，从而也为整个社会的精神文明做出贡献。

七、汽车维修企业的文化创建

汽车维修企业属于服务型企业，无论从技术角度还是从经济角度看，汽车维修企业都具有时代色彩。如今汽车维修企业的竞争不仅仅是在维修技术的质量方面，更重要的是在企业的形象、企业品牌、知名度、服务水平等方面的竞争，是全方位、广角度、宽领域、高层次的综合实力的竞争。这就要求每一位维修企业的管理者都重视企业文化的建设。具体建立企业文化需要从以下几个方面入手。

(一)精神文化的提炼

在实际工作中,作为企业管理者,最重要的是为企业建立一整套成功的价值观念,并且让每个员工都知道企业把维修、服务、为社会创造价值看成是最有价值的。让每个员工都认同、维护、爱护并身体力行这一价值观念,为企业的进一步发展和提高经济效益奠定坚实的基础。

(二)制度文化的创新

要改变落后的管理制度和管理方式,从原则规则上进行创新,为企业文化建设打下基础。

(三)创造一种优秀的行为文化

在生产行为、管理行为等方面树立榜样,榜样起着引导作用、骨干作用和示范作用。如总经理、骨干技术人员、劳动模范等,他们的个人风格融入企业之后,形成了企业文化的一部分。企业中的榜样是企业文化的生动体现,他们为全体员工提供了角色模式,建立了行为标准。在建设企业文化的过程中,要特别注意发现、培养、宣传企业自己的榜样人物。

(四)物质文化的构建

企业在硬件上要具备建立、推动企业文化建设的基础。

(五)强化仪式,注重形象文化的塑造

仪式是价值观的载体,使价值观外在化。如我国某些商场早晨的"迎宾仪式"从某个方面展示了本企业的文化。另外要注意树立良好的企业形象,让形象说明内涵。

【任务实施】(任务实施条件、工作思路、过程记录)

1. 实施条件

(1)多媒体教室。

(2)企业完整的文化建设体系图示。

(3)电脑、文件夹、纸张等文具。

2. 工作思路

(1)学生根据前面学习的知识点分小组进行,通过支持、分工、协作完成工作任务。

任务工单:

到汽车维修企业、汽车 4S 店参观调查,了解汽车维修企业文化建设情况,并写出调查报告。

(2)教师展示作业过程需要查阅的资料,并粗略分析此项任务的质量评定要点。

3. 任务实施方案工作过程记录

(1)小组领取任务工单。考核通过到深入调查以及到汽车维修企业实习,了解企业文化建设在企业管理中的价值,巩固课本理论知识,把理论运用到实际当中。

任务工单：

下汽车维修企业、汽车 4S 店参观调查，了解、感悟汽车维修企业文化建设情况，并写出调查报告。

(2)分组讨论共同完成调查报告。

(3)任务实施情况记录单如表 10-1 所示。

表 10-1 任务实施方案工作记录表

<table>
<tr><td>姓名</td><td></td><td>班级</td><td></td><td>学号</td><td></td><td>日期</td><td></td></tr>
<tr><td colspan="8">工作组</td></tr>
<tr><td>序号</td><td>姓名</td><td>学号</td><td colspan="3">工作任务</td><td colspan="2">备注</td></tr>
<tr><td></td><td></td><td></td><td colspan="3"></td><td colspan="2"></td></tr>
<tr><td></td><td></td><td></td><td colspan="3"></td><td colspan="2"></td></tr>
<tr><td></td><td></td><td></td><td colspan="3"></td><td colspan="2"></td></tr>
<tr><td></td><td></td><td></td><td colspan="3"></td><td colspan="2"></td></tr>
<tr><td colspan="8">任务方案：(环境保护、可行性、工作效率、经济性分析等)</td></tr>
<tr><td colspan="8">任务实施记录</td></tr>
<tr><td>步骤序号</td><td colspan="3">操作过程描述</td><td colspan="3">结果记录</td><td>结论</td></tr>
<tr><td></td><td colspan="3"></td><td colspan="3"></td><td></td></tr>
<tr><td></td><td colspan="3"></td><td colspan="3"></td><td></td></tr>
<tr><td></td><td colspan="3"></td><td colspan="3"></td><td></td></tr>
<tr><td></td><td colspan="3"></td><td colspan="3"></td><td></td></tr>
<tr><td></td><td colspan="3"></td><td colspan="3"></td><td></td></tr>
<tr><td></td><td colspan="3"></td><td colspan="3"></td><td></td></tr>
<tr><td></td><td colspan="3"></td><td colspan="3"></td><td></td></tr>
<tr><td></td><td colspan="3"></td><td colspan="3"></td><td></td></tr>
<tr><td></td><td colspan="3"></td><td colspan="3"></td><td></td></tr>
<tr><td></td><td colspan="3"></td><td colspan="3"></td><td></td></tr>
<tr><td></td><td colspan="3"></td><td colspan="3"></td><td></td></tr>
<tr><td></td><td colspan="3"></td><td colspan="3"></td><td></td></tr>
<tr><td></td><td colspan="3"></td><td colspan="3"></td><td></td></tr>
<tr><td></td><td colspan="3"></td><td colspan="3"></td><td></td></tr>
</table>

【任务评价】

1. 企业文化建设调查报告过程评价

(1)内容全面,主要包括。

①该企业企业文化的层次结构。

②该企业文化的构成及特征。

③该企业的企业精神。

④该企业文化的经济价值、社会价值。

(2)文字表达正确,逻辑合理。

(3)以小组为单位阐述该企业文化的构成优势及弊端,提出自己的见解。

2. 以学习小组为单位,按照项目任务的评价内容与评价标准进行评价(任务评价表详见附录)

(1)评价项目:知识掌握占 40%,任务完成情况占 40%,职业素养占 20%。

(2)评价方式:组内自评占 30%,组间互评占 30%,教师评价占 40%。

【知识拓展】

挑战·征服

——润华企业文化建设

目标是一切努力的源泉、动力。润华人以“百年润华”为核心价值观和终极目标,并且设计分阶段的战略规划,各产业设定自身的发展节奏,形成了润华共同的理念目标,这也是润华的信念和信仰,是支撑着润华前进的动力。

创造力、创新力是永恒持续发展的不竭动力。因循守旧、小富即安思想都是发展的敌人,创新就是创造对于实践范畴的新事物,也是不断解决矛盾的过程,是人自我发展的基本路径,是自我意识的发展。

态度决定成败,态度决定成功的高度。态度是个人内心的潜在抑制,是能力、意愿、想法、价值观的外在表现,态度是一个人区别于他人,使自己变得更重要的一种能力,敬业、勤奋、忠诚、进取是润华人应有的工作态度。

团队协作是成功的保障。沟通、互信、互助是团队协作的核心要素,取长补短、人尽其才、人尽其能,发挥最大的效能,保证事业的成功。艰苦的行程上,一次微笑、一次援手,都会激起大家的斗志,不放弃、迎头赶上,并肩战斗。

文化建设是事业常青的基石。文化是一种管理手段,润华发展的历程中,重视和强调文化建设,不断提炼和总结企业的核心理念、企业的发展愿景,认识统一、目标一致、公司的凝聚力、向心力、创造力不断增强。润华家文化理念是公司文化的进一步升华,优秀的家风、严格的家规,更要求我们忠诚于润华,加强品德修养,勤奋做事,奉献于润华。

今天润华人用脚步丈量人生,用行动显示情操、胸怀和气度。

【思考题】

1. 企业文化的构成要素是什么?
2. 何为企业精神?
3. 现代企业文化的价值有哪些?

【项目任务】

任务2　企业形象建设

【任务分析】

企业形象建设作为市场竞争条件下的战略手段——企业形象塑造已成为众多企业制胜的法宝。首先了解企业文化和企业形象是两个相互包含的概念和范畴,掌握构成企业的精神资源的重要性,通过案例及实践调查,根据企业文化具体反映和表现企业理念,能够进行企业形象建设,完成企业形象建设作业。

【相关知识】

一、企业形象的基本概念

(一)企业形象的概念

企业形象是指企业通过产品包装、建筑装饰等各种物品和自身行为等表现出来,在社会上和消费者中形成的对企业整体的看法和最终印象,以及产品质量在感觉上的综合形象,主要指企业的外部形象与行为特征。

(二)企业形象的外部形象

企业形象的外部形象也可以称为外部表现。它包括企业的名称、商标、产品的质量及包装、建筑及装饰等物质形象,企业高层管理者及窗口员工向社会展示的人为形象,以及知名度、美誉度的总和等心理形象。

1. 知名度和美誉度——企业外部形象的中心

知名度、美誉度是某一社会组织在公众心目中的地位与形象的评价尺度。俗话说"形象好,赛珍宝"。良好的形象都与企业在目标市场的市场占有率、市场销售额呈正相关。在一个形象的保护伞下,就会出现公众对该企业产品的继续购买。

2. 企业外部形象的载体

(1)企业的名称是构成企业形象的一个重要因素。它不仅是注册和对外称呼的需要,还反映了企业人特有的期望和目标。

(2)企业的商标是企业外部形象的重要内容。对有声望的企业来说,商标是非常宝贵的财富。

(3)建筑式样和装饰、产品包装体现着一定的思想内涵。

(4)产品的质量和包装对一个企业及其产品的形象有重大影响。

(5)优质服务塑造企业外部形象。

(6)广告宣传对企业及其产品产生良好、长久的印象。

(7)企业人员的言谈举止和装束直接展示企业形象,特别是企业高层管理人员和窗口服务员工的言谈举止和装束直接展示了企业形象。

总之,企业的外部形象是企业实力、技术能力、文化魅力、经营风格和企业商誉的最佳特征,是社会公众和消费者判断一个企业形象优劣的重要标尺。从一定意义上讲,企业外部形象标志着一个企业市场竞争能力的高低。

二、企业形象的构成

企业形象的构成要素见表10-2。

表10-2　企业形象的构成要素

企业形象	构成要素
产品形象	质量、款式、包装、商标、服务
组织形象	体制、制度、方针、政策、程序、流程、效率、效益、信用、承诺、服务、保障、规模
人员形象	领导层、管理群、员工
文化形象	历史传统、价值观念、企业精神、英雄人物、群体风格、职业道德、言行规范、公司礼仪
环境形象	企业门面、建筑物、标志物、布局装修、展示系统、环保绿化
社区形象	社区关系、公众舆论

三、企业形象的功能

(一)规范与导向功能

企业形象为企业自身的生存和发展树立了一面旗帜,向全体员工发出了一种号召。这种号召一经广大员工的认可、接受和拥护,就会产生巨大的规范与导向作用。美国IBM公司提出的"IBM意味着最佳服务",日产公司强调的"品不良在于心不正",美国德尔塔航空公司倡导的"亲和一家"等,都是在教育、引导、规范着员工的言行、态度,让他们在尽善尽美的工作中注意把自己的形象与企业的形象联系起来,使本企业成为世界一流的企业。

(二)资产增值功能

良好的企业形象是企业的无形资产,有助于扩大企业的销售量,使企业在与竞争者相同的条件下，获得超额利润，从而形成直接的实益性价值，企业形象自身因此也就具有了价值。企业形象的良好与否可以从商标中看出，它具体体现为商标的价值。

（三）关系构建功能

企业形象确立的共同价值观和信念，就像一种高强度的理性黏合剂，将企业全体员工紧紧地凝聚在一起，形成“命运共同体”，产生集体安全感，使企业内部上、下、左、右各方面“心往一处想，劲往一处使”，成为一个协调和谐、配合默契的高效率集体。从企业外部来说，只有塑造好企业的形象，才能为企业构建良好的公众关系打下基础，从根本上留住顾客，构建起自己的公众关系网。

（四）激励功能

一般而言，企业具有良好的形象，会使企业员工产生荣誉感、成功感和前途感，觉得能够在企业里工作是值得骄傲的事情，由此就会形成强烈的归属意识和奉献意识，从而增强企业的向心力和凝聚力。从这个意义来讲，好的企业形象是一个激励员工的重要因素。

（五）辐射功能

企业形象的建立，不仅对内有着极大的凝聚、规范、号召、激励作用，而且能对外辐射、扩散，在一定范围内对其他企业乃至整个社会产生重大影响。像我国20世纪60年代的“铁人精神”，以及格力电器的董明珠、福耀玻璃的曹德旺等名人都是企业形象对外辐射的典型范例。

（六）促销功能

企业形象的最终确立是以达到公众信赖为目的的。只有在公众信赖的基础上，公众才有可能进一步购买企业的商品或服务。这一机制是企业形象能够产生市场促销的根源。在相同的质量水平下，好的企业形象，可以使企业的产品成为公众购买的首选商品。企业形象的促销功能是通过商标得以实现的。形象是公众对于某种商品的一种心理印象，看不见，摸不着。公众对于商标的认同，就是对企业形象的认同。

（七）吸引人才和扩张功能

良好的企业形象可以为企业赢得良好的市场信誉，使企业能够在短时间内实现扩张，赢得大批经营资金，吸引更多的合作者，从而扩大自己的市场影响力。

企业形象具有特殊效用，所以现代企业都十分重视形象战略。对于企业来说，塑造企业形象的过程，其实就是名牌成长曲线的修正与调控过程。

四、汽车维修企业的CIS策略

（一）企业形象策略的概念

企业形象策略CIS是一个可用以塑造企业形象的企业形象识别系统CIS（Corporlate Identity System）。在现代企业管理学中，CIS被推崇为是塑造和传播现代企业形象的最有效战略。其目的就是向社会公众有效地传达企业的品牌形象，从而提高社会公众（用户和投资者等）对企业及其产品的信任感和满意度，最终促进销售、促进企业的发展；也可以改善企业经营管理的内部环境，树立起良好的企业精神，从而提高企业职工的凝聚力，改善企业职工的精神面貌（如敬业精神与奉献精神等）。CIS不仅可以保证企业的产品质量和服务质量，而且能使企业克服任何的困难险阻，从而使企业真正地做到“人和”“财旺”。

（二）企业形象策略包含的内容

企业形象策略的内容包括企业的软件和硬件两部分。企业软件主要是指企业精神（如企业效率、企业信誉、营销策划、公共关系、广告宣传等）；企业硬件包括企业拥有的设备与设施、技术与产品、人才与资金、商标与服务以及已经规范和标准化的完整系统等。为此，企业除了在硬件上要引进先进的检测设备与专用设备，改造落后的生产工艺和生产技术，还要在软件上加强职工的政治思想工作，搞好企业的精神文明建设。

（三）企业形象识别系统

企业形象主要包括企业理念MI（Mind Identity）、企业行为BI（Behavior Identity）和企业视觉VI（Visual Identity）识别系统三大部分，如图10-2所示。

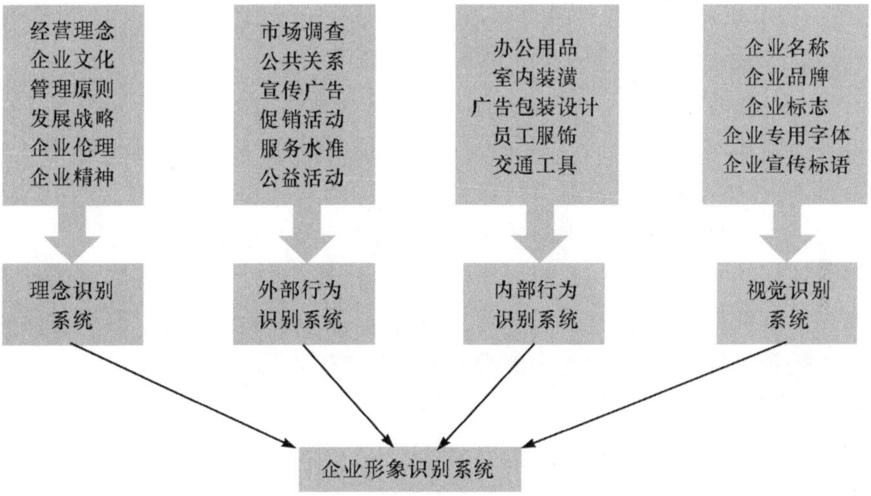

图10-2　企业形象识别系统

企业的经营理念是整个企业识别系统的基本精神所在，也是整个系统运作的原动力。企业理念统驭企业的行为、经营方向以及企业与外界的联系，是企业的外显文化，典礼、仪式、企业英雄、管理仪式、工作仪式都是企业理念的外化、直观感觉形象。

1.企业理念识别系统

（1）经营理念。经营理念包括企业存在的意义、经营宗旨、经营方向、企业盈利及企业对社会承担的责任。

（2）企业文化。企业文化包括企业精神、企业价值观的确立，企业物质文化、精神文化、制度文化建设。

(3)管理原则。管理原则包括在人事、生产、民主等管理中都要体现人本管理的原则。

(4)发展战略。发展战略包括人才资源战略、市场战略、竞争战略、产品质量战略、企业成长战略、科技战略、经营战略。经营战略原则又包括创新原则、服务原则、用户至上原则、盈利原则等。

(5)企业伦理。企业伦理指企业伦理准则的制定和执行情况,反不正当竞争和反腐败的执行情况。

(6)企业精神口号。企业精神口号即企业精神的浓缩,应具有战斗力,应全面体现企业的个性。

2. 企业行为识别系统

企业的行为识别是指动态识别企业的行为模式。由于该系统能够直接作用于公众,为公众所感知和留下深刻印象,因而又形地体现着企业的经营理念。

企业的行为识别系统可以分为企业外部行为识别系统 BI(外)和企业内部行为识别系统 BI(内)。

(1)BI(外)包含市场调查、公共关系、宣传广告、促销活动、服务水准、公益活动等。

(2)BI(内)包含产品设计、建筑物外观、办公业务用品、室内装潢、广告包装设计、员工服饰、交通工具等。如企业主体建筑设计应体现建筑美学的原则,它也是企业实力、企业外部形象的展示;企业文具用品、账票类、专用信封、信笺应有统一的规格、标识;员工应着统一服饰和岗位服饰;企业专用车、运货车、客车、班车等都应有统一的企业标记。

3. 企业视觉识别

企业视觉识别是一种表达企业经营特征的静态识别符号,包括基本要素与应用要素两类。其中的基本要素,如企业名称与企业品牌标志、企业标准字体和标准色彩、企业象征图案和企业造型、宣传标语等。企业视觉识别是塑造企业形象最快速、最直接的方式。

为了塑造个性鲜明的企业形象,获得社会公众的广泛认同,从而使企业的整体生产经营管理纳入一条充满生机与活力的发展轨道,必须应用企业形象识别系统 CIS 的基本理论,系统革新和统一传播企业的经营理念、行为模式和视觉要素等,应做到以下几点。

(1)善于创造个性差别。

(2)坚持统一标准。

(3)坚持系统性和连续性。

(4)实施有效的传播。

五、正确运用 CIS 的原则

(一)公众原则

CIS 必须遵循顾客至上的原则,强调从公众利益中来,到公众利益中去。倘若企业在推广 CIS 时只是强调自身利益,一味地追求高雅和独特而漠视公众利益、远离顾客期望,最终只能损害企业形象。

（二）真实性原则

宣传和报道企业情况时必须真实和坦诚，只有这样才能使公众理解和谅解企业，不能为树立企业形象而弄虚作假。

（三）系统性原则

要塑造企业形象，需要统筹考虑企业的内部形象与外部形象、总体形象与特殊形象、有形形象与无形形象。即必须从系统和整体的企业规划出发，有计划、有步骤地整体推进，而不能顾此失彼。

（四）长期性原则

推广 CIS 是一项长期的战略任务，必须经过长期努力才能奏效。当然，也要善于创造和把握时机，利用各种契机来快速提升企业形象。

【任务实施】（任务实施条件、工作思路、过程记录）

1．实施条件

（1）多媒体教室。

（2）针对汽车维修企业形象识别系统的某一要素策划资讯。

（3）电脑、文件夹、纸张等文具。

2．工作思路

学生根据前面学习的知识点分小组进行，通过支持、分工、协作完成工作任务。

（1）小组领取任务工单

任务工单：

通过网络等媒体深入了解企业形象策划设在企业管理中的价值，巩固课本理论知识，能够从企业形象识别系统的某一要素对企业形象进行策划，分组讨论共同完成并做出一份企业形象策划书。

（2）教师展示作业过程需要查阅的资料，并粗略分析此项任务的质量评定要点。

3．任务实施方案工作过程记录

（1）小组领取任务工单。考核通过网络等媒体深入了解企业形象策划设在企业管理中的价值，巩固课本理论知识，能够从企业形象识别系统的某一要素对企业形象进行策划。

（2）分组讨论共同完成并做出一份企业形象策划书。

（3）任务实施过程记录表（表 10-1）。

【任务评价】

1．作业过程质量评价

（1）企业简介全面详细。

（2）企业目标定位准确。

（3）企业策划内容明确、全面。

（4）企业标识、广告语设计形象突出，新颖别致。

(5)所用数据丰富且有说服力。

(6)重点考核学生策划书的创新能力。

2.以学习小组为单位,按照项目任务的评价内容与评价标准进行评价(任务评价表详见附录)

(1)评价项目:知识掌握占40%,任务完成情况占40%,职业素养占20%。

(2)评价方式:组内自评占30%,组间互评占30%,教师评价占40%。

【知识拓展】

新红军宣言——JAC宪章

在20世纪初,曾经有一只伟大的军队。这支军队为了争取民族独立、人民解放和祖国富强而流血牺牲、前赴后继、艰苦奋斗、无私奉献,从而彻底改变了国家的前途和民族的命运。它曾经很弱小,它坚忍不拔地在夹缝中求生存,在逆境中谋发展。它用事实证明了自己是世界上最伟大的军队。它就是中国工农红军——创造了一个又一个奇迹的伟大团队。

今天,新时代的JAC人在演绎着新红军的传奇。

2006年5月27日,《JAC宪章》发布会上,江淮汽车集团万人齐颂《新红军誓词》:

我们是新时代的红军,肩负着新时代的使命;
我们不畏艰难,勇于挑战;
我们要成为一只不可战胜的力量!
为了远大的目标,为了民族的辉煌,
我们庄严宣誓:
自强不息,坚定必胜信念;
艰苦奋斗,保持创业激情;
令行禁止,建立严明纪律;
学习创新,持续追求卓越!
我们坚信:
JAC的事业永恒!

【思考题】

1.企业形象的功能有哪些?

2.什么是企业精神?

3.什么是企业形象战略?

4.论述汽车维修企业如何进行企业文化建设与企业形象塑造。

附录　任务评价表

姓名		任务名称				
评价项目	分值	评价内容、评价标准	自评 30%	互评 30%	教师 40%	得分
专业知识	40分					
任务完成情况	40分					
职业素养	20分					
评语总分	总分：　　教师：　　年　月　日					

参 考 文 献

[1] 王一斐. 汽车维修企业管理 [M]. 4 版. 北京：机械工业出版社，2021.

[2] 孙国君，张雯娣. 汽车维修企业管理 [M]. 北京：化学工业出版社，2020.

[3] 郑超文，张红梅. 汽车维修接待实务 [M]. 北京：北京出版社，2014.

[4] 赵晓宛，马骊歌，等. 汽车售后服务管理 [M]. 北京：北京理工大学出版社，2010.

[5] 段钟礼，等. 汽车服务接待实用教程 [M]. 北京：机械工业出版社，2010.

[6] 朱军，屈光洪. 汽车商务与服务管理实务 [M]. 北京：机械工业出版社，2008.

[7] 黄炳华. 汽车配件管理与营销 [M]. 广州：华南理工大学出版社，2006.

[8] 李刚. 汽车配件经营与管理 [M]. 北京：化学工业出版社，2010.

[9] 汪永太. 企业经营与管理 [M]. 北京：电子工业出版社，2011.

[10] 付勇，刘韬，史津铭. 企业人力资源管理 [M]. 北京：中国法制出版社，2009.

[11] 汪永太 . 企业经营与管理 [M]. 北京：电子工业出版社，2011.

[12] 李玉海. 企业文化建设实务与案例 [M]. 北京：清华大学出版社，2007.

[13] 管理人网——人力资源管理：http：//hr. Mandarin. com/

[14] 企业管理：http：//www. coo. Hc36. com/

[15] 管理人网——人力资源管理：http：//hr. Mandarin. com/

[16] 中国人力资源网：http：//www. hr. com. can/

[17] 中国汽车维修协会官网：http：//www. camra. org. cw